U0938304

致命的自負

弗里德里希・海耶克　著
巴特利三世　編
謝宗林　黃耀輝　陳元保　承立平　譯
吳惠林　校訂

商務印書館

致命的自負

作　　者：弗里德里希・海耶克
編　　者：巴特利三世
譯　　者：謝宗林　黃耀輝　陳元保　承立平
校　　訂：吳惠林
責任編輯：錢舒文
封面設計：涂　慧
排　　版：高向明
校　　對：趙會明
印　　務：龍寶祺
出　　版：商務印書館（香港）有限公司
　　　　　香港筲箕灣耀興道 3 號東滙廣場 8 樓
　　　　　http: //www.commercialpress.com.hk
發　　行：香港聯合書刊物流有限公司
　　　　　香港新界荃灣德士古道 220-248 號荃灣工業中心 16 樓
印　　刷：美雅印刷製本有限公司
　　　　　九龍觀塘榮業街 6 號海濱工業大廈 4 樓 A 室
版　　次：2025 年 3 月第 1 版第 2 次印刷

　　　　　ISBN 978 962 07 6724 1
　　　　　Printed in Hong Kong

目　錄

校訂者的話

一九九二年三月二十三日去世的海耶克，雖然可說已「蓋棺論定」，可是他的博大精深思想是否真的已被世人了解了呢？恐怕正如澳洲社會科學院院士、華裔傑出經濟學者楊小凱所言，由於缺乏「數理化」的闡述，加上看似「艱澀難懂」但若不以「急功好利」心態去看就能掌握竅門的文字敍述，終究吸引不了一般「凡人」閱讀的興趣，因而答案可說是否定的。說實話，一般人、甚至學術圈內人，即使有心想閱讀海耶克的作品，恐怕半途而廢者居絕大多數。凱因斯（J. M. Keynes）的《一般理論》（*The General Theory of Employment, Interest and Money,* 1936）藉着希克斯（J. R. Hicks）所創的 45° 線圖形分析法普及全球，因其簡單易懂（但凱因斯並不同意希克斯已表達其思想）。話又說回來，海耶克的理論、思想能夠以數學或圖形來簡化嗎？即使楊小凱有此種野心，恐怕終究會是一場夢。那麼，究竟如何將海耶克的思想發揚光大呢？這項工作還是得由海耶克本人來引發才可能做到，先由他自己將思想菁華深入淺出地以「較為通俗話語」交待出來，再由有心人接棒闡述才會見效，而這本《致命的自負》可算是這樣的一本開先鋒著作。

儘管這本書還是不容易輕鬆地看懂，但終究是海耶克對自己一生思想的總整理，尤其海耶克的一生都在 “battle with

socialism”，設法阻止 socialism 的毒害，而本書就是對 socialism 的總清算。如本書總編輯巴特利三世（W. W. Bartley, III）所言，在一九七八年，經過了一輩子在許多層面和社會主義論戰的海耶克，當時已近乎八十歲，很想來個攤牌。他甚至想來一個大規模的正式辯論，讓社會主義的前衛理論家和倡導市場秩序的領導者來個對決，而辯論的主題即為「社會主義是不是個錯誤？」（Was Socialism a Mistake?）主張市場秩序的一方會說，無論從科學或事實的根據，甚至在邏輯上，社會主義過去以來都是徹底的錯誤。可是此種大辯論的想法，卻因為一些現實的理由而胎死腹中，這些理由諸如社會主義的代表要怎麼選呢？社會主義者會不會拒絕派出他們全體共認的代表呢？即使可以派出代表，能否期望承認此種辯論的真正結果呢？畢竟要人公開認錯可不是那麼容易的事呢！

雖然辯論的構想胎死腹中，但曾和海耶克討論到這個大辯論想法的同僚，卻不願輕易放棄，且鼓勵海耶克將自由市場這一方的主要論點寫下來。原先只打算當作一個簡短的宣言，但當海耶克動筆之後，竟然不能自已地洋洋灑灑寫成十萬言的這一本書。

本書是列在《海耶克作品全集》（*The Collected Works of F. A. Hayek*）的第一冊，全集共二十二冊，包括海耶克一生的全部論著。被列在首冊者總有其特別意涵，本書應該就是海耶克思想的菁華。全書正文九章，還有七則附錄，另有一導論：〈社會主義是個錯誤嗎？〉，九章的章名分別是：第一章〈本能與理智中間〉（Between Instinct and Reason），第二章〈自由、財產權與公道的起源〉（The Origins of Liberty, Property and Justice），第三章〈市場秩序的演化：

貿易與文明〉(The Evolution of the Market: Trade and Civilisation),第四章〈本能和理智的反叛〉(The Revolt of Instinct and Reason),第五章〈致命的自負〉(The Fatal Conceit),第六章〈貿易與貨幣的神奇世界〉(The Mysterious World of Trade and Money),第七章〈我們的語言中了毒〉(Out Poisoned Language),第八章〈延遠的秩序與人口成長〉(The Extended Order and Population Growth),以及第九章〈宗教與傳統的諸守護者〉(Religion and the Guardians of Tradition)。

光由各章的名稱就知本書涵蓋範圍之廣,但其中心則針對社會主義,希望將其各種錯誤由根本徹底解剖。這不由得讓我想到索威爾(T. Sowell)在紀念海耶克那本膾炙人口的《通向奴役之路》(*The Road to Serfdom*)出版五十周年時,所寫的一篇文章中的話語,他說海耶克是站在社會主義的立場攻擊社會主義,將社會主義看作一個知性模型,證明該模型所據以建立的假設,在理論上有致命的瑕疵,在實際運用時非常地危險。海耶克自己也認為,社會主義者是「危險的理想主義者」,其中有許多人「其真誠與無私不容置疑」,也有許多「學術聲望卓著」的人物,他們被海耶克視為只是一些在追求理想時,高估可能達到的目的,卻低估其附帶之危險的人士。海耶克又認為,社會主義者「幫極權主義開路」,因為他們礙於自身的道德矜持,自己沒能耐去從事讓極權國家機器得以轉動的那些骯髒醜事。因此,在他們的理念邏輯所要求的極端行動之前,他們就縮手不管而讓位給那些肆無忌憚的冷血人物去收拾殘局。海耶克以納粹黨徒在德國的崛起為例,認為就是因為維繫法治、政府分權與市場經濟等自由社會的觀念與價值,先被「社會主義者」摧毀殆盡,才給希特勒(Adolf Hitler)有可乘之機。

而其悲慘後果，則與社會主義者心中所設想的大相逕庭。

海耶克在其生命的最後幾年仍念茲在茲這樣的觀點，心急之下，再將其思想菁華在本書中呈現，由此可知本書的價值之所在。現今的台灣，最近在一連串社會福利方案的陸續實施後，是否會走向海耶克所説的文明傾褪之路，或奴役之路，本書應該可以提供寶貴的啟示。贊同或反對海耶克觀點的朋友，實在都有必要仔細研讀。

值得鄭重強調的是，縱使海耶克想讓本書普及到一般讀者，而且還特別將本書擺脱學術性寫法，在文中不加註解，所有的討論若與主要結論無關緊要，但又對專家有興趣或重要的部分，就用較小的印刷字體表達，以使一般讀者可以跳過此部分也不會遺漏跟結論有關的重要論點。但本書仍然並不易讀，更不易懂，如今幸而在中華經濟研究院謝宗林（譯五、六、九章以及附錄一、七, 並作全書校正）、黃耀輝（編者序、作者序、緒論、一、二章和附錄二、三、四、五、六）、陳元保（七、八兩章）、承立平（三、四兩章）四人的通力合作下，勉力完成中譯，尤其謝宗林浸淫海耶克思想頗有心得，經由他全盤仔細校訂全書，最後再由我作文詞總校，相信已將精髓牢牢抓住，也應可讓讀者分享一頓豐盛的精神食糧。本書雖難讀，但若拋開「先入為主」，而以平常心靜心研讀，一旦突破門牆，就能如魚得水地窺其堂奧，盼有心的讀者絕對不可輕易放棄！

吳惠林

寫於海耶克去世三周年前夕

1995 年春天於台北市

譯者序

關心「社會」、政治，與經濟政策者必讀的書

這是一本大刀闊斧、卻又細膩非凡的著作。說它大刀闊斧，是因為它把本書作者海耶克畢生鑽研淬煉的許多非常犀利的靈見濃縮在一起，針對一個很大的題目 —— 社會主義及其在思想和感情上的來源，進行嚴肅地解剖與批駁，大開大闔在所難免；說它細膩非凡，是指它在用字遣詞與文句構造方面非常考究，而且在立場與條理陳述上幾達明察秋毫、一絲不苟的地步（當然，對於熟悉海耶克其他著作的人來說，這一點本來是用不着多說的）。因此，這不是一本枕邊讀物；一來，如果不聚精會神地讀它，你也許就無法感受到它邏輯推演所散發出來的那一股力量，二來，如果真的感受到它的說服力，你也許便會心情激盪的睡不着了。但，對於心智成熟的人來說，只要抓住它的中心問題，它卻也不是一本艱澀難解的天書，而且對於真正關心「社會」、政治，與經濟政策的人來說，它更是一本必讀的書，尤其是此刻處於激變中的台灣的住民，特別需要專心讀它。

中心問題

這本書的中心問題是：我們共同遵守的那些道德規範是怎麼來的？真正的科學針對這個問題所給的答案，對於政治與經濟生活，會有些甚麼客觀的涵義？如果我們用較不精確、但卻較為熟悉的方式來表達同一個問題，那就是：我們的「社會」價值體系是怎麼來的？（為甚麼說這樣的問法不夠精確，請見本書第七章。）海耶克認為，我們的道德有三個來源，一為天生本能，二為人為理智設計。三為介於本能與理智中間（因此也是介於自然與人為中間）的傳統演化。他認為，攸關人類文明發展與存續的道德，正是介於本能與理智中間的那一種，其中一個顯著的德目，便是尊重個別財產權的那種行為規範。這個既非天生、亦非理智設想出來的道德成規，讓無意中接受了它的族羣，形成了非常有效率的市場競爭秩序（或者說，「延遠的」人羣合作秩序），讓他們有能力融化或取代其他族羣；於是，它的道理乃隨着他們「遍滿地面、治理這地」的延遠擴張過程而行遍天下。他進而指出，如果人類現在把尊重個別財產權的道德摧毀了，那麼，在失去了理智無法全盤掌控、更不用說取代的市場過程的協助後，光憑理智，人類是無法維持目前這樣多的人口的。

對於上述的中心問題，社會主義者則抱持着不同的看法。他們認為，傳統的道德是怎麼來的這個問題並不重要，反正它們都是「不合理的」，而其中的個別財產權成規更是剝削弱者的工具、不勞而獲的來源、「社會不公平」與其他罪惡的淵藪。他們認為，人類有能力着意地選擇它自己要往甚麼方向去發展，所以人類怎麼走到目前這步田地並不重要；他們認為，人類的文明完全是自己理智設計的結果。正如海耶克所描述的，社會主義者「一方面自以為已經按照自己的設計而建立了自己的世界而感到光榮，另一方面卻也責備自己沒有把它設計得更好，於是就想重新設計一個更好的世界。社會主義的目標正是要全盤重新設計我們的傳統道德、法律和語言，並且在那個基礎上，踏平原來的社會秩序，掃除想像中那些阻撓人類理智充分發展、人生完美、真正自由與公道（或者說，正義）的冷酷不仁與不義的情況」（見本書第五章，第115頁）。

「致命的自負」

本書書名「致命的自負」，指的便是這種自以為理智萬能、理智有能力改善或取代一切文明演化出來的機能（或者說，過程）的態度或想法。這種也許可以稱作「唯理主義」（rationalism）或「營造主義」（constructivism）的想法，照米塞斯（Ludwig von Mises）的話來說，是「豪壯浮誇的、雄心勃勃的、莊嚴華麗的與蠻橫大膽的」，它雖然是一個錯誤的想法，卻也是一個高貴的錯誤（見本書第五章，第128頁）。它沒有看出，我們的理智，正如我們大部分的道德，也是某種文明演化過程的產物；它沒有看出，是因為我們經由模仿學會了遵守傳統的道德成規之後，我們的理智才有機會在和平的人羣互動秩序中成長。唯理主義這種自以為人類理智可以完全控制它自己的演化過程的狂妄態度（或者說，倒行逆施的革命態度），把它稱作「致命的自負」，誰曰不宜？然而，不幸的是，正如海耶克所說的，唯理主義是二十世紀主流的認知心態，「一般來說，不管男的或女的，只要是愈聰明的人，在受過教育之後，便不僅愈可能是一個唯理主義者，而且也愈可能採取社會主義者的見解（不管他或她是否動輒引經據典，在自己的見解上貼上任何包括『社會主義』在內的標籤）」（見本書第四章，第 89 頁）；證諸台灣解嚴之後，在報章媒體露臉的那些戕害市場機能和相關傳統道德的言論與措施（例如，全民健保、各種名堂的強制年金、「極端的」女性主義等等），原來已經有這麼多社會主義者就在我們的身邊了（就這點來說，我們台灣的「唯理」教育真是成功吔！）。

以上夾議夾敍，與其說是用來引領讀者進入本書的正題，倒不如說是抒發個人譯作本書的出發點和譯後的一些感想，來得更為恰當些。其實，在本書的緒論裏，海耶克本人已經言簡意賅地交待了全書的基調，而全書條理分明，又進行得非常緊湊，本來就毋需（實際上也不允許）譯者在此蛇足另作導論或概括。不過，對於受過儒家道德教育影響的讀者來說，有一點不完全是語意上的理解障礙值得注意，那就是，我們為甚麼說尊重個別財產權是一種道德行為呢？這裏所涉及的不僅是東、西方道德觀念的歧異而已，還涉及社會科學方法論上的一個關鍵。由於道德成規的演化，在海耶克的科學思想體系中，是居於至高（supremacy）的關鍵地位，因此這個方法論上的關鍵必須先加以澄清，否則本書讀起來或許會有些困難。

道德與財產權

在西洋道德哲學史上，並非所有的作者都把尊重個別財產行為當作是一種道德行為來加以論述的；但，至少十八世紀的蘇格蘭道德哲學家們便是這樣做的。例如，休姆（David Hume）便認為，關於確立財產權歸屬、轉讓與運用範圍的那些一般化的（或者說普遍的或「抽象的」或「虛靜的」）規則，是一切道德研究的中心議題（見本書第二章及其所引的休姆著作），而亞當・史密斯（Adam Smith）更認為私人財產乃是「神聖的」權利（見 Edwin Cannan 編輯的《原富論》〔An Inquiry into the Nature and Causes of the Wealth of Nations〕，頁 170）。這一派的道德哲學家，受到十七世紀末移居英國的荷蘭裔心理分析學家孟德維爾（Bernard Mandeville）的影響，以演化的觀點科學地探究道德問題，他們的觀點和十八、九世紀的工業革命，以及世界性市場秩序的擴張，密切相關，特別值得我們注意。

然而，在中國，儒家傳統所論述的道德，卻不包括對個別財產權的尊重行為。這不是說儒家贊同偷盜，但，儒家思想不重視個別財產權的保障卻是不爭的歷史事實。例如，孟子所讚許的井田制（《孟子・滕文公篇上》），僅着眼於平均百姓的征賦，並不保障土地自由轉讓的權利；荀子主張君主以儒家所謂的「禮」干預民間的土地分配，而不是放任民間自主決定（見夏道平〈平等與經濟平等〉，原載於《銘傳學報》第十四期〔1977 年 3 月〕，收入氏著《自由經濟的思路》文集〔1989 年，台北遠流出版〕，頁 144）；「中國……歷代的儒家或儒臣為求分配平等，每以傳述中的古代井田制為聖人的大經大法，有的想恢復它，有的是師其意而擬出各種分配地權的辦法。

如董仲舒的限民名田，王莽的王田，北魏的均田等等……。直到明末清初，黃梨洲還在做井田夢」(見前引書, 頁 145)，乃至被王船山譏為是「天子……假仁義之名，而做慷他人之慨之事」(見薩孟武《中國政治思想史》〔1989 年, 台北三民增補六版〕, 頁 507)。顯然，中國歷代政治力量對於個別土地財產權是不給予普遍、而且堅定不移的安全保障承諾的。又根據梁漱溟《中國文化要義》(台北五南版, 1949/1986, 頁 82)，「中國法律早發達到極其精詳的地步。遠如唐律，其所規定且多有與現代各國法典相吻合者。但，各國法典所致詳的物權債權問題，中國幾千年卻一直是忽略的。」似乎，中國歷代所謂的法典偏重刑律，而少有現代所謂民法部分的發展。這一點或許和中國人民到今天還未能享有西方的經濟與政治自由關聯很深，但，我們卻無法在此詳論。然而，我卻真心地盼望，這本書在這方面對於讀者會有所啟發。

中國歷代關心民生與政治秩序的哲學家當中，似乎只有戰國時期的慎到近於將財產權當作是道德問題來加以處理。據《呂氏春秋》(〈審分覽・慎勢篇〉) 引述慎子說：

> 今一兔走，而百人逐之，非一兔足為百人分也，由未定。由未定，堯且屈力而況衆人乎？積兔滿市，行者不取，非不欲也，分已定矣。分已定，人雖鄙不爭，故治天下及國，在乎定分而已矣。

在這個故事裏，特別值得我們注意的是，確定兔子的名分 (即現今所謂的財產權歸屬) 的那個過程，不可能是由當時的君主或其委派的賢者（大夫）來安排的，而顯然是由一般平民（鄙人）根據他們自己所認識、並且尊重的抽象規則（這些規則不一定要形諸文字）自發進行的，換言之，是平民根據自己的習俗成規自動定分的。這一點可以從荀子批評慎到的話語中得到反證；荀子〈非十二子篇〉說慎到「尚法而無法，下脩而好作，上則取聽於上，下則取從於俗，……不可以經國定分。」（按熊公哲《荀子今註今譯》〔1990 年, 台北商務印書館修訂四版〕；荀子在這裏批評慎子, 說他「高談法治而不知以禮為法；卑視脩正君子, 以為無所用賢, 而好自造作；上則惟取聽於上, 下則惟取從於俗, ……不可以經紀國家, 而定義分。」）此外，日人小野澤精一也觀察到慎子的「定分觀點，亦與依據固定觀念（的禮）由上而下者不同，而是由：對既成社會上的『分』之事實，就那樣當作是事實而加以肯定而起的」（見〈法家思想〉, 收於宇野精一主編, 林茂松譯, 台北幼獅出版,《中國思想（三）》, 頁 127-128）。

我們知道荀子所謂的禮（或者說, 道德成規），無非是行於古代掌有統治權的氏族（換言之, 貴族也）內部，「由宗教的禮儀蛻變而來的習俗」成規（見前引著作, 頁 116）。因此，我們如果把被統治的平民自己的習俗成規稱作平民的禮（或者說, 道德成規），應該是很恰當的。這也是海耶克所採取的觀點，譬如，他說「只有個人自主決定自己的行為時必須考慮的那些一般性和抽象的規範，才有資格被稱作道德」（見本書第四章, 最末一句）。以此觀之，荀子只是一味以自是的貴族之禮，來非難慎子所主張的平民之禮，沒有看出民俗也是禮（其實, 從平民的觀點來看, 民俗就是禮, 而貴族的禮反而不是禮），進而不承認某些平民之禮（特別是平民尊重個別財產權的這個習俗）具有自發性的定分止爭的作用，竟然堅持以不見得奏效的聖賢（貴族）之禮強制干預平民之間自發的和平秩序。像荀子這樣的學者就未免失之主觀，不符合真正的社會科學必須對研究者（或者說，在旁觀察者）自身與行為人（或者說，被觀察者）本身所秉持的是非好惡，嚴格地加以分辨的客觀要求。承認行為人本身的是非好惡，而非研究者自身的是非好惡，才是決定「社會秩序」的因素，乃是把道德問題變成是一個科學問題的首要關鍵。以這樣的觀點來談道德，才不會流於空談，也才可以真正掌握道德作用的重要性。

我們在這裏把中國古代的慎子比作英國近代的休姆，有些讀者或許會認為不是很妥當的。這樣的責難，實在很難辯駁，因為慎子的著作大部分已經佚失。不過，慎子在其〈因循篇〉裏有段話，讓人不得不聯想起，和休姆同一思想淵源的經濟學鼻祖——亞當・史密斯；慎子說，「人莫不自為也。化而使之為我，則莫可得而用矣……。人不得其所以自為也，則上不取用焉。故用人之自為，不用人之為我，則莫不可得而用矣」。這一段話，和亞當・史密斯所說的，一般人之所以有麵包吃，不是因為麵包師傅的善心，而是因為他在烘麵包給一般人吃的過程中，也滿足了自己的利益（當然，產生這種結果的市場過程，是以尊重個別財產權這樣的倫理道德為基礎的），真可謂如出一轍。又胡適《中國古代哲學史》（台北遠流出版，1986 年，頁 304）也注意到，「慎到說的『自為』，和歐洲十八世紀的經濟學者所說的

『自為』」觀念，是同一道理的。以此觀之，反倒是那些以為「韓非吸取前輩法家的菁華，集法家的大成，也是法家思想的巔峯」（見王讚源《中國法家哲學》〔1989 年，台北東大出版〕，自序，頁 2）的學者，忽略了慎子所主張的習慣法主義，而讓人誤以為中國古代被歸為法家的思想家都採取導致獨裁專制的實定法主義。

最後，我要感謝中華經濟研究院第三所的秘書李秀卿小姐，非常盡責又非常有效率地在譯作本書期間給予我的幫忙。

謝宗林

編者序言

I

《致命的自負》，是海耶克的新著，也是新版《海耶克作品全集》(*The Collected Works of F. A. Hayek*) 的第一冊書。

這本新書的論點，節奏快又新鮮，活潑地應用到各種例子，偶爾穿插一些批駁譏諷。讀者如果感受到這種震撼，大概會想知道它的產生背景。經過了一輩子在許多層面和社會主義的論戰，在一九七八年，海耶克已是近乎八十的老人，所以他想來個攤牌。他甚至想來一個大規模的正式辯論，可能就在巴黎舉行，讓社會主義的前衛理論家和倡導市場秩序的領導者來個對決。他們將辯論一個問題：「社會主義是不是個錯誤？」(Was Socialism a Mistake?) 主張市場秩序的一方會說，無論是從科學或事實的根據，甚至在邏輯上，社會主義過去以來一直就是徹底地錯誤。本世紀人類都目睹到，社會主義在各方面的應用都再三出錯和失敗。整體而言，這些失敗正是這些科學上的錯誤所造成的直接結果。

可是海耶克的大辯論想法，卻因為一些現實的理由而不能實現。譬如說，社會主義的代表要怎麼選呢？社會主義者會不會拒絕派出他們公認的代表呢？而即使他們能同意派出公認的代表，我們能否期望他們承認此種辯論的真正結果呢？要人公開認錯可不是那麼容易的事情。

但是，曾和海耶克討論到這個大辯論想法的同僚，卻不願輕易放棄，並鼓勵他將自由市場這一方的主要論點寫下來。原來只打算當作一個簡短的宣言，起先竟然變成一個分成三個部分的大作品；然後，全部內容又被壓縮成一本短書，或者可說是較長的宣言，這也就是在此介紹的這本書。比較大的作品中有些片斷還是保留下來，那將會在《海耶克作品全集》第十冊中另外刊出。

這本書自始至終都採用了經濟和演化的方法。海耶克檢討了社會主義和市場秩序在道德上的差異性，包括它們的性質、起源、選擇和發展。他重估他所謂的市場的「延遠秩序」(the extended order) 所賦予人類的巨大威力，以及這個威力如何構成並促成文明的發展。海耶克也平衡地比較此種文明的效益和成本面，也探討了破壞市場秩序的結果。他的做法讓人想起佛洛伊德 (Sigmund Freud) 的《文明及其不滿》(*Civilisation and Its Discontents*)，但卻獲得非常不同的結論。他的結論是：「光憑事實固然永遠無法決定甚麼才是對的，但是，如果沒有好好考慮事實，就率爾認定甚麼才是合理的、對的或好的，則這些考慮欠周的理念勢將改變原來的事實以及我們的生活條件；它們可能永遠摧毀的，不只是已經發展出來的那些人類、建築物、藝術和城市 (我們早就知道這些東西, 在面對各種意識形態與道德的摧毀力量時, 是多麼的脆弱)，而且還有各種傳統、制度和人際關係；沒有了這些文明的傳統與制度，那些東西便幾乎不可能被創造出來，即使一時被創造出來，也不可能生生不息。」

II

《海耶克作品全集》想要做的是，首次把海耶克的所有可能找到的作品全都呈現給讀者。主要的編排原則是按照主題來作，但在此原則之下，我們儘量依時間順序排列。

這部叢書是以兩本密切相關的書打頭陣：一為《致命的自負》這本新書，另一為《理性的善用和濫用：科學的反革命，以及其他論文（*The Uses and Abuses of Reason: The Counter-Revolution of Science, and Other Essays*），這是一本從未在英國發行過的作品。這兩本書基本上都是討論社會科學中理性和計劃的局限。後面連續的兩本書，是歷史和傳記的論文集（《經濟思想的趨勢：從培根到肯南》〔*The Trend of Economic Thinking*：*From Bacon to Cannan*〕以及《奧國學派和自由主義的運氣》〔*The Austrian School and the Fortunes of Liberalism*〕）。

在這兩冊裏的論文是以前未收集成冊的；有過半的論文從前只寫成德文發表過；而其中的第一冊，差不多有四分之一的作品則是從其未發表的手稿摘錄而得。

接着，本叢書還將出版海耶克在經濟學方面的貢獻，一共四冊：《國家與黃金》（*Nations and Gold*）；《貨幣與國家》（*Money and Nations*）；《經濟學的研究》（*Investigations in Economics*）；《貨幣理論與產業波動》（*Monetary Theory and Industrial Fluctuations*）。

然後，是三冊的文件、歷史紀錄與辯論：《與凱因斯和劍橋學派的戰爭》(*The Battle with Keynes and Cambridge*);《與社會主義的戰爭》(*The Battle with Socialism*);以及質量皆為可觀的《波伯與海耶克的書信》(*Correspondence Between Karl Popper and F. A. Hayek*)。第三本書,跨越了五十多個年頭,書中所載,論及這些好友以及知識上的益友,如何熱烈地爭辯哲學與方法論上的主要問題,以及許多我們這個時代的一些重要問題。

在這些文件性的作品之後,是兩本新的海耶克論文集,以及一冊關於理論與實務問題的非正式對話和訪談——《與海耶克對話》(*Conversations with Hayek*)它的目的是想讓海耶克的一些理念能傳達給更廣泛的讀者羣。

前面所舉的這十四冊,大部分都是擷取自史丹福大學(Stanford University)胡佛(戰爭、革命及和平)研究所(Hoover Institution on War, Revolution and Peace)的「海耶克檔案」(Hayek Archive),以及密切相關的「瑪哈祿普檔案」(Machlup Archive)和「波伯檔案」(Popper Archive)。其他散佈在世界各地的豐富檔案資源也會被使用到。這一系列叢書的第一冊,《致命的自負》,剛自海耶克手中取得,當然還沒有機會接受各界的審閱與批評。後續的幾冊書發行時,原文會經過勘誤、修飾和加註,而且還會請一些有名的學者作序,從歷史和理論發展的觀點,詮釋它們的地位。

這套系列叢書最後會用海耶克的八冊經典作品作為結尾,包括《通向奴役之路》(*The Road to Serfdom*),《個人主義與經濟秩序》(*Individualism and Economic Order*),《自由的憲章》(*The Constitution of Liberty*),以及《法律、立法與自由》(*Law, Legislation and Liberty*)。這些書現在在市面上還有其他版本流通。我們預計要將全部系列叢書都印刷發行，可能要花上十至十二年的時光。

基本上我們編者是希望，在合理而且嚴謹的範圍內，儘可能將這系列叢書編得完整成套、沒有遺漏。因此，遇到海耶克所寫的論文當中，有些只是形式上稍有不同，或以多種不同的語言寫就，但實質上卻是一樣，我們所選的，一定是原來以英文寫就（或將之譯為英文），而且一定是最為完整的定稿；除非有些文稿的變化，或其變化發生的時機，有特別的理論或歷史意義，才會有例外。有些作品，譬如海耶克在編輯《經濟學》(*Economica*) 這本期刊所寫的幾行書評，以及一些報紙上的短文，因為只有短暫的價值，我們只好把它省略了。當然，在書信類作品方面，我們收錄的，主要是一些跟海耶克的文學和理論性的作品有明顯關係的東西，大都是有關經濟學、心理學、傳記與歷史、政治理論以及哲學方面的論述。我們用來製作這套系列叢書的資料，以及為數甚少、被我們忽略掉的一些文獻，學者都可以在胡佛研究所保存的檔案中找到。

III

要準備像本書這種形式的標準版本，是很龐大而且所費不貲的事。首先，最應感謝的是史丹福大學胡佛（戰爭、革命及和平）研究所的坎貝爾（W. Glenn Campbell）主任，他很慷慨地為本書之出版提供了最重要的協助，同時也提供海耶克的傳記資料給編者。然而整個全集出版計劃的背後，主要的負責人就是莫里斯基金（Vera and Walter Morris Foundation）的莫里斯（Walter S. Morris），沒有他的建議和支持，這個計劃是不可能開始，也無法組織起來的。另外兩個機構的負責人，細心地呵護這個計劃的醞釀，也提供了寶貴的意見，它們分別是喬治梅遜大學（George Mason University）的人文研究中心（Institute for Humane Studies），和倫敦的經濟研究中心（Institute of Economic Affairs）。作為編者，我很感謝人文研究中心的 Leonard P. Liggio， Walter Grinder，和 John Blundell, 以及經濟研究中心的 Lord Harris of High Cross 和 John B. Wood。一樣重要的是，倫敦 Routledge & Kegan Paul 書局的福蘭克林（Norman Franklin），我很感謝他堅定的支持和意見。許多年來，福蘭克林一直是海耶克作品的出版者。最後，适個計劃如果沒有一些機構在財務上的慷慨支持，是不能成功地貫徹到底的。他們的名字都顯明地列在這冊書的前面；對於他們，以及所有和本冊有關的人士，我都深為感激。這些贊助人——來自於四大洲的機構與基金*——的協助，顯示國際各界對海耶克作品的鑒賞力，同時也給海耶克所論述的「延遠的人類合作的秩序」（extended order of human cooperation），提供了一個有形的證據。編者也希望表達對於加州守沙里托（Sausalito）的艾爾哈特基金（Werner Erhard Foundation）以及德國科隆市（Cologne）的蒂森基金（Thyssen Foundation）所作財務贊助的感激。

巴特利三世

（W. W. Bartley, III）

（黃耀輝譯・謝宗林校）

---

* 譯者按：台北的中華經濟研究院也是提供部分贊助的機構之一。

致命的自負
The Fatal Conceit

自由（Liberty or Freedom）真正的意思，不是像該名詞的來處也許隱含的那樣表示不受任何限制，而是鐵面無私、絕無疏漏地應用每一項公正的限制，於每一位自由社會的成員身上，不管他是行政和司法的長官或是庶民。

——佛格森（Adam Ferguson）

道德規範並非得自於吾人之論理。

——休姆（David Hume）

在沒有**共同授意**（common will）籌建的情形下，實際上怎麼可能會有那些造福社羣、而且對社羣的發展極其重要的制度呢？它們是怎麼來的呢？

——孟格（Carl Menger）

作者序

寫這本書，我採用兩項規則。文中沒有註解；有些討論，如果跟主要結論無關緊要，但又對專家來説有趣或重要，我就用較小的印刷字體〔中文版編者按：中譯本採用小一級的仿宋體〕表達，以使一般讀者可以跳過這個部分，又不會遺漏跟結論有關的重要論點，或者乾脆將它們集中在附錄裏。

引用的參考文獻大都用括弧的方式，簡單表達作者名稱（如果上下文看不出被引用的作者是誰的話），並加上著作的年份，在冒號後面的數字則是頁次號碼。這些引用的文獻，都詳細列在本書末尾的參考書目當中。如果較晚的版本也被引用，我就以 1786/1973 的形式表達，前面的年份就代表原始版本的時間。

在這麼長的研究生涯中，即使我想把我汲取知識和意見的來源臚列出來，也不可能把我的感激都表達清楚，當然更不用説把我知道為了勝任討論像本書所涉及這樣廣的範圍而必須研讀的那些作品都表列在文獻裏。我也不能奢望把我多年以來從事此一目標的努力過程中所欠缺的人情談清楚。然而，我希望在此表達我對古比特小姐（Miss Charlotte Cubitt）的深深感激，沒有她的奉獻和協助，這部作品實在無法完成。我也謝謝史丹福大學胡佛研究所的巴特利教授，他在我生病期間，也就是底稿快完成時，接過這些文稿，做好送交出版的準備工作。

海耶克

Freiburg im Breisgau

1988 年 4 月

（黃耀輝譯・謝宗林校）

緒論

社會主義是個錯誤嗎？

> 社會主義是個既豪壯、浮誇又天真、單純的主意……。事實上，可以說它是人類精神上最具勃勃野心的發明之一，……它既莊嚴華麗，又蠻橫大膽，當然會激起世人前所未有的稱羨。因此，如果想要這個世界免於沉淪到野蠻的地步，我們就應該起而駁斥社會主義，而不能只是隨便地棄之如敝屣就算了。
>
> —— 米塞斯

這本書的主要論點，就是認為我們的文明，無論是就其來源或就其保全而言，都是建立在延遠的 (extended)*人類合作秩序之上。這個文明的基礎，只能精確地稱作延遠的人類合作秩序；如果用比較通俗的名詞來講，就是資本主義 (capitalism)，只是通俗的名稱多少有點誤導的含意。

---

* 譯者註：此處之"extend"一詞出自"'extend' the span of our utilization of resources 'beyond' the span of the control of any one mind"。參考海耶克，〈散在社會中的知識的利用〉(The Use of Knowledge in Society)，收錄於《個人主義與經濟秩序》(*Individualism and Economic Order*)，英文版第 77-91 頁，特別是 77-80 頁。"extend"一詞因此有超越或延伸任何個別心智所能掌控的範圍的意思。

要了解我們的文明，大家必須體認到，這個延遠的秩序不是因為人類的精心設計或有意栽培所致，而是自化生成的(spontaneous)：它是由於人類無意中順從了一些大多稱之為**道德的**傳統行為規範所致。這些行為規範，有很多是大家所不喜歡的，它們的重要性也是一般人所未理解，而它們的正當性也難以證明；但是，由於那些湊巧遵從這些行為規範的社羣，在人口與財富方面較其他社羣增加得更快，於是它們便得到演化選擇的青睞而迅速地散播開來。雖然這些社羣，或者是在無意中、或者是被迫無奈、乃至勉強痛苦地接受了這些行為規範；但，他們卻因而可以和平地相互聯繫，因而有較多的管道來取得各種有用的資訊，也因而可以「生養眾多、遍滿地面、治理這地」(《舊約・創世紀》〔Genesis〕, 1 章 28 節)。這也許是人類演化過程當中最不為人所了解的一個部分。

對於上面的問題，社會主義者卻有不同的見解。他們不但在結論上和我們有別，他們對事實的觀察和我們也大相逕庭。社會主義者**對事實**的認識是錯誤的，這是我所有論點當中的關鍵。假如社會主義者對現有的經濟秩序，以及可能的替代制度的分析是對的話，那麼我將很樂意承認，我們也許應該促使所得分配符合一定的道德原則；假如他們的分析事實上是對的，我也樂意承認若要實現此種所得分配，唯一的辦法大概就是由中央集權來指導運用各種資源，而同時也許必須剝奪個人擁有生產工具的權利。譬如說，假如生產工具改由中央集權支配，至少可以維持我們目前的財富產出水準，那如何做到合乎公平的分配，真的便是一個嚴肅的道德問題。然而，事實上我們的處境卻不是這樣的。因為除了由競爭市場來決定財富的分配之外，沒有其他的方法可以告訴人們，他們個別必須朝甚麼方向努力，才能對整個財富產出作出最大的貢獻。

上面提到兩種主張，其一主張應由市場競爭自然而然地擴展人類的合作秩序，另一則主張應由中央集權命令支配經濟資源、刻意安排人際間的互動關係。我的主要論點，就是指出這兩種主張衝突的癥結在於，對於有關種種經濟資源的知識，實際上是怎麼來的、怎麼被人們運用的，以及怎樣才能產生、並且運用這些知識，後一主張犯了與事實相悖的認知錯誤。因為這是個取決於事實是甚麼的衝突，唯有用科學的方法才能得到解決。科學的研究顯示，當人們遵循自然演化出來的、支持競爭性市場秩序的道德傳統時（這些傳統不符合社會主義者崇奉的理性〔rationality〕標準），他們所創造和享有的財富與知識，比中央計劃經濟體制嚴格依據所謂「理智」（reason）規劃執行所能獲得或利用的還要多。因此事實上，社會主義的各種目標和計劃是不可能達到的，也行不通；而且可以說是雪上加霜的，它們在邏輯上也正好是自相矛盾的。

基於前述的理由，可見我們剛才討論的問題，正好和時下頗為流行的見解相反，絕不是品味或價值判斷不同的主觀意識形態問題而已。其實，人們怎麼會採納某種價值意識或行為規範，以及這些價值規範對他們的文明發展有甚麼樣的影響，首先便是一個實然的問題。這個問題是本書關注的焦點，至於它的答案，在本書的前三章會有粗略的交待。社會主義的各種訴求，都不是以孕育延遠秩序與文明的那些道德傳統為根據的。相反的，社會主義就是想要推翻這些傳統，所以它才致力鼓吹只要遵守某種全盤經過理性設計的道德系統，人們本能的各種希望便可以實現。由於人們過去一直有能力**產生**一些系統性的行為規範，來協調他們的種種努力，所以社會主義者便以為，人們一定也能**設計**出更完善、更悅人的行為規範。然而，如果人類之所以存在，正是因為他們順從了某一特定的行為規範所致，那麼這就表示，只為了立即可見的效果所帶來的快感，人類其實沒有選擇另一套規範的機會。所以說，市場秩序與社會主義之間的爭論，不折不扣是個存亡絕續的問題。硬要遵循社會主義者的道德主張，將會摧毀現有人類的絕大部分，並且使其餘的絕大部分陷於貧困不幸。

上面這些討論，引出了一個很重要的論點，這也是我想在一開始就講清楚的。雖然我攻擊社會主義者濫用誇大的理智，但我的批駁並不是針對適當使用的理智（reason properly used）而發。我所謂「適當使用的理智」，是指真正的理智必然會對自己的局限性有所認識，而且利用這樣的理智，在面對經濟學和生物學所揭露的驚人事實時，真正的理智也能夠認識到，未經設計而產生的秩序可以比人類精心設計作成的安排更高明。畢竟，在一本講道理、批駁社會主義在事實和邏輯上都站不住腳的書裏，我怎麼會反對理智呢？另外，我也不反對傳統制度或道德原則可以理智地加以檢討、批判或捨棄，只要我們秉持審慎、謙虛的態度，而且以逐項改善的方式來進行。這本書跟我以前的研究一樣，是專門針對社會主義慣用的一些傳統理性標準來提出反駁。照我看來，這些理性標準體現了某種粗糙、愚蠢的理性觀，某種過氣、非科學的方法論。在別的地方，我曾把這種理性觀或方法論稱為「營造理性主義」（constructivist rationalism; 見 1973）。

所以說，我既不想否定理智有改進規範和制度的力量，甚至也不想堅持說，理智沒有能力改造我們整個道德體系使它更符合目前一般所謂「社會公平」的理想。然而，必須指出的是，若想發揮理智的力量，在道德方面有所建樹，我們就必須對整個道德體系的每一個部分都有很深入的探究才行。假使深入探究的結果，發現有這樣的一套道德提議，佯稱做得到它實際不可能做到的事，譬如說，在它自己的規則和規範下，它實際上無法實現產生知識並加以組織的功能，那麼，發現此一「不可能性」本身，就是對那個道德體系最具決定性的理性批判。正視此種理性批判的結果，實在刻不容緩，因為有不少人以為，分析到最後，整個辯論還是個價值判斷的問題，而非事實真相的問題；此一想法使得一些研究市場秩序的專家，憚於強調社會主義根本不可能實現它的承諾。

我也無意讓人誤解，對於某些廣為社會主義者接受的價值觀，我一概反對；但，我確實認為，所謂「社會公平」的流行概念純粹是一種不可能實現的空想，甚至毫無意義。這點，在後面我會加以說明。此外，我也不認為，我們只需思索怎樣獲得可預見的最大滿足，便可以決定我們自己應該遵守甚麼樣的道德。這點，我是和享樂主義者的倫理觀（hedonistic ethics）格格不入的。

下面論證的起點也許可以借用休姆（David Hume）的一項真知灼見來表達：「道德規範並非得自於吾人之論理」（the rules of morality... are not conclusions of our reason, 見 *A Treatise of Human Nature*, 1739/1886: 第二卷, 235）。此一洞見是本書的核心，因為它為本書所要解答的問題，擬好了基本架構，那就是：**我們的道德是如何出現的？對於**

我們的經濟和政治生活而言，道德形成的過程有些甚麼含意？

前面點到，因為資本主義有動員利用零散知識的優越能力，所以我們不得不好好加以維護。此一論點引出了一個問題，那就是，我們是如何獲得這個無可取代的經濟秩序的呢？當我們考慮到，來自人類本能的強大衝動以及唯理主義式的猛烈攻擊，不時尋求顛覆維繫資本主義秩序所需的種種道德規範與制度時，這個問題尤其顯得突出。

本書的前三章將勾勒出這個問題的答案。它植基於一個歷史悠久的真知灼見，經濟學界對此應不會覺得陌生，亦即：我們的價值體系和制度，不純粹是由先前發生的種種原因所決定，而是某種結構或秩序類型在自然而然、自生自列（self-organisation）的過程當中的一部分。這個洞見不僅在經濟學的領域裏是正確的，而且另有更為廣泛的適用範圍，例如，現代的生物科學對它也不覺得陌生。和此一最早的洞見屬於同一類的理論，現在有愈來愈多的趨勢。這一類理論，都在嘗試說明種種複雜的結構是怎樣形成的；它們都掌握到，在這些結構形成的過程當中，對特定結果有影響的各種事實狀況，不是我們能夠全部觀照得到的。當我開始研究如此高度複雜、自生自列的秩序的演化形成過程時，我覺得自己非常的孤單。然而，就在我還覺得勢單力薄之際，許多名稱不同、但實屬同一類的問題研究，例如自動形成學（autopoiesis）、人工智慧學（cybernetics）、原狀穩定（homeostasis）、自化秩序（spontaneous order）、自生自列、結構能量學（synergetics）、系統理論（systems theory）等等，卻已變得如此之多，以致於我有時間研讀的，只是其中一小部分而已。因此，這本書可以比作是逐漸匯成洪流的百川當中的一條小支流，這股洪流顯然會逐漸開展出某種演化倫理學（evolutionary ethics）——但，絕非是粗糙的新達爾文主義的（Neo-Darwinian）倫理學。假以時日，這門學問可望和目前已呈高度發展的演化認識論（evolutionary epistemology）並駕齊驅、相輔相成。

雖然這本書不得不引出一些艱澀的科學性以及哲學性的問題，它的主要任務還是要點明，我們當代最有影響力的政治運動之一的社會主義，是建立在可以證明是錯誤的前提上。而且儘管它是出自於善意，儘管當代一些最聰明的代表人物甘為它的前鋒，社會主義必然危害現有人口中絕大多數的生活水準，乃至生命本身。這一點會在第四到第六章中論述；其中，我會一一檢視並且批駁，對於前三章所闡明的現代文明發展與持續的理論，社會主義者可能提出的種種挑戰。在第七章，我將重點轉至語言，指出在社會主義者的影響下我們的語言怎樣慘遭扭曲，以及我們應該如何小心應付，以免受到扭曲語言的蒙蔽而掉入社會主義思考的陷阱裏。在第八章，我會討論一個不只是社會主義者，還有其他人也許會提出的反對意見，那就是：人口爆炸會使我的理論站不住腳。最後，在第九章，我就宗教如何影響我們道德傳統的發展，略述些許意見。

由於演化理論在本書佔有關鍵性的地位，我必須附帶說明，近年來學術界最令人感到振奮的發展之一，就是演化認識論的發展（Campbell, 1977, 1987; Radnitzky and Bartley, 1987）。此一認識論使我們對知識的成長和功能（Popper, 1934/1959），以及對各種複雜的自化秩序（Hayek, 1964, 1973, 1976, 1979）有更深的了解。這個有關知識的理論，認為理智及其產物都是演化發展的結果。在本書中，我則是將焦點擺在與這一理論密切相關，也很重要，卻老是被人疏忽的一些問題上。

也就是說，我認為，我們不只需要演化認識論，而且還需要對道德傳統提出一個演化論的說明，一個本質上和以前大不相同的說明。當然，在語言、法律、市場與貨幣之後，規範人類交往互動的許多傳統，也是演化論思想的發源地。而事實上，某種道德的演化論也正在成形中，其根本的見解就是：我們的道德既不是本能的，也不是理性創造的產物；我們的道德事實上是另一種演化的傳統，一種「**介於**本能與理性（或理智）**之間**」的傳統（正如第一章的標題所點出的）。這個傳統有驚人的重要性，它使我們能夠適應我們理智能力無法克服的一些難題或處境。我們的道德傳統，就像我們文化的其他層面一樣，是和我們的理智同時同步發展的，它絕不是理智的產物。這樣說，一些人也許會覺得驚訝，乃至覺得不可思議，但，這些道德傳統確實要比理智的能耐強得多！

（黃耀輝譯 • 謝宗林校）

第一章　本能與理智中間

習慣乃是人類的第二天性。

—— 西塞羅(Cicero)

我們以為源自自然的那些道德規範，其實是習慣長成的。

—— 蒙田(M. E. de Montaigne)

噢！我的胸中竟然有着兩顆心，
它們都不喜歡對方，吵着要分開。

—— 歌德(J. W. von Goethe)

一、生物演化與文化發展

對早期的思想家而言，在超出發號施令者視力所及的範圍外，人類活動會有任何秩序存在，是一件不可思議的事。即使甚晚出生的亞里士多德（Aristotle）也還相信，人際間的秩序頂多延伸到傳令者喊話還能被聽見的地方而已（*Ethics*, 第九卷第十節）。所以，他認為由成千上萬人組成一個國家，是不可能的事。然而，他認為不可能的事，在他寫下那些話時，都已經發生了。雖然亞里士多德是個頗有成就的科學家，他之所以將人類秩序局限於傳令喊話所及之處，卻是基於本能才如是說的，而非從觀察或思考推敲得來的。

有這樣的想法，其實不難理解，因為人類目前的本能，早在亞里士多德出現以前，就已經完全發展出來了，而這種本能並非專為他現在所處的環境和他現在的同類數目所訂製的。這種本能是為了適應不時移動的小隊伍生活而發展出來的。人類及其近期的祖先，在這種方式下生活了幾百萬年，目前人類（homo sapiens）的生物性結構就是在這個期間演化形成的。這些由基因傳承的生物性本能，適合引導小隊伍成員間的合作；此種合作要求成員們必須彼此相知並且互信，因此，其範圍必然相當狹窄。引導這些原始人類進行互動的，是一些具體共見的目標，以及他們對於各種環境的危險或機會有相似的認識（主要是有關食物和蔽身處所方面的認識）。他們不但**聽得到**傳令者的話，而且通常也**認識**他本人。

在這樣的隊伍裏，雖然某些年長的成員因為已有較長的生活經驗而享有一些權威，但主要還是成員之間有共同的目標和一致的認識，在協調他們的活動。這種協調方式非常倚賴團結一致的精神和利他的本能——一種只及於自己所屬團體之成員而不及於其他人的本能反應。因此，這些小團體的成員，也就必須作為某些小團體的成員才能生存：任何落單或孤立無援的個人，很快就會變成死人。由此看來，霍布斯（Thomas Hobbes）所描述的原始個人主義，其實只是個神話。蠻荒時代的個人絕不排斥羣居，他的本能是有集體主義傾向的。從來沒有「所有人對抗所有人的戰爭」（war of all against all）這回事。

事實上，假使我們目前的合作秩序不是已經存在了的話，我們大概也不會相信有這種秩序的可能性，而且，任何有關它的報導，都會被我們當作是天方夜譚、永遠不可能出現的奇跡。這個世界上，之所以會產生此一非比尋常的秩序，以及目前人類之所以這麼多、並且有如此這般的結構，主要是由逐漸演化出來的一些人類行為規範所促成的（特別是有關個別財產、誠信、契約、交換、貿易、競爭、利潤和個別隱私方面的行為規範）。這些規範並非經由本能遺傳，而是經由學習與模仿，形成傳統而得到延續的；而且它們主要是一些反面的禁制，彈性限定得由個人自主選擇的範圍。這些規範通常禁止人們不得依照本能的好惡做事。人類，因為逐步發展出、並且學會了遵守這些規範（首先在地方性的種族之內，然後延伸到跨越民族人種的範圍）才締造了文明，而且也才毋須再仰賴凡事大家必須有一致的認識。有些人曾以「自然的道德」（natural morality），來稱呼該小團體得以結合起來、並確保其內部合作無間、然而卻有礙或阻絕其擴張的那些人類本能。果然，則那些壓抑或限制「自然的道德」的傳統規範，便是一種不同的新道德。不過，我個人卻比較喜歡將「道德」一詞完全保留給傳統的行為規範。

我之所以喜歡將「道德」一詞，完全保留給讓人類得以擴展，並邁入延遠秩序的非本能性規範，是因為「道德」這個概念如果要有意義的話，則它一方面必須要和未經思考的自然衝動行為有所區隔，另一方面必須要和只關切少數特定效果的理性思考有所對照。自然的反射作用沒有任何道德上的意義可言；因此，對於一些生物性的作用,「社會生物學家們」(sociobiologists) 實在不該套用利他主義 (altruism) 這樣的字眼 (按照他們自己的語用邏輯,他們應該將生物交配當作是最有利他情操的行為)。只有當我們想表達,我們**應該**按照本身「利他的」情感來採取行動時,利他主義才會是一個道德上的概念。

然而,我的語用方式顯然不是使用這些名詞的唯一方式。孟德維爾 (Bernard Mandeville) 當時曾經激起公憤,因為他說「那個讓我們得以成為社會動物,並且是一切行業與職業毫無例外之堅實基礎與生命營養的大原則」,無非就是**罪惡** (evil; 見 1715/1924)。精確地說,他的意思是:延遠的秩序要求人們遵守的規範,和天生足以結成小幫派的人類本能,是相互衝突的。

一旦我們把道德看作是學來的傳統,而不是天生的本能反應,則道德和我們平常所謂的心靈感覺、情感或情緒有些甚麼關係,便是個有趣的問題。譬如說,各項道德雖然是學來的,但它們發生作用的方式並不一定可以用言語來直接表達,有時候道德反應就和真正的本能反應一樣,只是模糊地不喜歡或討厭某些行為。道德通常告訴我們,如何選擇或避免各種天生本能的衝動。

有人也許會問,限制本能反應的那些行為規範,如何去協調更多人的活動呢?舉個例子來說,如果繼續堅持要把每一個人都當作鄰居,就會阻礙延遠秩序的成長。對時下生活在延遠秩序裏的人們來說，他們所以生活得更好，是因為他們彼此不以鄰居的態度來相互對待，更確切地說，是因為他們不是以團結一致和利他主義所要求的那些規矩，而是以延遠秩序的道德規範（例如，個別財產和契約規則）來約束他們之間的互動。一個人人待人如己的秩序，只會是一個只允許少數人生存繁衍的秩序。假如我們對新聞媒體像連珠炮那樣轟過來的每一項慈善訴求都有求必應，那麼，不僅我們將會因為分心放下我們自己最能勝任的工作，而造成許多人很大的不便；甚至我們有求必應的濫情，只是讓我們自己成為特殊利益團體的工具，或只是讓我們自己被別人利用，來滿足某些特定的相對價值觀。結果，一些我們理應關心的不幸，反而得不到適當的救濟。同樣的，除非我們對於外人也能約束自己本能的粗暴態度，否則同一套原則性或抽象的行為規範，就不可能跨越團體界限或國界而施行於所有的人際關係上。

所以，若要形成超越個人想像的合作體系或結構，每個人在對待他人時都必須改變自己「自然的」或「本能的」反應，但這種改變的阻力不小。和天生本能的反應相互衝突而被孟德維爾稱作「私惡」(private vices) 的道德行為，其實是有利「公益」的行為；若要形成延遠的秩序，則人們就必須約束某些「好的」(good) 天性或本能；這兩個孟德維爾的結論，後來都變成糾紛的來源。例如，盧梭 (Jean-Jacques Rousseau) 就站在「自然的」這一邊，而同一時代的休姆則清清楚楚地看到「〔像慷慨〕這樣高貴的情操，不僅無法讓人們適應各種大型的社會，反而幾乎和最偏狹的自私一樣是合羣的破壞者」(1739/1886: 第二卷, 270)。

必須再三強調的是，對於那些抑制小團體生活習慣的規範，人們總是懷恨在心的。因為，正如我們就要說明的那樣，遵守這些規範的人，即使是靠它們而活，不僅不知道、而且通常也沒有能力去理解，它們如何發揮作用，或者如何嘉惠於他自己。一方面，他知道這個世界有這麼多令人心動、卻又不允許他探手去拿的東西；另一方面，他則看不出，除了禁止他去拿那些誘人的東西之外，他被迫遵守的規律，和他所享受到的其他生活利便之間，有怎樣的關聯。我們是如此地討厭這些規範，所以與其是我選擇了它們，倒不如說它們選擇了我們更為恰當：它們讓我們得以存活下來。

有這麼多原則性或抽象的行為規範，例如涉及個人責任與個別財產方面的制度，會跟經濟學有關，其實絕非偶然。經濟學自始即一直關心的一個問題便是，遠超過人類想像與設計能力的延遠的人類互動秩序，究竟是怎樣形成的，它和某種不斷產生變革轉化、並且不斷有篩選淘汰作用的過程，究竟有甚麼樣的關係。亞當・史密斯（Adam Smith）第一個看出，我們人類是像瞎貓碰到死老鼠一般，撞上了這些協調我們進行經濟合作的方法的，它們所形成的合作秩序遠遠超過我們的認知極限。他所謂的「看不見的手」（invisible hand），倒不如說是看不見或無法全面觀測的模型（pattern）來得更為貼切。譬如說，在市場交易的過程中，我們實際上是被價格系統引導，而對一些自己多半一無所悉的情況作出回應，而這些回應所產生的許多結果也不是我們原先有意促成的。在我們的經濟活動中，我們不知道自己滿足了哪些人的甚麼需要，也不知道我們得到的東西是怎麼來的。我們幾乎都是為我們不認識的人在服務，我們甚至不知道他們是否存在；而我們也同樣仰賴一無所識的他人所提供的各種服務。這一切之所以可能存在，一來是因為我們生在一個由各種經濟的、法律的和道德的制度與傳統所構成的大架構中，二來是因為我們遵守了一定的行為規範，讓自己溶入了這個架構中；這些行為規範既不是我們親手作成的，甚至我們對它們也從未有過真正的理解，這裏所謂「理解」的意思是，對於我們所製造出來的東西，我們充分「知道」它們有些甚麼作用，以及怎樣發生作用。

現代經濟學，解釋此種延遠的秩序怎麼會產生，解釋該秩序本身怎麼會是一個匯集資訊的過程，以及它怎麼能夠動員利用連龐大的中央計劃機構（遑論個人）也無法全盤知道或掌控的知識。人類的知識，正如亞當・史密斯所了解的，是分散由每個人擁有的。所以，他這麼寫着：「他的資本究竟能夠應用到哪一種他所經營的事業？應該怎樣運用，所獲得的產出才可能最有價值？每個人的週遭環境自己最為熟悉。因此，很顯然的，自己對這些問題所下的判斷，會遠比任何偉大的政治家或立法委員能夠幫他下的判斷來得優越」（1776/1976: 第二卷, 487）。或者就像十九世紀一位敏銳的經濟思想家所說的，企業經營需要「對成千上萬特殊瑣碎的事項有精細的了解，除非利之所在，否則沒有人會費神去了解」（Bailey, 1840: 3）。像市場這樣的資訊匯集制度，讓我們能夠利用如此分散、而且無法全盤觀測到的知識，形成各種超越個人想像的秩序。當各種制度與傳統根據這樣的模型發展出來了以後，人們便不再需要凡事都必須（像原始的人類隊伍那樣）費力尋求目的共識，因為四處分散的各種知識與技能，現在全都能夠自然而然地為各式各樣的目的提供便捷的服務。〔譯者按：本書第五章最後一節有關「中央控制」(central control) 與「委員會」(committee) 的論述，可以和此處的論述相互發皇；此處的意思大略是，不必開會取得目的共識，也可以動員利用各人的知識與技能。〕

此種學術發展在生物學和經濟學都一樣明顯。即使在狹義的生物學領域裏，「一般而言，演化改變趨向最經濟的資源利用模式」，「於是演化『盲目地』遵循物盡其用的法則發展」(Howard, 1982: 83)。此外，有一位現代生物學家也曾正確地指出，「倫理學就是研究資源配置方法的學問」(Hardin, 1980: 3)。這些見解都指出，演化論、生物學和倫理學有極為密切的關聯。

「秩序」(order) 這個概念很難把握，和它相當近似的「系統」(system)、「結構」(structure) 以及「模型」(pattern) 也一樣不簡單。我們必須先辨別兩種相關、但不同的意思。「秩序」，不管是當作名詞或是動詞，都可以分別用來描述**內在心智**活動的一些結果，或用來描述**外在物體**或事件的具體排列方式。就**心智活動**而言，我們根據自己的感官認識，將外界的各種物體或事件，從各種不同的角度加以排列或分類；我們（內在）的感官世界，會因為科學的一些發現而重新排列（或分類），便是這種心智（分類）活動的一個例子 (Hayek, 1952)。〔譯者按：例如，由於科學研究發現，並非凡是白色的東西都有同一性質，所以我們內在的感官世界也就不再將白色的東西均劃為同一類。〕或者，就**外界事物**具體的排列而言，所謂「秩序」，也是我們的心靈在一定時刻以為物體或事件具有的一種關係結構，或在它們身上所安附的性質。倘若規律性（regularity, 源自於拉丁文表示規則〔rule〕的 “regula”）特指由某些要素所構成的關係結構當中的那個時間面，則秩序當然就是同一關係結構當中的那個空間面。

將上述的區分謹記於心，我們接着便可以説，人類之所以有能力在其身外造成各種有秩序的事物排列，來滿足他們的各種需要，是因為他們學會了根據許多不同於本能的原則，來安排他們得自於外界的一些感官刺激，在他們本能感覺到的刺激或分類之上，又**疊上**了一層重新安排的秩序。將各種事物加以分類也等於是某種秩序安排；將各種事物加以分類，是我們為了得到某些結果，而積極地將原來的秩序重新排列的方式之一。

我們主要是通過語言學習，來給事物分類。我們不僅利用語言來標誌種種已知事物的類別，而且也利用語言標明，我們將如何區分各種事物的類別。我們也從風俗習慣、道德和法律等方面的學習當中，得知各種不同的行為將會帶來甚麼樣的效果。〔譯者按：除了語言、風俗習慣、道德傳統和法律之外，還有其他我們的心靈可以用來「重新排列事物」的方法。〕譬如説，市場上人們互動所形成的那些價值或價格，也是一種更上一層的分類手段；這個手段根據各種（個人的）行為對某種秩序的重要性，將它們加以分類；這個秩序雖是由許多個人構成的，但每個人只是整個秩序結構當中的一分子，而且這個秩序也不是人們有意或有能力作成的。

延遠的秩序當然不是瞬間產生的；若和它後來發展成為一種世界性的文明所經過的期間相比，孕育它的過程所經歷時間更長，而且所產生過的秩序類型也更多（也許曾經費時數十萬年而不是五、六千年）；市場秩序不過是晚近的一個發展。隨着各種習慣性的行為模式不斷發生變體、不斷被淘汰選擇，構成此種秩序的各種結構、傳統、制度和其他成分，逐漸地發展出來。這些新的規範之所以傳播開來，並非因為人們知道它們比較有效，也不是因為人們知道它們可以讓他們得到擴張，而只是因為順從它們的那些社羣，在繁衍後代上更為成功，而且也更能包容外人。

因此，這種人文秩序的演化，是順着各種新的行為慣例，被某種習慣養成和傳遞的過程散播開來，而不斷發展的。如此這般進行的演化，雖然和生物演化有些類似，但在許多重要的方面卻也截然不同。我會說明這兩種演化過程的一些異同，然而在此之前，我們也許該馬上指出，相對而言，生物演化的速度太慢了。在過去人類文明發展的一、兩萬年間，人類天生的本能並未因生物演化而有所改變。這麼慢的生物演化速度，根本談不上對目前絕大多數人類的本能有過甚麼樣影響，因為這些人的祖先都是剛剛在幾百年前才出現的。然而，就我們所知，目前已經開化的社羣，看起來都擁有一種類似的潛能，都能夠由學習某些傳統而獲得文明。因此，我們很難說文明（civilisation）與文化（culture）是天生決定的或是經由基因遺傳的。除非自傳統中學習，否則不分種族，同樣不會有文明與文化。

> 就我所知，最早對此問題有比較清晰説明的當屬卡爾 - 桑德思（A. M. Carr-Saunders）。他説「人類及其各族羣，是因其所採用的習俗而被自然選擇、保存下來的，正如同他們是因其本身的智力與體能特點而被選出來的那樣。在鄰近族羣不斷爭鬥的過程中，習俗最為有利的族羣，比習俗較為不利的族羣更佔上風」（1922: 223, 302）。然而，卡爾 - 桑德思強調的，卻是習俗在限制人口而不是在增加人口方面的作用。至於較近的研究，可以參考阿蘭德（A. Alland, Jr., 1967）；法柏（Peter Farb, 1968: 13）；辛普森（G. G. Simpson）在比較生物演化和文化發展時，説文化「手段有比較強的適應能力（引自 Campbell, 1972）；波伯（Karl R. Popper）認為「文化發展以其他手段延續了生物的遺傳演化過程」（Popper and Eccles, 1977: 48）；以及德罕（William Durham），他強調特定習俗與屬性在提升人類繁殖能力方面的影響（見 Changnon and Irons, 1979: 19）。

由於學來的行為規則逐漸取代了天生本能的反應，人類乃愈來愈和其他動物區隔開來，雖然本能的羣眾莽動傾向至今仍是人類保留下來的許多殘忍獸性之一（Trotter, 1916）。甚至人類的動物祖先，在他們蜕變為解剖學意義上的現代人之前，便已經取得了某些「文化的」傳統。另一方面，這種文化傳統對於某些動物的羣居結構也有形塑的作用，譬如我們在鳥類和人猿，乃至其他許多哺乳類動物當中所觀察到的（Bonner, 1980）。但，從動物到人類的決定性轉變，主要還是因為由文化發展所決定的規範，對天生本能的反應發生了約束作用所致。

雖然說學來的規矩逐漸取代了遺傳的本能反應，雖然說人們習慣地、幾乎如同本能、不知不覺地順從學來的規矩，但我們卻無法精確地分辨這兩種決定行為的因素，因為它們以非常複雜的方式相互影響。嬰兒時期學來的習慣，和我們開始學習之前就已支配我們的本能一樣，已經難分軒輊變成是我們人格的一部分了。我們的身體甚至已經發生了一些結構性的變化，只因為這些變化有助於人類更充分利用文化發展所帶來的各種機會。甚至我們稱之為心靈（mind）的那個抽象結構，其中究竟有多少是由於基因遺傳而植入我們的中樞神經系統裏的呢？或者，它在多大的程度上，可以說只是一個讓我們得以吸收文化傳統的貯藏所呢？就我們此處的目的而言，即使是這些涉及心靈的問題也都無關緊要。基因遺傳和文化傳承的各種結果，都一樣可以稱作傳統。重要的是，這兩種影響行為的因素，時常像我們前頭說的那樣發生衝突。

即使某些文化屬性幾乎在所有的個體都觀察得到，也不能說它們是由基因遺傳決定的。也許只有一個方法可以滿足形成某種延遠秩序所需的某些條件——正如同長出翅膀顯然是各種生物得以飛行的唯一方法那樣（昆蟲、鳥類和蝙蝠的翅膀，各有頗為不同的基因遺傳來源）。也許基本上只有一個可以發展出有聲語言的方法，所以，所有語言具有某些共同的屬性，也不表示這些語言屬性是天生相同的性質所致。

二、既合作又衝突的兩種道德

雖然文化發展，以及它所創造的文明秩序，為人類帶來特殊化、個人化、日漸增加的財富，以及人口的大量擴張，但它的緩慢來臨卻絕不平順。我們尚未抖落從前面對面的生存方式所遺留下來的情結，而這些本能的情結，一方面還未「調整」到完全適應晚近生成的延遠生活新秩序，另一方面甚至還有害於這種新秩序的發展。

但，某些本能持續帶來的一些好處，我們也不應該忽略。這裏所說的好處，也包括特定的天生秉賦讓我們得以或多或少轉化一些其他的本能反應模式。例如，在文化教養開始轉化一些天生的行為模式之際，生物演化也許已經賦予人類個體許多各式各樣、調適好的特徵，讓人類得以比任何非馴化的動物更能適應他所侵入的生態利基（niche）—— 甚至在一些人類族羣內部分工逐漸增強，為許多特殊的生存方式帶來了新機會之前，事情也許就已經是這樣地發展了。這些有助於轉化許多其他天性的重要本能之一，就是人類個體具有學習其同類的強大能力，特別是經由模仿而學習的能力。由生物演化所決定的最後一個重要步驟，也許是嬰幼期與青春期的延長；此一延長對人類的學習能力有很大的貢獻。

此外，延遠的秩序在結構上也不僅是由個人所組成的；在個人與延遠的秩序中間，還有許多不同層次、相互重疊的次級秩序。在這些次級秩序裏面，一些舊有的本能反應，例如團結一致和利他主義的精神，仍然有其重要性，因為它們對於次級秩序內部自動自發的協作有輔佐之功，雖然它們獨自無法為上層延遠的秩序奠定發展的基礎。我們人類目前遭遇到的困難，有一部分是來自於，我們必須不斷地調整我們的生活、我們的思想和我們的情緒，才能同時依不同的行為規範生活在各種不同的秩序當中。如果我們真的把讓小世界（micro-cosmos, 亦即, 小團體或小隊伍, 或者例如我們的家庭）得以凝聚的一些規矩，一成不改、毫無限制地應用到大世界（macro-cosmos, 亦即, 延遠的文明秩序），則**我們勢將摧毀這個大世界**；很不幸的是，我們一些本能上與情感上的渴望，時常讓我們希望能夠這樣做。然而，另一方面，如果我們總是把大世界的規矩，應用到一些人際關係較為親密的團體裏，則**我們勢將壓碎這些小團體**。所以，我們必須學習同時生活在兩個世界裏。以「社會」（society）一詞稱呼這兩個世界，或稱呼當中任何一個，不僅毫無益處，甚至會發生嚴重擾人耳目、混淆思想的效果（參見第七章）。

儘管我們有一定的能力去辨別，也有一定的能力同時生活在**兩種**規矩不同的秩序裏，但，無論是去辨別或是實際去體驗，做起來卻不容易。事實上，我們的一些本能時不時準備顛覆整個文明秩序。就此而言，本書的主題有點類似佛洛伊德（Sigmund Freud）的《文明及其不滿》（*Civilisation and Its Discontents,* 1930），不過我的結論和他的卻大不相同。事實上，在人類文明史的研究當中，最重大的課題也許就是，人們本能上所喜歡的和學來的這兩種行為規範怎樣發生衝突的問題——這種衝突，乃是因為人們必須服從唐納德・坎貝爾（Donald T. Campbell）所謂的「壓抑或禁制性的道德傳統」的規範，而引爆出來的。當哥倫布（Christopher Columbus）首次碰到那些「野人」時，他似乎立即看出，就人類天性的觀點來說，他們的生活比文明的生活更能讓人滿意。我相信，人們渴望追隨其遠祖、重過高尚復古的野蠻生活，是集體主義思想的主要源頭。對於這一點，稍後會有較詳盡的論述。

三、自然人不適合延遠的秩序

我們不僅幾乎不能指望人們會喜歡上一個抵觸一些強烈本能情結的延遠秩序，而且也不用想他們會爽快地理解，這個秩序帶來了許多他們也喜歡得很的物質享受。甚至在一般人的眼中，這個秩序根本就是「不自然的」(unnatural)，因為它不適合人類天生的秉賦。因此，人們在延遠秩序裏竟然做出的那些好事，有許多並不是由於他們天性善良所致；然而，我們也不該愚蠢到因着這個理由而貶輕文明，說它是矯揉造作的或是人為的。我們大部分的價值觀、我們的語言、我們的藝術，以及我們真正的理性，都不是天生留藏在我們個人的生物結構當中的；只有就這個意義來說，我們的文明才能說是人為的。然而，就另外一個意義來說，延遠的秩序卻完全是自然的；亦即，和類似的生物現象一樣，延遠的秩序本身也是在自然選擇的過程中自然地演化出來的（參見附錄一）。

例如，我們內心深處仍然渴望對他人直接示好、表達我們的善心，但是，我們日常生活的大部分，以及我們所從事的大部分工作，卻絲毫不能滿足我們這種「利他的」渴望。公認的生活常規要我們將本能驅使我們去做的一些事情擱置一旁。這種情形，與其説是感情與理智的衝突，不如説是本能的反應與學來的規範在交戰。然而，正如我們將會看到的，普遍遵守這些學來的規範所產生的影響，對大家的好處，要比任何人所能採取的最直接「利他的」行為，都要來得更大。

對於市場的秩序原理，一般人所知極為有限；透露此種無知的一個徵兆便是「合作優於競爭」這個常見的想法。尋常意思所謂的合作，和團結一致的意思一樣，都預設人們在具體的目的和追求這些目的的方法上有高度的共識。在小團體裏，由於成員比較有一些共同的習慣和認識，尋常意思所謂的合作還有一些實際的意義可言。但，當實際的問題癥結是在於怎樣適應各種未知的狀況時，這種合作的概念就毫無意義了；然而，在延遠的秩序裏，眾人的活動之所以得到協調，根據的正是這種適應未知狀況、適應莫名的能力。競爭是一個發現事實的辦法，也是各種演化都有的一個過程；我們的生存效率之得以提高，是由於競爭，而非由於合作的緣故。

若想讓競爭帶來利益，那就必須要求每一位參與競爭的人遵守規範而不能訴諸暴力。唯有規範才能合眾，形成延遠的秩序。(只有在發生緊急事故，大家面臨共同立即的危險時，訴諸共同的目的才可望達到合衆的效果。企圖以所謂「神經戰」〔moral equivalent of war〕的那些標語口號，取代具體的共同目的，來鼓舞團結的士氣，只不過是重蹈較為粗糙的協調原則罷了。) 在延遠的秩序裏，任何人都不知道、也不需要知道人們所有的目的和所採用的一切方法；即使如此，所有的目的和方法也都能夠被納入考量。這種秩序是自發生成的(或者説，是自化的)。種種規範之所以變得愈來愈能自動產生秩序，不是因為人們愈來愈了解這些規範的作用，而是因為行為規範湊巧發生某種變化的族羣，變得愈來愈有調適能力，愈來愈興旺所致。這種演化並不是直線型的，而是在各種不同秩序的競爭場合當中，經由不斷的試誤和「實驗」而生成的。當然，這些所謂的實驗都不是人們刻意去做的——不過，歷史偶然造成的規範變化，除了可以比喻為遺傳突變之外，實際上也有類似實驗的效果。

這種行為規範的演化過程絕非一帆風順，因為執法的權力機構，對於違反舊有的是非觀點（或舊有的公平觀點）的改變，通常是採取抗拒而非協助態度的。同樣的，權力單位為了執行好不容易才被接受的新規範，往往阻礙進一步的演化學習，限制那協調眾人活動的秩序進一步延伸或擴展。強制性的權威機構，極少會主動去促成這種自動協調秩序的延伸，雖然它時常會將統治集團內部已經接受的道德規範傳播開來。

這一切證實了一件事，那就是：抗拒各種文明約束的那些情結，是一種時代上的錯誤——它們只適宜人類很久以前的小團體內部的人數和條件。此外，如果文明確實來自於非人們所願的道德演化，那麼，即使我們也許不願意接受文明的道德，實際上我們也永遠不可能知道有甚麼四海皆準、亘古不移的道德體系。

然而，僅根據這種演化的理由而遽下結論，説不管演化出來的規範是些甚麼，都一定（或必然）有利於遵守它們的族羣繼續生存與繁衍，那就錯了。我們仍須借助於經濟分析的方法（參閱後面第五章），證明自然演化出來的那些規範怎麼會促進人類的生存。即使我們承認，一般而言，競爭，通常會根據各種規範體系對人類生存的貢獻大小，將適當的規範選出或保留下來；但，那也不是說我們就不該以批判的態度去檢視它們。即使不為別的原因，光是在文化發展的過程中，經常有各種強制性的干擾存在，我們就該嚴謹地檢討留傳下來的道德規範了。

不過，話說回來，我們對於文化發展的過程有某種程度的理解之後，通常會將善意的存疑擺在已經確立的行為規範這一邊，而對要求改革者課以舉證的責任。雖然光以歷史和演化的觀點，對資本主義秩序的出現進行考察(本書的第二與第三章做的就是這種工作)，並不能證明種種市場制度的優越性；但，這種考察工作無疑有助於說明，這些儘管不受歡迎、無意作成、然而卻頗富生產力的傳統是怎麼生成的，以及對於那些經過延遠秩序洗禮的人們來說，這些無意中出現的傳統又有些甚麼深遠的含義。不過，首先讓我把一個主要的障礙，從我們即將前進的道路上挪開。這個絆腳石指的是一項普遍流行的誤解 —— 高估我們自己的理智能力，誤認為我們憑它便可以判定哪些有用的行為習慣值得採納。

四、心靈是文化發展的產物，而非其嚮導，且其本身之發展倚賴模仿，多於倚賴靈見或理智

我們曾提到，經由模仿而學習的能力，是我們人類自長期的本能發展過程當中，所獲得的重要好處之一。事實上，在各種本能的反應之外，生物遺傳賦予人類個體最重要的能力，也許就是以模仿學習為主而獲得各種技巧的這個能力。有鑒於此，我們一開始便應該力圖避免，我所謂的「致命的自負」(fatal conceit)引申出來的一個謬思，亦即：獲得各種技巧的能力是從理智引申出來

的能力之一。因為事實恰好相反：我們的理智是某一演化選擇過程的產物；就這一點來說，它和我們的道德沒有兩樣。不過，它的發展經過和道德稍有不同，所以，我們絕對不該假定理智位於更崇高、更重要的地位，而且也不該以為只有獲得理智背書的那些道德才是正確的。

在下面幾章中，我會逐一探討這些問題，但是不妨在此先預告我的結論。本章的標題，「本能與理智中間」(Between Instinct and Reason)，應該照字面的意思來理解。我想提醒大家注意，真有一些東西是**介於**本能與理智**中間**的。我也要提醒大家注意，正因為一般誤認為本能與理智中間沒有甚麼東西存在，所以這些東西通常被忽略了。換言之，我主要關心的是文化與道德的演化，亦即，延遠秩序的演化。這種演化，一方面(如我們剛才所見的)，是在本能的演化之外，而且時常和本能相衝突的；另一方面(如我們稍後會看到的)，它也不是理智創造或設計得了的。

我的見解，有些已在過去的著作中提到過(1952/79, 1973, 1976, 1979)，可以簡單地綜合如下。學習如何待人處世這件事，與其說是靈悟、理智和理解的**結果**，還不如說是它們的**來源**。人類不是生下來就有智慧、有理性或是善良的；他必須被教導才有可能變得如此。我們的道德不是我們的理智創造出來的；相反的，是因為我們的道德支配了人際互動，才讓理智及其他一些相關能力得以成長。人類變得聰明，是因為有(介於理智與本能中間的)**傳統**讓他學習。而這個傳統，卻不是來自於理性解釋客觀事實的能力，而是來自於種種回應客觀事實的習慣。它主要是告訴人類，在某些狀況下，他們該做些甚麼或不該做些甚麼，而不是告訴他們，可以預期甚麼一定會發生。

因此，我很抱歉地說，有些關於演化問題的書實在讓我忍俊不住，其中甚至有些是大牌科學家寫的。這些書的末了通常會來上一段大聲疾呼，略謂在此之前雖然一切都是由某種自化過程發展出來的，然而現在事態已經變得如此複雜，所以我們現在應該開始運用自己的理智，抓住韁繩，把握往後的發展方向。之所以會有這種一廂情願的想法，乃是受到一種我在別的地方稱之為「營造理性主義」的迷思影響所致（見 1973）。有不少目前所謂科學的思考都染有此種迷思的色彩。有一本非常暢銷的書，作者是一位屬於社會主義陣營的著名人類學家，它的書名《人類創造了自己》（*Man Makes Himself*, V. Gordon Childe 著, 1936），可以說相當明白地呈現這種迷思；因此，許多社會主義者便將那個書名當作是某種識別身份的暗語來用（Heilbroner, 1970: 106）。這一派迷思有一個非常不科學，甚至是泛靈觀的核心假定，亦即，他們認為當人類身體發展到了某個階段，便出現了理性的心靈（或靈魂），入主了還在演化當中的人體，成為往後積極引導文化發展的新舵手（而不像實際發生的那樣, 是我們這樣的身體逐漸取得了吸收種種非常複雜的活動規範的能力, 這些規範讓我們這樣的身體得以在其所處的環境中, 更加成功地動過來盪過去）。這個認為文化發展完全後於生物遺傳演化的迷思，無視於人類演化過程當中至為重要的那一部分，亦即，無視於人類理智如何形成的那一部分演化故事。這個認為實際上由演化生成的理智，現在應該足以決定本身未來發展的迷思，充滿了內在的矛盾（即使我們放過這一點：它還吹噓理智也可以做到其他許多理智實際上無能為力的事），要駁倒它乃是輕而易舉之事（見後面第五及

第六章)。實際上，與其假定會思考的人類創造並控制了自己的文化發展，倒不如說文化教養，以及演化，創造了他的理智來得正確。無論如何，認為在某一階段有意的設計介入並取代演化，乃是一個捨科學解釋而就超自然假定的迷思。就科學的解釋來說，並不是我們所謂的心靈發展了我們的文明，更不用說心靈掌握了自己的演化；實際上，心靈和文明是齊頭並進、同時演化的。我們所謂的心靈(mind)，不像我們的頭腦(brain)那樣，是某種我們與生俱來的東西，它也不是我們的頭腦本身製造出來的，而是我們得自生物遺傳的器官(例如,一定尺寸和結構的大腦)協助我們個別自外界取得的東西。我們之所以能夠取得它，除了我們有像是大腦這樣器官的協助之外，更重要的是，我們在長大的過程中，從我們的家庭和長輩那兒，吸收了許多文化傳統留下來的產物；這些文化的產物，不用說當然不是生物遺傳保留下來的。就這個意義來說，構成心靈的成分當中，有關我們週遭環境的各種詮釋和實際能夠檢驗的知識只佔一小部分，而佔絕大部分的則是一種約束我們的本能情結的能力——一種我們個別的的理智無法檢驗的能力，因為它的影響只出現在全體秩序的層次上。心靈，一方面是由我們個別成長的環境所塑造的，另一方面，則反過來制約我們所汲取的各種傳統，是否得以保全與發展，以及是否深厚與多樣。由於心靈主要是經由家庭教養而獲得傳承的，因此，無數同時並存，並且匯流在一起的傳統源流便得到了保全，等待每一位新生命去深入探索。一個沒有這樣的文化傳統好讓他汲取的人，是否有心靈可言，頗值得我們好好地質疑。

如果說本能比習慣和傳統來得古老，那麼，習慣和傳統就比理智來得古老；不管是就邏輯、心理或時間先後的觀點來看，習慣與傳統都是**介於**本能與理智**中間**。它們的來源不是有些人所謂的無意識心理（the unconscious），也不是直覺（intuition），更不是理性的理解（rational understanding）。它們是在文化發展的過程中形成的，就此一意義而言，它們是人類經驗的累積。儘管如此，它們並不是我們運用理智，根據一些事實或觀察到事情有一定的變化方式，所歸結出來的。儘管我們的一切行為皆取決於我們學來的東西，但，我們卻時常不知道我們為甚麼會去做我們所做的行為。學來的道德規範和行為習慣之所以日漸深入轉化我們本能的各種反應，不是因為我們憑理智認識到它們比較好，而是因為它們讓某種延遠的秩序得以長成。這種秩序遠遠超乎任何人的想像力；它讓秩序裏的成員得以更有效地協作，因而得以（儘管是盲目地）維持更多的人口，並且逐漸轉化或取代秩序外的族羣。

五、文化發展的機括不是達爾文出品的

走筆至此，我們應該更仔細地探討演化原理和文化發展之間的關係。這個大題目引出一堆有趣的問題，其中有許多如果沒有經濟分析，其他的學問大概也沒有辦法解答。

就這個大題目來說，一直有很多誤解，其中有一些我們之所以在此提出，無非是要提醒讀者，我們無意在此重複以往的錯誤。例如，社會達爾文主義（Social Darwinism）老是以為，凡是以演化觀點討論人類文化的人，都必須就教於達爾文（Charles Darwin）。這是個錯誤的想法。我很敬佩達爾文；在所有的學問

領域當中，他是第一個將原本就已經是條理井然（儘管尚不完整）的演化理論，努力加以擴充、演繹，並且獲得成功者。早在達爾文之前，有關演化的一些理念，在人文科學界就已經變得相當平凡了——至少在瓊斯勛爵（Sir William Jones）於一七八七年看出拉丁文、希臘文和梵文有驚人的相似之處，以及所有「印歐」（Indo-Germanic）語系都源自梵文之後，情形便是如此。不過，最後說服科學界相信那些平凡的演化理念的，卻是達爾文在生物演化方面耗費心力的仔細說明。瓊斯這個例子提醒我們，達爾文或生物演化理論既不是第一、也不是唯一的演化理論，而且它實際上自成一格，亦即，它和其他方面的演化說明稍有不同。生物演化的理念實際上是起源於對各種文化發展過程的研究，這一類的演化過程早在達爾文之前就已有人認識到了；例如，種種文化發展的過程形成了諸如語言（瓊斯的研究是一個例子）、法律、道德、各種商品市場和貨幣等秩序機制。

> 因此，當代「社會生物學」（socioblology）所犯的主要錯誤，也許就是把語言、道德、法律以及諸如此類的建構，都當成是「生物遺傳」（genetic）過程所傳遞的東西（因此乃是分子生物學〔molecular biology〕當前忙着研究的對象），而不是模仿學習所傳遞的演化選擇的產物。這個理念和處在另一個極端的理念同樣是錯誤的，後者認為諸如道德、法律、語言或貨幣等等規範和制度，都是人類着意發明或設計的，因此人類當然可以隨意地加以改良。換言之，後面這個理念是生物演化理論當初的

> 死對頭——迷信——殘留下來的尾巴，亦即，它認為凡是在甚麼地方我們發現有秩序，我們必然也可以找到那個安排秩序的人。我們在此又一次發現，那個**介於**本能與理智**中間**的解釋才是正確的。

不僅人文與社會科學比自然科學更早發展出演化的理念，我甚至敢說，達爾文是從經濟學那邊學到基本的演化理念的。我們從達爾文留下來的筆記中，知道當他於一八三八年構思自己的演化理論時，也正在讀亞當・史密斯的著作（參見本書附錄一）。* 無論如何，在達爾文的著作問世之前，關於許多非常複雜的自化秩序怎樣經由某種演化過程而產生的研究，便已存在了數十年，乃至是一個世紀了。甚至像「起源的或遺傳學的」(genetic) 和「起源學或遺傳學」(genetics) 這些字眼，目前雖然已經成為生物學的專

---

* 編者註：見 Howard E.Gruber 的《達爾文論人類：科學創造力的心理學，以及達爾文早期未發表的筆記》(*Darwin on Man: A Psychological Study of Scientific Creativity, together with Darwin's Early and Unpublished Notebooks*, 1974)，頁 13, 57, 302, 305, 321, 360, 380；其中的筆記部分由 Paul H. Barrett 整理並加註，出版者為紐約的 E. P. Dutton and Co., Inc.。1838 年達爾文閱讀亞當・史密斯的《哲學論文集》(*Essays on Philosophical Subjects*, 1795)，由倫敦的 Cadell and Davies 出版，該書附有 Dugald Stewart 所作之序文〈作者生平與著作簡介〉(An Account of the Life and Writings of the Author)，見該書頁 xxvi-xxvii。達爾文在這篇序文的地方加註，略謂他曾經讀過這篇序文，而且它「頗值得讀，因為它摘要地説明了亞當・史密斯的各種見解」。1839 年達爾文閱讀亞當・史密斯的《道德情操論》(*The Theory of Moral Sentiments; or, An Essay Towards an Analysis of the Principles by which Men Naturally judge concerning the Conduct and Character, first of their Neighbours, and afterwards of themselves, to which is added, A Dissertation on the Origin of Languoges*)［譯者按：本書有一很長的副標題，一方面點出本書的主旨，是要分析人們自然而然地採用哪些原則來評斷鄰居和他們自己的行為與性格；另一方面，則提示本書也將作者一篇關於各種語言之來源的文章收編在一起］，所閱讀的版本是由倫敦的 Cadell and Davies 於 1804 年出版的第十版，共兩冊。好像沒有證據顯示達爾文讀過亞當・史密斯的《原富論》(*An Inquiry into the Nature and Causes of the Wealth of Nations*)。

門術語，然而當初卻不是由生物學界創造出來的。據我所知，第一位探討起源發展（genetic development）的是德國的哲學家和文化史學家赫德（J. G. von Herder）。後來，魏蘭（C. M. Wieland）和洪堡德（Wilhelm von Humboldt）也有同樣的想法。所以說，現代生物學的演化概念是從歷史更為悠久的文化研究那邊借過來的。這一點，即使就某個意義來說大家都很清楚，但也幾乎總是被遺忘了。

文化發展的理論（也有人稱之為社會心理的〔psycho-social〕, 超有機的〔super-organic〕, 或體外的〔exosomatic〕演化理論），雖然在某些重要方面類似生物演化的理論，但是兩者絕非相同。事實上，兩者據以演繹的假設通常一開始便有頗大的差異。赫胥黎（Julian Huxley, 1947）說的相當公允，文化發展是「一個和生物演化截然不同的過程，它有自己的法則、機括（mechanism）和模式，而且無法以純粹生物性的理由來加以解釋」。這裏僅舉出幾個主要差異：生物演化理論現在已經排除學來的特徵可以繼承的可能性，但，一切文化發展卻都是以此種繼承為基礎——文化發展過程當中，被繼承的那些特徵指的是，人們代代都遵守各種引導人際關係的規範，這些遵守規範的行為特徵，不是與生俱來的，而是學來的。套用現代生物學中的術語來說，就是文化發展**模擬**了拉馬克演化模式（Lamarckism; 見 Popper, 1972）。〔譯者註：拉馬克（Jean-Baptiste de Monet, Chevalier de Lamarck）是法國生物學家, 1744-1829。〕**此外**，在文化發展過程中，那些被傳遞到下一代的習慣與訊息，不只來自於自己的親生父母，也來自於其他許多為數不定的「祖先」。我們也已提過，因為種種學習的過程有助於文化特徵的傳遞與擴散，文化發展的速度之快不是生物演化可以比擬的。最後，文化發展主要是經由羣體競存〔譯者按：即, 整個社羣的被淘汰或保全〕的方式在進行的；至於羣體競存的現象是否也出現於生物演化過程，則仍舊是個尚待證實的問題——不管這個問題的答案是甚麼，對本書的論證都不會有影響（參閱 Edelman, 1987; Ghiselin, 1969: 57-9, 132-3; Hardy, 1965: 153ff, 206; Mayr, 1970: 114; Medawar, 1983: 134-5; Ruse, 1982: 190-5, 203-6, 235-6）。

> 伯能（John Tyler Bonner, 1980: 10）不該說文化「是生物的特性之一，就像呼吸或運動那樣，是生物的一種功能」。將語言、道德、法律、貨幣，乃至心靈，貼上「生物性的」標籤，不僅是濫用語言，而且也誤解了甚麼叫作理論。我們的生物遺傳特性，也許決定了我們的學習能力，但卻決定不了有甚麼樣的傳統好讓我們來學。那些可以讓我們來學的東西，甚至不是我們人類大腦的產物。凡不是經由基因傳遞的東西，都不能稱作是生物遺傳的現象。

儘管有上述的差異，所有的演化過程，不管是文化的或是生物的，都是一種不斷對種種沒有預見到的事實進行調適的過程，一種不斷調整以求適應種種事先無法預測、卻又可能發生的狀況的過程。這就是為甚麼演化理論永遠不能讓我們據以理性地預測、並控制未來演化的另一個理由。演化理論能夠做的，只是證明種種複雜的結構內部怎麼會有自動矯正的功能；每一次矯正又會導致進一步的演化發展，但這些進一步的發展將會有甚麼樣特定的面貌，則由於本質使然，根本無法預測。

在揭開它們之間的許多差異之後，我想強調它們有一個重要的共同特色，那就是：不管是文化發展也好，或是生物演化也罷，都沒有所謂「演化法則」或「無可避免的歷史發展定律」這樣的東西存在，亦即，沒有甚麼支配性的規律，說演化發展的產物一定要經過甚麼與甚麼必然的階段，更不用說，我們可以根據這些規律來預測未來的發展。不管是生物遺傳的或是非生物遺傳的因素，都無法限定文化發展，它的結果是多樣而非齊一。有一些像馬克思（Karl Marx）和孔德（Auguste Comte）之流的哲學家，辯稱科學研究可以發現演化的定律，可以用來預測未來種種無可避免的發展；他們是不對的。過去，演化觀點的倫理學所以遭到唾棄，就是因為人們誤把演化理論和所謂的「演化法則」錯誤地聯想在一起，雖然實際上演化理論一定會嚴詞駁斥那些根本不可能存在的法則。事實上，正如我在別的地方說過的（見 1952），對於複雜的現象，我們頂多只能做到我所謂的模型預測（pattern prediction）或原則性的預測（predictions of the principle）。

造成這種誤解的主要原因，是人們把兩種完全不同的過程搞混了，亦即，把生物學家分別稱之為**個體發育**的（ontogenetic）和**種類發展**的（phylogenetic）兩種過程混淆了所致。個體發育（ontogenesis）的過程是先天限定的，它完全取決於胚種細胞內整組基因的內在機能。與之相對的種類發展（phylogenesis），則是有關物種的演化史，這才是演化理論研究的課題。一般而言，生物學家訓練有素不致於混淆這兩種截然不同的過程，但對生物學不熟悉，又甚麼東西都要自己搞的學者就難免被自己的無知所誤，終致陷入「歷史主義的」（historicist）的種種謬思，以為種類發展和個體發育是相同的過程。這些歷史主義的謬論已被波伯 (1945, 1957) 有效地駁斥了。

生物演化和文化發展另外還有一些共同的特色。例如，兩者都仰賴相同的選擇原理：生存或再生優勢。變異、調適和競爭，對兩者來說，基本上都是相同的過程單元，不管它們個別的機括有多麼不同（特別是與繁殖有關的那些機括）。不僅所有的演化都是以競爭為基礎，而且即使只為了保存既有的成就，也少不了不斷的競爭。

我希望人們了解演化理論的整個歷史發展背景，也希望人們理解生物演化和文化發展之間的差異，更希望人們肯定社會科學在演化認識方面的貢獻；但，我不希望被人以為我看輕了達爾文的貢獻。事實上我認為，把達爾文演化理論在各方面的含意推演出來，是我們現代最偉大的知識成就之一，一個改變我們世界觀的偉大成就。即使只當作是一種解釋方法，達爾文理論的普遍適用性，也着實夠令人驚異地顯現在一些著名物理學家的新作中。這證明，演化的理念絕不僅適用於各種生物，而是在某種意義上，從原子的層次開始，它便已經適用了（原子可以看成是由更為基本的粒子發展出來的）。於是，我們便能夠利用種種演化的過程，來解釋各種分子（即最原始的複雜生物體）乃至複雜的現代世界（見附錄一）。

然而，凡是以演化方法研究文化現象的人，卻都時常感受得到別人對此種方法所投射的敵意。此種敵意源自於對十九世紀「社會科學家」(social scientist) 的反感。當時他們竟然還需要達爾文的教誨，才能夠認識他們早該從他們自己的前輩那兒學到的東西。就是因為這一批所謂「社會達爾文主義者」幫了倒忙，才使得文化發展理論久久毫無進展，以致終於遭到打入冷宮的命運。

社會達爾文主義有許多錯處，但是，人們今天之所以強烈地討厭它，有一部分也是因為它拂逆了一種可以說是致命的自負態度，這種態度認為人類能夠隨心所欲地塑造自己的世界。人們是否喜歡社會達爾文主義，實在也和嚴謹的演化理論毫不相干；不過，心繫世事的營造理性主義者，卻時常拿社會達爾文主義的種種不是當藉口，來反對所有的演化觀點。

羅素（Bertrand Russell）便是個很好的例子。他說「如果演化倫理學講的都是正確的，那麼我們便可以完全不必理會演化的途徑，因為不管結果如何，反正演化出來的肯定是最好的」（1910/1966: 24）。這一番批駁演化的話語，雖然被福祿（A. G. N. Flew, 1967: 48）譽為是「蓋棺論定的」，其實不過是個單純的誤會。我可不想犯下通常所謂遺傳或自然主義迷的謬誤（naturalistic fallacy）。我不認為演化選擇所產生的各種羣體傳統必然都是「好的」，這一點和我也不認為演化選擇長期保留下來的其他東西（譬如蟑螂）有任何道德意義可言，是一樣的。

但是，我的確認為，不管我們喜不喜歡，如果沒有我剛才提到的那些特別的傳統，那麼延遠的文明秩序便不可能繼續存在（雖然我認為，如果蟑螂之類的東西真的消失了，所帶來的生態「浩劫」大概不致於對人類造成永久的傷害）。我也認為，如果我們受到一些考慮欠周的理念所左右，對於甚麼才是合理的認識不清（這樣也許真的才會犯下自然主義迷的謬誤），而竟然捨棄了我們的文明傳統，那麼大部分的人類將難逃貧窮與死亡的厄運。如果我們不願意面對這些事實，那麼我們就根本沒有資格，也沒有能力去考慮甚麼才是我們該做的正事。

光憑事實固然永遠無法決定甚麼才是對的，但是，如果沒有好好考慮事實，就率爾認定甚麼才是合理的、對的或好的，則這些考慮欠周的理念，勢將改變原來的事實以及我們的生活條件；它們可能永遠摧毀的，不只是已經發展出來的那些人類、建築物、藝術和城市（我們早就知道這些東西，在面對各種意識形態與野蠻的摧毀力量時，是多麼的脆弱），而且還有各種傳統、制度，各種人際關係；沒有這些文明的傳統、制度與關係，那些容易看得到的東西便幾乎不可能被創造出來。

（黃耀輝譯・謝宗林校）

第二章　自由、財產權與公道的起源

沒有人可以任意地攻擊個別財產，然後又說他很重視文明。這兩者的歷史是沒有辦法分開的。

—— 曼尼（Henry Sumner Maine）

財產權……因而是與人類羣居生活的經濟效率無法分離的。

—— 孟格（Carl Menger）

人們有多少資格享受個人自由，端看他們有多少意願，去服從道德對自身本能慾望的約束，亦即，端看他們愛好公道甚於掠奪的程度有多大。

—— 伯克（Edmund Burke）

一、自由與延遠的秩序

如果說是道德與傳統，而不是聰明與精於盤算的理智，把人類從野蠻中拉拔上來，那麼，現代文明的特色基礎便是古代在地中海沿岸奠定的。在那裏，由於自然條件適於長程貿易的發展，那些允許其成員自由運用個別才識的社羣便取得了某種優勢，比那些由統治者一人（或由全體成員的地方性共識）決定全體活動的社羣更有競爭力。據我們目前所知，地中海沿岸是人類歷史上首先出現人們有權在公認的私人領域內自主決定個別行動的地方；因此，那裏的人們便在許多社羣之間發展出一個密集的商業關係網。這個商業關係網的運作，是不受各地方社羣首領的見解與心願的影響的；因為以當時的科技條件來説，商人的海上活動，事實上是不可能由任何權威中心指揮的。且讓我們看一位很受敬重的歷史權威是怎麼説的（雖然他本人對市場秩序向來沒有好感），「古希臘–羅馬的世界，基本上正是一個私有財產權的世界，不管是面積只有數畝的土地，或者是每個羅馬皇帝與元老們所佔有的廣大領地，都是屬於私人的產業；那是一個私人貿易與私人製造業的世界」（Finley, 1973: 29）。

事實上，也只有在個別財產權（several property）的基礎上，才有可能形成這種可以照顧到許多私人目的的秩序。（我比較喜歡用曼尼〔H. S. Maine〕建議的**個別財產權**一詞，來稱呼通常所謂的私人財產〔private property〕，因為它比較精確。）如果説個別財產權是任何先進文明道德系統的核心，那麼古代的希臘人，似乎也是歷史上首先看出它和個人自由也無法分割的人。古代克里特島（Crete）的憲法制定者們，據説「毫不猶豫地認為自由是邦國的至高善舉，而光為這個理由，他們便規定財產權明確屬於取得財產者；相反地，在實施奴隸制度的國家，一切東西都屬於統治者」（Strabo: 10, 4, 16）。

此一自由的一個重要構面——每個人或次級團體都有的自由、都有各自憑本事追求一己之目標的自由——所以存在，不僅是由於種種生產工具是分別由不同的個體自主支配的，而且也是由於另外有一個（可以說和前者無法分割的）習慣，亦即：有種種大家公認為正當的財產權移轉方法。對每一個人來說，當他自主決定如何運用某些東西時，固然受到他自己以及他所參與的團體的認識和期望目標的影響，但他是否能夠自主決定那些東西的用途，則端看是否有一公認且受尊重的私人領域供他自主決定，以及是否有一同樣受到尊重與公認的方法，供他取得或轉讓支配各種特定東西的財產權。這種財產權、自由與秩序存在的先決條件，從古希臘時代到現在都沒有改變過，都需要有一套抽象或普遍適用的規則或法律，供每一個人不管在甚麼時候，都可以確定甚麼人有權支配甚麼東西。

就某些東西來說，這種「特定的個人才有權去支配」的想法，一定很早就出現了，也許在人類首次憑自己的雙手製成了一些工具時便有了。不過，人們對於親手做出來的東西，總有一份難以割捨的感情，尤其是對於獨特而且非常有用的東西，這一份感情也許會強烈到不忍心將它們轉讓給別人，而必須帶到自己的墳墓裏去的地步——我們從美錫尼文明時期（Mycenaean period）留下來的蜂巢式墳墓（tholos）裏，所發掘出來的那些陪葬物，便是個很好的例子。從這裏，我們可以看出，創作人和「合法的所有權人」在當時是合而為一的；也可以看出，其他許多從同一基本概念發展出來的巧思，其中有些還寄託於傳奇的故事當中，頗像是後來的亞瑟王（Arthur）和石中神劍（Excalibur）的故事（在這個故事裏，那一把傳說中的神劍**不是**根據人間的法律來傳授的，而是根據「更高層次的」神奇力量來決定誰是它的主人的）。

正如這些例子告訴我們的，財產權概念的延伸與精細化，必然是逐漸發展的，即使到現在，這方面的發展也還沒有結束。當人類還過着逐水草而居的狩獵隊伍生活時，財產權的概念並沒有多大的意義，因為迫於當時的情況，每一個發現食物來源或蔽身處所的人，都不得不把他的發現透露給他的同伴。最初由個人雙手做成的那些耐用工具，也許是因為只有創造它們的人，才有本事運用它們，所以它們才被認為是屬於創造人的。在這裏，亞瑟王和石中神劍的故事也是一個很好的例子，因為那一把神劍雖然不是他鑄成的，可是卻只有他才有使用能力。至於在不易保存的東西這方面，也許是後來因為全體團結一致的力量逐漸式微，人們逐漸只需負責照顧範圍較小的羣體（例如家庭）之後，個別擁有財產權的情況才出現的。此外，土地由集體擁有支配權逐漸演變成個別財產，也許是因為唯有如此才能保持地力，確保永續經營。

不過，揣測財產權發展的特定順序並沒有多大的用處，因為在遊牧民族與農業民族之間，財產權的發展步驟也許是千差萬別的。重要的是，個別財產權的發展是貿易發展的先決條件；沒有個別財產權發展於先，就不會有貿易的發展於後，也就不可能形成各種連成一氣、互相合作的大型結構，以及我們稱之為價格的那些訊號了。此外，不管被公認為合法擁有一些特定東西的，是個人或是家族，或是個人志願組成的團體，都不比允許每個人都有權決定要將自己的財產託付給誰、怎樣使用來得更為重要。在這個條件下，自然會發展出一些新的財產權形態（特別是有關土地使用方面的），例如，現代大規模土地開發慣用的那種產權形態，在優先的與次位的所有權人之間（或基本的所有權人與承租人之間）

有某種「垂直的」產權分割的安排。類似的產權分割組合，在現代也許還有更多的用途，但它們卻是不見容於從前較原始的財產權概念的。

我們也不該把人類部族的出現，想成是文化發展的開端；相反的，部族的出現是文化發展最早的一個產物。這些最早出現有密切生活關係的人類團體，和其他一些他們不見得熟悉的團體與人們，有共同的祖先和習慣（關於這一點，下一章會有進一步的說明）。因此，我們不能說，當保存各種共同傳統的部族首次出現時，文化才開始發展。總之，不管過程是如何的緩慢與曲折，有秩序的合作範圍竟然延伸擴大了，而且一般性、不受目標影響的行為規範，也取代了共同的具體目標，成為合作的基礎。

二、古典歐洲文明的遺產

那個經過羅馬人散播到其帝國境內每一角落的道德傳統，似乎也是首先由希臘人，特別是斯多噶學派（Stoics）的哲學家們，以其開闊的人生觀，予以有系統地表述而流傳下來的。這個傳統曾經引起強烈的抗拒，這是我們早已耳熟能詳的，而將來同樣的抗拒，我們大概也看得到。在古希臘時代，當然主要是斯巴達人（Spartans）反抗商業革命最為強烈。他們不僅不承認個人有財產權，反而允許，甚至鼓勵偷竊行為。直到現在，他們都還是拒絕文明的野蠻人榜樣（有關十八世紀對於斯巴達的代表性見解，讀者可以參閱包斯威爾〔James Boswell〕的《生活》〔*Life*〕所描述的約翰遜〔Dr. Samuel Johnson〕觀點，或席勒〔Friedrich von Schiller〕的〈論萊克果思和梭侖所訂的法律〉〔Über die Gesetzgebung des Lykurgos und Solon〕)〔譯者按：梭倫是西元前六世紀雅典（Athens）的立法者，而傳說中的萊克果思則是同一時期斯巴達的立法者〕。然而，早在柏拉圖（Plato）和亞里士多德身上，我們便已經可以看到一種懷舊的情懷，渴望回歸斯巴達的體制；這一股復古的渴望到現在都還陰魂不散。它渴望實現一個小國寡民的格局，內中的一切秩序均由所謂無所不能的權威來關照安排。

確實有一段時期，一些早先在地中海區域興起的商業社羣，為了對抗到處掠奪的族羣，只好乞靈於更加驍勇好戰的羅馬人，時有時無地得到後者的施捨保護。西塞羅（Marcus Tullius Cicero）告訴我們說，當時的羅馬人降服了最為先進的商業中心——哥林斯（Corinth）和迦太基（Carthage），獨霸了整個區域，因為那些商業中心熱衷於海上貿易，竟然犧牲了軍事力量（*De re publica,* 2, 7-10）。不過，在共和時期末年以及帝國時期的頭幾個世紀，或許是因為掌權的元老院多數成員本身有許多商業利益，當時的羅馬，確實給全世界帶來了一個以純粹的個別財產權概念為基礎的民法典範。這個人類歷史上首見的延遠秩序，後來雖然逐漸式微而終至瓦解，但那也是在羅馬的中央政府不斷地擴大行政干預、取代了民間自由的活力之後才有的事。類似的事態發展順序總是一再地重演：當政府接管了人民的日常生活事項以後，文明即使還會散播一陣子，卻絕不可能再有多大的發展前景。人類歷史似乎還沒有見過哪一個高度文明，在其發展過程中，是不需要有一個以保障私人財產權為主要職責的政府的。但，如此產生的文明，其更進一步的演化與成長，卻總是一再受到「力量強大的」政府的阻撓而胎死腹中。政府有了足夠的力量保護人們免於暴力相向的威脅，當然會讓一個自化的、自願合作的，與愈來愈複雜的生活秩序，發展得更為順利。但是，政府遲早總是會濫用這種力量，壓制它早先協助發展出來的自由，為的只是貫徹它自以為是高瞻遠矚的智慧，免得「各種社會制度隨便地發展」(此一具有代表性特色的話語, 是在《馮塔那現代思潮辭典》〔*Fortana/Harper Dictionary of Modern Thought*, 1977〕所列的「社會工程」〔social engineering〕項目下找到的)。在歐洲，種種文明演化的過程，雖然未曾因羅馬帝國的覆亡而永久中止；在亞洲(以及其後在互不相干的中美洲)卻是每當就要有類似的文明發展開端時，便因遭到政府的強力干預而結束(此一區域的政府, 在各方面都要比中古歐洲的封建體系更有力量, 更不用說對個人自主活力的壓制了)。當中最著名的例子，便是中華帝國。在那裏，各種邁向文明與先進工業技術的重大成就，總是產生於政府控制力暫時減弱的「多事之秋」。但是，這些離經叛道的發展，不久又總會被邦國的力量窒息掉，因為他們認為一絲不苟地保存古老的秩序是政府的天命(J. Needham, 1954)。

關於這一點，埃及也是個很好的例子。我們有很好的資料，證明個別財產權在古埃及文明初興之際所扮演的角色相當重要。在研究古埃及各種制度與民法的皮靈(Jacques Pirenne)筆下，第三王朝末年的法律基本上是個人主義式的，他說當時的財產是「屬於個人的、不可侵犯的、如何支配完全取決於財產主的」(1934: 第二卷, 338-9)；但是，到了第五王朝，這樣的法律便開始式微。如此之發展，終於在第十八王朝導致由另一位法國人

> （於同一年發表的著作中）所描述的那種國家社會主義情況（Dairaines, 1934）。之後，這種情況延續了兩千年，充分説明了那段期間埃及文明為甚麼停滯不前。

同樣地，就歐洲在中古時代後半的文明復甦來說，政治混亂的局面，既是資本主義秩序與歐洲文明擴張的起源，也是該文明秩序得以存在的理由（Baechler, 1975: 77）。現代工業文明的發源地，不是在政府力量強大的地方，而是在義大利的文藝復興城市、德國南部、荷蘭、比利時、盧森堡，以及政府統治不嚴的英格蘭；亦即，工業文明是在商人階級而不是武士階級的統治下開始成長的。奠定基礎讓密集的商業網得以成長，從而形成延遠秩序的，不是指揮財產權如何使用的政府，而是保障個別財產權的政府。

有一些歷史學家習慣性地認為，文化發展的極致在於形成一個力量強大的邦國（state）。沒有甚麼會比這個公式化的想法更為離譜的了。事實上，強大的邦國反而常常是文化發展的終結者。在這方面，研究人類早期歷史的學者，顯然是被政治權貴們遺留下來的那些雄偉的建築和帙卷浩繁的文獻搞得目眩神迷了，以致於看不出是哪些人對於延遠的文明秩序有真正的貢獻。這些人，雖然本身沒有留下甚麼堂皇壯觀的東西來證明自己的成就，卻往往是真正締造財富讓那些東西有機會存在的人。

三、「無財產權，即無公道」

但是，過去也有一些智者，在延遠的秩序開始發展不久，便看出這種文明秩序的基礎所在。他們深信這個基礎在於政府保障人民財產的安全，亦即，在於政府的強制力量僅用來貫徹那些確定財產歸屬的抽象規則。例如，洛克（John Locke）的「有佔有慾的個人主義」（possessive individualism），不僅是一項政治理論，而且也是他在分析了英國和荷蘭得以繁榮的那些條件之後所得到的結論。他的立論基礎在於他深刻地認識到：就任何政府來說，除非它不想確保人民之間有和平的合作關係與繁榮的生活條件，否則任何施政若偏離了尊重私人財產權的原則，便談不上貫徹了甚麼**公道**（justice）。「『無財產權，即無公道』，這個命題是跟歐幾里得（Euclid）幾何學中的任一定理一樣正確的：因為財產權的意思是，支配某樣東西的權利，而不公道（injustice）一詞所代表的意思是，這種權利被侵犯了；很明顯的，這些已經確定的意思就是這樣的，而這些名詞也和這些意思牢不可分，因此，我能夠知道這個命題就像三角形的三個角等於兩個直角那樣的正確」（John Locke, 1690/1924: 第四卷, iii, 18）。隨後不久，孟德斯鳩（Charles Louis de Secondat de Montesquieu）也說，商業的力量把文明傳播到北歐，讓那裏的野蠻人逐漸變得和藹可親。

對於休姆和十八世紀其他蘇格蘭的倫理思想家來說，人類文明顯然肇始於人們採取了個別財產權；在所有的倫理道德當中，有關財產權的那些規範，看起來是如此的重要，以致於他在《人性論》（*A Treatise of Human Nature,* 1739/1886）一書裏所討論的倫理道德，多半是有關財產權的行為規範。後來，在《英國史》（*History of England from the Invasion of Julius Caeser to the Revolution of 1688*）第五冊（1762）裏，他把英國之所以偉大，歸因於政府干預財產權的力量受到了許多限制。而在《人性論》一書裏（第三卷, ii），他則清楚地解釋，如果人類所執行的那個法律，不是普遍適用於確定財產歸屬與讓渡的一般性規則，而是「按照所謂美德的大小，來決定每個人該佔有多少財富，……則一方面由於何謂美德本來就已經曖昧不明，另一方面由於個人的自大自誇傾向，每個人的功德大小是不可能會有清楚的衡量標準的，於是，便不可能產生明確的行為規範，而整個社會的解體便指日可待了」。後來，在《人類理性之探索》（*An Enquiry Concerning Human Understanding,* 1777/1886）一書裏，他說「那些被熱情沖昏頭的人也許會說，**一切權勢都建立在仁慈的基礎上，而且凡是繼承天下的都是聖人**；但世俗的官員卻公正地將這些滿腦子高高在上的理論家和尋常的強盜擺在一起，平等看待，施以同樣嚴厲的懲罰，好讓他們明白，想像中對社會最為有利的一些規則，實行起來也許會被發現卻是最為毒辣有害的」（第四卷, 187）。

休姆十分清楚這些文明發展學說和自由之間的關聯性。他注意到，若想讓所有的人都享有最大的自由，就必須對每一個人的自由施予平等的限制，以求貫徹他所謂的三項「基本的自然法則」:「所有權的安定性，合議讓渡權利的安定性，以及履行承諾的安定性」（1739/1886: 第二卷, 288, 293）。雖然他的見解有一部分顯然受到一些英國習慣法學者——例如黑爾勛爵（Sir Matthew Hale, 1609-76）——的影響，但他也許是歷史上第一個清楚地認識到，除非人類本能的道德情操受到某種約束，否則便不可能有普遍的自由。他說，所有的人所以能夠有同樣的自由，乃是因為他們本能的道德衝動「被隨後而至的思慮判斷所約束」，而這種判斷所考慮的則是「**公道**（亦即尊重別人的財產權）和**忠實**（fidelity, 亦即信守諾言）這兩個已經成為每一個人的義務、並且獲得每一個人尊重的行為標準」（1741, 1742/1886: 第三卷, 455）。對於自由的意義，休姆掌握得很正確，他不像後來許多人那樣，將兩種自由的意思混淆在一起：有一種意思很奇怪的自由，它想像每一個孤立的人都是自由的；另一種意思的自由，則是指許多相互協作的人可以都是自由的。就許多人相互協作的場合來說，唯有抽象的財產權規範，亦即，唯有法治，才能保障自由。

後來，佛格森（Adam Ferguson）綜合這些見解，說所謂野人指的便是，那些尚沒有財產權概念的人（1767/73: 136），而亞當・史密斯也說「從來沒有人見過，有任何動物會以身體的姿勢或本能的叫喊，對同類表示，這是我的，而那才是你的」（1776/1976: 26）。他們所表達的，其實是過去兩千年來凡是受過教養的人都會有的看法，儘管其間不時有一些耐不住饑餓或掠奪成性的人類隊伍反叛它。正如佛格森所說的，「顯而易見的，財產權一事關係到人類文明進步」（見前引同一出處）。這些和文明進步有關的事項，除了財產權之外，當時十八世紀在語言和一般法律方面，就像我們先前討論過的那樣，也有人細心加以研究；歐洲古典自由主義的學者在這些方面大多有很深的涉獵；十九世紀中葉，曼尼重續這些主題的研究，其師承也許是來自伯克（Edmund Burke），但更有可能是受到一些德國語言學家和法學家，例如薩維尼（F. C. von Savigny）的影響。薩維尼曾有一番（反對民法法典化）的話，值得在此全部予以重刊：「在密切接觸的情況下，如果要讓所有自由的個體和平共存、相互扶持，而不是互相阻撓大家的發展，只有一個辦法行得通，那就是必須認清那一條肉眼看不見的界限，確保在此一界限之內，每一個體都有一定的自由存在與活動的空間。確立這些界限，從而決定每一個體的自由空間的那些規則，就是法律」(Savigny, 1840: 第一卷, 331-2)。

四、財產權的各種形式與標的以及其改進

各種財產權的成規，就其現狀來説，很難説已臻完美；事實上，我們也還不知道甚麼樣的財產權成規才算完美。然而，無庸置疑的是，個別財產權制度確實有待文化與道德進一步的發展，才能將其嘉惠人類的功能全部發揮出來。例如，為了防止濫用財產權，我們必須要有普遍的競爭。這就必須進一步約束那些天生只適宜小團體生活的情懷(見前面第一章, 和 Schoeck, 1966/69)，因為那些本能的情懷不僅受到個別財產權規矩的威脅，有時候競爭對它們的威脅甚至更大，從而會讓人們更加渴望有種種非競爭性的「團結一致的安排」。

財產權的成規，原本是習俗的產物，而過去幾千年來的司法與立法努力的結果也只是使它更趨成熟，但，我們卻沒有理由認為，財產權目前呈現的各種形式已經毫無發展的餘地了。近來，有不少人看出，傳統的財產權概念，其實是非常複雜的，但可以修改的權利綜合體，而且並非各個領域裏最有效的權利組合都已全被發現出來了。在這方面，已故的普蘭特勛爵 (Sir Arnold Plant) 的一些理念頗具啟發意義，可惜他未有完成的作品傳世。後來，他以前的學生寇斯 (Ronald H. Coase) 克紹其裘，在這方面寫了幾

篇非常有影響力的短文（1937及1960），終於促成了現代「財產權學派」（property rights school）的蓬勃發展（目前該學派的主要健將是A. Alchian, G. S. Becker, 張五常〔Steven Ng Sheong Cheung〕, H. Demsetz, S. Pejovich等人）。這些學者的研究成果，此處固然無法加以歸納說明，但，我相信它們已為往後改進市場秩序的法律架構，提供了許多可以思考的方向。

不過，在這裏我也許該針對某一特定的財產權形式表示一些看法，就當作是在說明，對於怎樣具體劃定最佳的權利組合形式，我們目前所知是多麼的有限，儘管我們深信個別財產權的一般性原則有着無與倫比的重要性。

那些限定個人對各種資源的支配範圍的規則，是經由長期的試誤與淘汰選擇而緩慢地形成的。這種緩慢的選擇過程產生了一個奇怪的態度。有一些所謂的知識分子，對於在有效組織實質生產工具方面不可或缺的那些實質財產權，一般來說，一向是採取質疑的態度的。然而，偏偏就是這些人最熱心、最賣力地支持一些非實質東西的財產權。這些財產權大都是最近才被編造出來的，例如，有關文藝作品和各種技術發明的權利（即著作權和專利權）。

這些〔譯者附加：非實質東西的〕財產權和其他財產權的差別在於：實質東西的財產權，具有引導各種稀有資源發揮最大效用的功能；然而，像文藝作品和技術發明這樣的東西，生產它們的那種能力固然也是稀有的，不過一旦它們被生產出來了，它們便可以被無限地複製或重複使用，這時如果要說它們有甚麼稀有性，也完全是由法律造成的；這樣做，據說是為了要提供誘因，鼓勵人們繼續生產出這樣的東西。然而，以法律強制的稀有性來激勵人類的創造力，卻不見得一定是最好、最有效的方法。我很懷疑，在我們目前擁有的文學著作當中，我們會因為作者得不到專屬的著作權而失掉哪一部偉大的作品。在我看來，大概只有在一種情況下，著作權的保護還有一些道理可言，那就是像百科全書、字典、教科書和其他參考工具書這些非常有用的作品，如果允許別人任意翻印，根本就不可能被生產出來。

同樣的，一再重複的研究到目前也還未能證明，對發明授予專利事實上一定會提升新技術知識的流出量。相反的，卻有不少的理由，顯示發明專利權只會過度誘導研究資源，集中浪費在一些大家都預見得到短期內會找到答案的問題上，因為鑒於專利權法的保護，任何人如果湊巧比別人早先一步尋得答案，便可以在很長的一段期間內享有獨佔使用該答案的權利（請參見 Machlup, 1962）。

五、各種組織是自化秩序裏的成員

寫了理智的自我誇大與自欺，以及「理性」干擾自化秩序可能產生的危害之後，我必須提醒讀者注意一個在另一極端的錯誤。本書的中心主題讓我不得不強調，促成種種自列結構的那些行為規範，是自然演化出來的。我這樣強調延遠（或宏大的）秩序自化的那一面，也許會誤導人們，竟然信起我說過，在延遠的秩序當中，着意的組織一點兒也不重要。

其實構成宏大的自化秩序的那些單位，除了許多個人式的經濟安排之外，**還包括**種種個別刻意組合的經濟安排。事實上，個人主義式的法律發展，有很大的成分，對於無強制性力量的志願性組合的生存，也頗為有利。當整個自化秩序變大的時候，構成該秩序的每個單位也跟着成長茁壯。漸漸地，構成該秩序的那些單位當中，個人式的經濟單位所佔的比例變少了，而像是營利（或非營利的）事業單位（或組合）以及行政機構等團體則變多了。讓龐大的自化秩序得以形成的那些行為規範當中，有一些也有助於人們按照特定的目的，去設立某些適於在該秩序當中運作的組織。然而，這些各式各樣經心作成的龐大組織，事實上，也只有在更為龐大的自化秩序當中，才會有生存的空間；如果整個秩序換作是經心作成的，它們便無處容身了。

還有一個相關的問題，也可能引起誤會。我們在前頭曾經提到，在垂直或上下的層次上，各種財產權變得愈來愈不同了。然而，在本書其他許多地方，當我們談到個別財產權的規範時，有時候在用詞遣字上，確實會讓人以為各種財產權的內容都是一樣、而且一成不變的；這時，讀者該注意，這只不過是一種行文方便上的簡化罷了。事實上，在整個影響自化秩序發展的架構當中，將來進展得最快的一個部分，也許便是各種財產權內容的改善；但是，我們無法更深入地考慮這個問題了。

（黃耀輝譯 • 謝宗林校）

第三章　市場秩序的演化：貿易與文明

任何東西又值甚麼，

除了它能換來的那些錢。

—— 巴特勒（Samuel Butler）

甚麼地方有商業，

甚麼地方就有溫和親切的態度。

—— 孟德斯鳩

一、向未知領域擴張的秩序

我們在前面已經回顧了延遠秩序興起的一些條件，而且也說明了該秩序不僅帶來了，並且也需要個別財產權、自由和公道的體制。現在我們要進一步探討其他先前點到的一些相關層面，特別是貿易發展以及連帶的專業化問題。這方面的發展，過去對延遠秩序的成長雖然有很大的貢獻，但是當時，或者更確切地說，在開始發展了好幾個世紀之後，即使是最偉大的科學家和哲學家們，對它們也不甚了了；當然更不用說會有甚麼人曾經刻意地安排這方面的發展了。

我們將要討論的那些時代、環境和發展過程，都被包裹在遠古的迷霧當中，因此，對於細節我們是無法百分之百肯定的。人類很早以前的一些小社羣，儘管還處在完全仰賴成員共識以圖存的階段，也許便已有了專業化的交易發展了。也許早在人類原始的狩獵隊伍追逐遷徙中的動物而遇到一些人或其他隊伍的時候，某些可以稱作是貿易的現象便已出現了。雖然考古學家所發現的證據，讓我們相信人類很早以前便有了貿易，但這樣的證據不僅很罕見，而且有時候會讓人產生誤會。貿易帶來的那些生活必需品，大多當場就被消費掉了，沒有留下絲毫的痕跡；然而，當時為了誘使那些生活必需品的物主割愛而用來和他們交換的物品，通常都是一些比較罕見、專門用來珍藏的東西，因此比較耐久。我們目前握有的那些肯定早期貿易的證據，主要是一些裝飾品、武器和工具；至於製造這些東西所必須用到的一些自然資源，是否也是利用貿易取得的，我們卻只能從當地是否缺乏這些必備的資源去推論了。現代的考古學者不大可能發現，人們曾經從很遠的地方取得日常所吃的鹽；但是，食鹽的生產者當時賣鹽所得到的報償，倒很有可能卻留下來了。然而，使貿易成為許多古時候的社羣賴以生存的手段的，卻不是人們對罕有奢侈品的渴望，而是他們在生活必需品方面的需求。

無論如何，人類肯定很早就有了貿易，而且是很長距離的貿易；從這種貿易得來的一些東西，即使是從事貿易的人，也許也不可能知道它們的來源；距離遙遠的社羣之間的貿易交往，也許比我們現在能夠追索到的其他任何接觸，都還要來得早些。現代考古學證實，貿易比農業或其他經常性的生產活動都還要早些（見

Leakey, 1981: 212）。在歐洲，有證據顯示，甚至在至少三萬年前的舊石器時代（Palaeolithicage），便有了極長距離的貿易（見 Herskovits, 1948, 1960）。八千多年前，安那托利亞（Anatolia）的卡特呼玉克（Çatal Hüyük）和巴勒斯坦（Palestine）的耶律哥（Jericho），便已分別是黑海與紅海間船運往來的貿易中心，這時陶器和金屬的貿易史還未展開哩。這兩個城市，也為通常被稱作是文化革命的早期「人口急劇增長」提供了具體證據。稍晚，「在西元前七千年晚期，有一海陸運輸網，專門從梅勒斯（Melos）島運送黑曜石到小亞細亞和希臘等內陸地區」（見 S. Green 為 Childe〔1936/1981〕所撰的導論；以及 Renfrew, 1973: 29 和 1972: 297-307）。還有「證據顯示，甚至在西元前三二〇〇年之前，連結巴祿基斯坦（Baluchistan, 在當今的西巴基斯坦〔West Pakistan〕境內）和亞洲西部區域的廣泛貿易網就已存在了」（見 Childe, 1936/81: 19）。另外，我們也知道，埃及在前王朝時期，其經濟就是牢牢地以貿易為基礎的（Pirenne, 1934）。

古希臘史詩《奧德賽》（*Odyssey*）裏有一則故事（第一卷；180-4），點出了荷馬（Homer）時代〔譯者按：西元前一二〇〇～八〇〇年間〕經常性貿易的重要性；在這個故事裏，雅典娜（Athena）化身作船主打扮，在運送一船鐵準備換回銅的途中，遇到了德利模哥斯（Telemachos）。根據現代考古學的證據，在西元前七五〇至五五〇年的兩百年間，貿易的巨大擴張為往後歐洲的古典文明奠下了基礎，然而，這段期間卻幾乎沒有留下任何歷史文件。這一段期間的貿易擴張，似乎也使得希臘和腓尼基的一些貿易中心，大約同時呈現急速的人口成長。這些貿易中心到處競相建立殖民地，以致於到了歐洲古典文明開始之際，一些大規模文化中心的人民生活，便已完全仰賴經常性的貿易活動了。

這些早期貿易存在、並且散播文明秩序的事實，是無可置疑的。然而，要建立這種市場秩序可不是一件容易的事情；市場過程的確立，一定曾給早期的部落生活帶來巨大的衝擊。即使是那些多少已承認個別財產權的社羣，若不是因為有更進一步、先前未曾聽過的一些成規出現，否則一般人大概也不會允許社羣裏的成員，將原本可以留在社羣裏供自家使用的好東西帶走，交給外面的陌生人使用（況且對於這些陌生人究竟為着甚麼目的，才需要那些東西，甚至連那些從事貿易的成員都只是一知半解，更不用說社羣裏的其他成員了）。例如，古希臘文明初興時的那些城市商人，當他們把一批批裝滿了食油或葡萄美酒的陶甕往黑海、埃及或西西里（Sicily）那邊送（以交換當地的穀物）時，他們的確是從他們鄰居的身邊取走了一些後者非常想要的東西，然後交給後者一無所知的陌生人享受。竟然會允許這樣的事情發生，一定是因為那些部落裏的多數成員已經忘卻了自己本來的身份，失掉了原來的生活成規，而有了新的世界觀，其行為舉止不再以部落的集體意識馬首是瞻了。正如皮果（Stuart Piggott）在《古代歐洲》（*Ancient Europe from the beginning of Agriculture to Classical Antiquity*）裏所説的，「探勘者和採礦者，商人和掮客，海上和陸上的運送組織，特許的權利和通商條約，以及遠方的那些異國人士與習俗 —— 這一切都和擴大人們對社會的認識有很深的關係，而且如果沒有這種社會視野的擴展，人們在技術上也無法進入……青銅器時代」（1965: 72）。同一個作者，在談到西元前二○○○至一○○○年間的青銅器時代中期時，説「各種河、海、陸等運輸路線所構成的交通網，使得當時大部分的青銅製造，變成是一種富有國際性色彩的活動；因此，我們看到，各式各樣的製造技術和產品風格，都是廣泛地從歐洲的這一頭散佈到另一頭」(見同一出處, 118)。

究竟是甚麼樣的例行成規潤滑了這些新文明的開端，並且不僅順利帶來了新的世界觀，而且甚至促成了產品風格、生產技術和行為態度的「國際化」(internationalisation, 這個詞用在當時顯然不怎麼恰當)呢？它們必然至少包含好客的態度、保護客人的人身與財產，以及通行安全(見下一節)。早期部落之間的疆界劃分不明顯。這些模糊的疆界地帶，想必很早便已有了許多以這些行為成規為基礎的個人貿易往來關係，交織其間。這種個人間的交易接觸，環環相扣形成連綿不斷的關係網，於是許多數量雖小，但卻不可或缺的東西，便可說是經由「如絲一般的小徑」而不絕如縷地進行遠距離的傳送。於是，在許多新移入的地方，許多有固定處所的職業，以及專業化，便被發展了出來。另外，也同樣是由於貿易發展的結果，人口密度提高了。某種連鎖反應於焉開始：較高的人口密度，導致更多的專業分工機會，而這種機會又導致人口數量與每人所得的增加，進一步提高人口密度；如此這般循環不已。

二、貿易與人口密度

我們應該更仔細地研究此種由貿易和開拓新殖民地所引發的「連鎖反應」。有些動物只適於某些特定、而且範圍非常有限的環境，在這些「利基」(niches)之外，它們便很難生存。然而，人類和少數像是老鼠這樣的動物，卻幾乎可以適應地球上的每一個角落。這絕不只是因為每一個人個別對環境的適應能力都很強。地球上只有少數幾個小地方，或許可以完全提供必備的資源，讓原本四處遊盪、人數不多的狩獵隊伍得以定居下來，過着使用最簡單工具的原始部落生活；至於，要讓他們關起門來也能過好農業生活的地方，那就更少了。如果不是從別的地方得到其他同類的幫忙，大多數的人類將發現，他們希望住下來的地方不是根本不適於人居，就是只能養活極少數的人。

在任何地方，少數這幾個相對而言較為富足的地點，往往是人們首先長久盤踞、且不准外人侵入的所在。然而，居住在那裏的人們會逐漸得知，鄰近的一些區域可以提供多數，但非他們所需的全部東西：譬如，鄰近的地區也許甚麼都有，就是缺乏一些偶爾才需要用到的東西，像是打火用的石頭、弓箭用的弦、將刀刃固定在刀柄上的膠水、鞣革用的原料等等。由於相信這些非經常性的需要，可以趁偶爾回到現在住處的機會得到滿足，有些人便勇敢地離開了原來的部落，佔住一些鄰近的地方；在人煙稀少的大陸上，有些人甚至因而可以遷徙到更遠的新角落。這些早期人口和生活必需品的移動，其重要性是不能單以數量來衡量的。如果沒有從外地進口一些東西來補充，即使它們所補充的只不過是佔當地經常消費的一小部分，那些早期的移民也許便無法養活自己，更不用說繁殖更多的後代了。

只要留在老地方那邊的人還認識那些移出者，返回老地方補充一些必需品將不致會有甚麼困難。然而，過不了幾代，這些人的子孫便似乎形同陌路了；而住在原來較為富足的地點的那些人，往往又會以種種方式保護自己和當地的資源。為了獲准進入原來的地方，取得當地才有的一些特別材料，外來的訪客便必須帶一些禮物，以表達和平的來意，同時也用來挑起當地居民的興趣。若要得到最佳的效果，這些禮物，最好不是用來滿足當地很容易解決的一些日常需要的東西，而必須是新穎誘人、奇巧罕見的裝飾品或其他精緻的東西。這就是，為甚麼事實上過去這些交易的一方所提供的東西往往是「奢侈品」的原因之一；然而，這並不表示它們所換得的東西，對另一方來說，不是生活必需品。開始的時候，這種含有禮物交換成分的經常性關係，也許是在互有善待對方之義務的家族之間發展起來的；這種關係也許和異姓通婚的一些禮儀有着各種複雜的關聯。從這種對家族成員和親戚送禮的成規，轉變成個人感情色彩較淡的頭家或「掮客」關係（這些頭家或「掮客」經常為外來的客人作保，讓他們獲准在當地有足夠的逗留時間，以便取得所需的物品），然後再蛻變成普通市場的成規（按相對稀有性來決定各樣東西的交換比率），無疑是一個很漫長的過程。然而，因為對於每一樣東西的價格，究竟低到甚麼程度還算適當，以及高到甚麼程度便不值得買，人們通常會有一致的看法；因此，每一樣東西的實際成交價格便逐漸地形成了。當然，無可避免地，各種東西的傳統價格是會隨着實際情況的演變而逐漸調整的。

無論如何，我們確實可以在希臘早期的歷史裏發現一種所謂“xenos”〔譯者註：意即「頭家」、「掮客」、「朋友」或「交易伙伴」〕的重要制度。希臘文“xenos”的意思是指外來客的朋友。這種人讓外來客得以獲准進入陌生的地方，並且保障他的人身安全。事實上，貿易主要是藉着這種私人間的關係而發展起來的；儘管當時的武士貴族階級，把它偽裝成互相交換禮物的樣子。而且也不是只有那些原本就很富有的人，才有能力自遠方邀請一些特定家族的成員來作客；這種「外來客朋友的關係」本身便可以讓一些扮演「朋友」的人富起來，因為它提供了許多管道，對於滿足當地一些重要的需求很有用。德利模哥斯為了得到他那個「到處旅行的父親奧德修斯（Odysseus）」的消息（見《奧德賽》：第三卷），而在派勒斯（Pylos）和斯巴達（Sparta）拜訪的那個「朋友」，也許便是以這種方式跟人合夥做貿易，而致富並且當上了國王的。

在原始的貿易變為可能之前，原來的小社羣內部在團結一致、目的共識和集體主義傾向等方面必然已經有了一些間隙；這種和外人進行有利接觸的機會變大了，對於此種間隙無疑也有推波助瀾的效果。

無論如何，有些人確實掙脱了原始小社羣的義務和束縛，或者説被釋放出來了；他們不僅開始移到別的地方形成新的社羣，而且也和其他更多的社羣發生接觸，從而為形成一個聯繫網路奠定了初步的基礎——一個終於以無數中繼轉送點和盤根錯結的管道，涵蓋整個地表的交易網。這些人於是在不知情，而且也沒有那個意思的情況下，對形成一個更為複雜，而且也更為龐大的秩序，付出了自己的貢獻；這個秩序遠遠超出了他們自己和當時任何人所能理解的範圍。

要形成這樣的秩序，這些人必須能夠利用各種消息去做自己想做的事情。這就必須有一些共同的例行成規來配合，例如，和許多遠方的社羣一樣，利用同一個 “xenos” 這樣的成規例行。這些成規必須是大家都一樣的；但是，按照這些成規做事的每個人，卻可以有自己個別的知識、消息或目的，而且有些個別的消息甚至可以是獨有的。這樣便可以進一步激發個人積極進取的精神。

事實上，也只有個人，而不是其所屬的整個社羣，才有可能獲准和平進入其他社羣的地盤，並且藉此取得不被其同伴所熟悉的知識。貿易不可能是以集體的知識為基礎的，它只能以私人個別的知識為基礎。只有當個別財產權逐漸得到更多人的認識與尊重，個人積極進取的精神才會有發揮的空間。私人利潤誘導從前那些船主和其他從事貿易的人，儘管是以貿易而不是以生產為手段去逐利，他們卻在無意中促成了他們當地人口與財富的增加；然而，很快地，若想繼續維持這些財富與漸增人口的生計，人們也只能靠繼續發揮主動進取的精神，不斷地發現更新的貿易機會了。

讀者若不想被我們剛才所說的那些話誤導了，就必須記住，究竟是**甚麼目的**使得人們竟然採取了某種新習俗或新作法，頂多只是個次要的問題。更值得我們重視的是，任何習俗或創新若要得到保全，都必須有兩個先決條件。第一，必須存在着一些條件，在人們不見得理解某些例行成規怎樣帶來好處，或不見得喜歡它們所造成的後果的情況下，允許那些例行成規一代又一代地流傳保全下來，第二，那些奉行這些習俗成規的社羣，必須因此而取得了一些明顯的生存優勢，可以比其他社羣擴張得更為迅速，而終於取代（或融化）了那些缺乏類似習俗的社羣。

三、貿易早於邦國

人類之所以能夠盤踞大部分的地表，而且盤踞得如此稠密，亦即，之所以即使是在幾乎生產不出任何生活必需品的地方，也有很多人類繼續活着，乃是因為人類學到了怎樣宛如巨碩無比的身軀在伸展自己那樣，伸展到許多最遙遠的角落，汲取各地的資源來滋潤全體。的確，也許過不了多久，我們便可以看到甚至像南極圈這種地方，也會有數以千計的採礦者過着富裕的生活。對於來自外太空的觀察者來說，這一堆覆蓋着地表的人類，以及在人類手下不斷逐漸改變的地表形貌，也許看起來像是個有機體在成長。但是，實際卻不是這樣；人類之所以生養眾多、遍滿地面，其實是奉行傳統的習俗與行為規範，而不是信奉「只要我本能地喜歡，沒有甚麼不可以」的人類個體，所促成的一個結果。

一般生意人和掮客(和他們的前輩一樣)，對於自己究竟滿足了甚麼人的甚麼需要，他們是不甚了解的。而且他們也不需要有這方面的知識。人們的許多需要，事實上，也是要等遙遠的未來才會浮現的；因此，即使只想描述它們的輪廓，也不見得有人能夠做到。

對於經濟史知道得愈多，就愈覺得有些人的想法實在荒唐；這些人相信，非常有組織的邦國之出現，是人類早期文明發展的巔峯。在一般歷史性的文章裏，政府所扮演的角色往往被渲染誇大了，這是因為對於有組織的政府在過去的種種作為，我們所知的必然比較多，而對於一般人民自發協調的種種成就，我們所知的則比較少。此種誇大政府的錯覺，主要是過去遺留下來的那些東西本質所使然，例如，各種歷史文件和宏偉的建築，過去大都是政府的產物。有一則故事（我但願它是捏造的）便是這樣的例子；它說，有一位考古學家認定各種東西的價格一直都是由政府訂定的，因為他發現人類最早有關某些物價的記錄確實是刻在一根石柱上的。這當然是個笑柄，但它還不能算是頂糟糕的。我們還可以在一本相當有名的著作裏，看到更為離譜的論述；它說，既然在發掘出來的那些巴比倫的城市裏，找不到任何適當空曠的地方，所以當時還不可能有經常性的市集存在；有些人居然還以為在那麼炎熱的氣候裏，經常性的市集活動也是在空曠的地方進行的！

政府比較常做的，反而是阻撓，而非倡導遠程貿易的發展。過去有些政府讓轄下的人民有較多的自由與安全去從事貿易，它們因此得以掌握更多的消息，而且也有更多的人民好讓它們治理。然而，一旦它們發覺了人民是多麼地仰賴進口一些基本的食物和原料，它們便往往親自採取一些行動，企圖確保這些原料的供給。例如，早期的一些政府，一旦從私人貿易那邊聽到哪個地方確實出產一些有用的東西，便慌忙不迭派遣遠征或移民隊伍去掠奪。就此而言，古希臘時代雅典可不是第一個，當然也不是最後一個企圖這樣做的政府。然而，根據這樣的史實，有些現代的學者竟然推論說，雅典極盛時期的貿易，是由政府訂定條約並且規定價格，加以管理「掌握的」（Polanyi, 1945, 1977）；那就未免太過荒唐了。

相反的，歷史上屢次嚴重破壞人民自發的改善力量，迫使文化發展過程夭折的，似乎反而就是那些力量強大的政府。東羅馬帝國（East Roman Empire）的拜占庭（Byzantine）政府也許便是一個這樣的例子（見 Rostovtzeff, 1930, 和 Einaudi, 1948）。而在中國的歷史裏，因為政府強制人民完全遵守它所規定的秩序，以致阻絕一切文化發展的例子，那就更多了（Needham, 1954）。這個國家各方面的科技發展，過去原本是連歐洲也難望其項背的；就只拿一個例子來説，早在十二世紀的時候，僅在某一段波河（river Po）邊，它便已開採了十座油井。當時它的文明大幅超前，固然不是政府的功勞；反而就是因為後來它的政府特別有力量進行各種干預操控，緊緊地箝制住了私人活動的空間，窒息了新的發展，才使得它停滯不前，而終於落在歐洲之後。我們先前曾提到，歐洲中古時期文明的非凡擴張，也許是當時政治上的無政府狀態所使然（Baechler, 1975: 77）。

四、哲學家的盲點

我們也許可以拿亞里士多德為例，一來説明古時候希臘的一些主要貿易中心，特別是在雅典和稍晚的科林斯，人們的財富並不是政府的政策着意促成的結果；二來説明人們當時對於此一財富的真正來源也並不十分清楚。亞里士多德完全不了解他本人所處的那個先進的市場秩序是怎麼一回事。雖然有些人直到現在還把他當作是歷史上最早的經濟學家，但是，事實上，他當作是「經濟」（oikonimia），並加以論述的，純粹是如何操持家務，或者頂多是如何經營像農場這樣的個人事業。對於市場上那些錙銖必較的逐利活動（這方面的研究，他稱作“chrematistika”），他其實沒有研究，只是一味地鄙視。雖然當時的雅典人，必須仰賴從遠方的國家進口糧食，否則便無法生存，但是，他仍舊朝思暮想，盼望雅典達成他的理想秩序，變成自給自足的城市。雖然他也曾被哄抬為一個生物學家，但是，對於演化和秩序自成，這兩個形成任何複雜結構的關鍵性過程，亞里士多德卻毫無所悉。正如梅爾（Ernst Mayr, 1982: 306）所說的，「在亞里士多德的想法裏，宇宙也許是從原先混沌的狀態中發展出來的，或者高等生物也許可以從低等生物演化出來，這樣的理念完全是不可思議的。換句話說，亞里士多德反對任何形式的演化理論。」他似乎沒有注意到，「自然」（或希臘文 "physis"）一詞有一個形容任何成長過程的意思（見附錄一）。另外，對於各種自成的秩序所共有的一些特色，他似乎也很陌生；例如，在蘇格拉底（Socrates）之前，便已有許多哲學家知道怎樣分辨自發長成的秩序——他們稱之為 "kosmos"，和像軍隊這樣被刻意安排形成的秩序——他們稱之為 "taxis"（見 Hayek, 1973: 37）；可是，對於亞里士多德來說，一切人類活動的秩序都是 "taxis"，都是有一個發號施令的心靈，對個別的行為着意加以組織，所造成的結果。正如我們先前（在第一章）所看到的那樣，他曾經明白地表示，只有在範圍小到每個人都能夠聽到傳令者喊聲、容易被全面觀照到的小地方才可能有秩序（見 *eusynoptos, Politeia*: 1326b 和 1327a）。他宣稱，「參與的人數太多了，便成不了秩序」（1326a）。

對於亞里士多德來說，除非是為了滿足現存人口一些已知的需要，否則任何經濟活動便都沒有自然的或正當的理由。在他想來，人類，以及甚至整個自然界，似乎長久以來便一直是現在這個樣子。此一靜態的觀點，固然毫無演化概念的餘地，而且也使得他甚至想不到要問，目前的一些行為成規究竟是怎樣來的。他似乎從來沒有想到，如果人們過去的祖先一直是安於滿足自己已知的需要，那麼現有的大多數社羣便不可能出現在這個世界上，而和他自己生活在一起的那些雅典人，當然也不可能比從前更多。人們遵守一些抽象的行為規範，因應未曾預見的變局，自我進行調適；這種試誤調適的過程，如果獲得成功，將會導致人口的增加，並且形成經常性的合作秩序。然而，對於亞里士多德來說，這種試誤調適的過程卻是個天方夜譚。於是亞里士多德也為時下常見的一個倫理研究方法開了先河，立下了榜樣；因為受囿於這個方法，歷史所提供的一些可以證明某些倫理規範確實非常有用的線索，便被棄置一旁；也因為採用了這個方法，有些人便沒想到要從經濟的觀點來分析倫理道德——因為採用這種方法的理論家，總是把答案也許就在這些道德規範身上的一些問題給忘了。

在亞里士多德的想法裏，個人的行為，除非是有意**帶給別人一些預見的好處**，否則便不能算是合乎道德的；因此，那些純為私人利潤而採取的行為，一定都是不好的，的確，商業上的一些考量，短期間對於大多數人的日常作息，也許還不致會有影響；然而，那也不表示，不管時間拉得多長，大多數人所以能夠活着，不是因為貿易運作讓他們買得到各種生活必需品。亞里士多德斥為不自然、不好的那種為商業利潤而生產的活動，早在他出生之前很久，便已經是一個延遠的秩序的基礎了；亦即，在他出生之前，人們便早已遠遠地超越了必須事先知道他人的具體需要，才能進行合作的限制了。

正如我們現在所知的那樣，在人類活動結構的演化過程中，是否有利可圖好比是個訊號，引導演化選擇朝生養更多人類的方向去發展；一般來說，只有利潤更大的事業，才可以養活更多的人，因為這樣的事業所增加的財富大於它所犧牲的。有一些亞里士多德之前的希臘哲學家，至少了解這一點。事實上，西元前第五世紀——亦即，在亞里士多德出生之前，第一位真正偉大的歷史學家，在敍述伯羅奔尼撒戰爭（Peloponnesian War）的歷史著作中，一開始便回想早期人們「沒有商業活動，沒有陸上或海上交通的自由，因此除了取得自己生活急需的一些東西之外，沒有更多善用他們的土地，所以從來不可能脱離四處游盪的生活」，並且因此而「既沒有建立大的城市，也沒有任何其他形式的偉大成就」（修昔底德〔Thucydides〕原著, Crawly 英譯, 第一卷, 第一章, 第二節）。然而，亞里士多德對先哲的這個靈見卻不聞不問。

如果當時雅典的人們採納了亞里士多德的建議——一個完全沒有經濟學和演化認識的建議，則他們的城市一定會很快地萎縮成為一個村莊，因為根據他的人為秩序觀點，他所建議的道德規範，除了適合停滯的狀態之外，沒有別的地方行得通。然而，他的學説卻主宰了後來二千多年的哲學與宗教思想，而且這樣的哲學與宗教思想，事實上居然還大多是發生在那些處於活力旺盛、急劇擴展的秩序裏的人們身上。

被亞里士多德加以理論化的那種只適宜原始部落生活的道德，到了十三世紀，由於得到阿奎那（Thomas Aquinas）的採納，而更有影響力；後來，羅馬天主教等於是把它奉作正式的教義。

歐洲中古時期和近代初期教會的反商態度、反對貸款取息、所謂公正價格的教條和鄙視利潤，從頭到尾都是亞里士多德的態度與想法。

到了十八世紀，亞里士多德在這方面（其他方面也是一樣）的影響當然是逐漸式微的。當時，休姆看出，有了市場之後，我們「實際對別人效勞時，不見得一定是因為我們喜歡上那個人」(1739/1886: 第二卷, 289)，甚至也不見得我們認識他；而且別人的「行為合乎大家的利益，也不是他本人有那個意思」(見同一出處, 296)，而是因為有一個秩序讓「即使是壞人，也會因着其本身的好處而採取對大家有益的行為」。這樣的一些靈見，讓人們漸漸有了結構自成自列的概念。從那個時候開始，這個概念便成為我們嘗試理解各種複雜秩序的基礎；從前因為沒有它，人們只能把那些複雜的秩序，當成是像人心那樣的超人心靈所作成的奇跡。有些人現在已逐漸能夠理解，市場究竟怎樣讓每個人，能夠在一定的範圍內，利用自己的知識去做自己想做的事，而同時卻又允許每個人對自己必須配合的整個行動秩序的大部分情況一無所知。

然而，儘管過去有這樣偉大的進步思想，或者更確切地說，就是因為完全忘了有這樣的進步，人們竟然還讓一個充斥着亞里士多德思想的見解 —— 一個天真幼稚的泛靈觀（見 Piaget, 1929: 359)，登上了主宰社會理論的地位。社會主義思想所本的，便是這個泛靈觀。

（承立平譯 • 謝宗林校）

第四章　本能和理智的反叛

我們千萬不要以為科學方法的訓練會擴大人類心靈的力量。有人居然相信，在某一門或者更好是多幾門學科裏成了名的人物，對於平常的事務，也會比別人更可能有真知灼見；然而，實際的經驗卻明白顯示，沒有甚麼是比這個想法更為離譜的了。

——特羅德（Wilfred Trotter）

一、對財產權的挑戰

雖然亞里士多德自始即無視於貿易的重要性，而且也毫無演化的概念；雖然他的倫理觀，在被納入了阿奎那的思想體系後不久，曾經促成了中古時代和近代初期教會的反商態度；然而，類似的思想傳統卻要等到相當晚了以後，才有些進一步、互為奧援的發展，也才對延遠秩序的一些中心價值和制度成規，構成有效的挑戰。這些相當晚期的發展，主要是和十七、十八世紀法國的一些思想家有關。

這些發展當中的第一個，就是我所謂的「營造主義」（constructivism）或（法國人所說的）「科學萬能主義」（scientism），變得愈來愈有影響力了。事實上，在隨着現代科學興起之後，這種特殊形式的理性主義，便迷住了世人，使得之後的幾個世紀裏，人們幾乎不再對理智本身和其在實際生活中的作用，進行嚴肅的思考。過去六十年我所作的研究，其出發點便是在於，證明這個特別的理性主義，其實是特別地不理性的；證明它包藏着一個**濫用**理智的理論，以致誤解了真正的科學與理性；證明它必然導致對與人類各種行為成規的性質與起源發生某種誤解；最後這一點，在這裏尤其重要。就是因為有了這種誤解，一些標舉着理智和人類文明各種最高價值的道德家，竟然對一般比較不那麼成功的人們逢迎奉承起來，煽動他們恣意去滿足最原始的慾望。

這種理性主義〔譯者按：為了讓譯文流暢，我們有時也以「唯理主義」一詞稱呼此種特殊的理性主義〕的近代始祖是笛卡兒（René Descartes）。自從笛卡兒之後，唯理主義不僅拋棄了傳統，而且也宣稱，純粹的理智完全不需要藉助於傳統，便可以直接為我們的各種慾望效勞；它還認為，光憑理智本身，便可以建成一個新的世界、新的道德、新的法律，甚至新而且完美無瑕的語言。儘管這個理論顯然是個錯誤（請參見 Popper, 1934/59 和 1945/66），然而目前大多數科學家的思想卻仍然受制於它，連大多數的文人、藝術家和所謂知識分子也不例外。

我也許該立即澄清一下剛才所說的，以免產生誤會。在這些問題上，並不是所有習慣上被稱作理性主義的思想宗派，都是和唯理主義採取同一立場的；譬如，有些理性的思想家便認為道德規範本身就是理智的**一部分**。就是因為本於此種認識，所以洛克才說，「然而我認為此處所說的理智，並不是指那種可以形成種種成串的思維，並且演繹出各種證明的理解能力，而是一切美德之所由來，以及敦品勵行所必需的各種明確的行動準則」(1954: 11)。不過，在自命為理性主義者的思想家當中，有洛克這樣的見解的，終究是鳳毛麟角。

第二個向延遠的秩序挑戰的相關發展，其始作俑者是盧梭。這位與眾不同的思想家，雖然時常被説成是非理性主義者或浪漫主義者，其實骨子裏卻離不開對笛卡兒的倚賴。盧梭那些令人目眩神迷的理念，後來主導了所謂「進步的」思想，竟然使一般人忘了：政治自由，**不是**「爭取自由的」人類掙脱了各種限制而獲致的，而是爭取範圍明確的私人領域的人們，爭得了個人安全保障而實現的。盧梭使一般人忘了，各種行為規範對於個人的行為必然有所限制；忘了秩序是行為規範的產物；也忘了，這些行為規範，就是因為對每個人為了各自的目的所能夠採取的手段有所限制，所以才大幅地擴增了每個人能夠實現的目的範圍。

正是這一位在《社會契約論》(*The Social Contract*) 一書裏，劈頭就説「凡人皆生而自由，可是他現在卻到處拖着手銬腳鏈」——這一位企圖把人類從所有的「人為」桎梏中解脱出來的盧梭，使得過去一直被當作是野蠻人的東西，竟然變成是所謂進步的知識分子心目中的英雄偶像；他極力鼓吹人們應該甩掉的那些限制，正是讓他們得以提高生產力，並得以維持其人口數的行為約束；他所構想的自由概念，正是達成自由的最大障礙。首先，他硬説，依人類的動物性本能來引導人羣合作，所達成的效果要比傳統或理智來得更有秩序而且也更好。然後，他憑空杜撰了所謂人民的意志，或者説「一般意志」(general will)：他認為通過這種子虛烏有的集體意志，人們「便成為一個整體的生命，成為一個人」(《社會契約論》: 第一卷, 第七章 ; 也請參見 Popper, 1945/66: 第二卷, 54)。現代所謂知識分子的那種致命的自負，也許主要根源於此一集體意志的迷惘；那種不要命的唯理主義竟然自負地說，它可以引領我們回到一個天堂般樂園，在那裏將是我們人類天生本能的衝動，而不是我們學來約束那些衝動的道德規範，讓我們得以像《舊約・創世紀》所說的那樣「治理這地」。

無可否認地，此一見解有強大的誘人魅力，然而它的吸引力卻不是來自於它有甚麼堅強的道理，或有甚麼事實的證據(不管它本身怎麼說)。正如我們在前面所說的那樣，從前的野蠻人距離自由是非常遙遠的；而且事實上他也沒有能力治理或馴服大地。除非得到他所屬的整個社羣的同意，否則他的確是幾乎甚麼事情也不能作主的。個別行動的前提是必須有個別控制的範疇；因此，除非是隨着個別財產權的發展，否則便不可能有個別的行動；以個別財產權為基礎而發展起來的延遠秩序，其能力則是超越了任何首領或酋長，乃至集體所能認知與理解的範圍的。

儘管充滿了內在的矛盾，盧梭的大聲呼籲實際上卻產生了撼動人心的效果；在過去的兩個世紀裏，它無疑已經動搖了我們的文明。此外，儘管它確實是非理性的，然而它之所以讓一些所謂的進步主義者大為歎服，卻是因為它迂迴採取了笛卡兒式的立場，暗示我們大可以直接利用**理智**，一方面縱情滿足我們本能的慾望，一方面確立此種滿足的正當性。盧梭讓人們覺得有十足知性上的理由，應該擺脱一切文化傳統的約束；他讓人們以為，努力擺脱從前那些使自由成為可能的約束，便是在爭「自由」，而且是理所當然的；他甚至讓人們不假思索地以「解放」（liberation）一詞來**稱呼**這種對自由的基礎發動攻擊的行為。於是，財產權愈來愈受質疑，而同時也就不再有像以往那麼多人知道它是促成延遠秩序的關鍵因素了。相反地，愈來愈多人相信，有關個別財產權內含和轉讓的那些法律規定，也許可以用中央計劃經濟的方法來予以取代。

的確，到了十九世紀，世界上的許多角落好像是被下了一道禁令似的，幾乎看不見有人對財產權在文明發展過程中所起的作用，進行嚴謹的知性討論和評價。在此一期間中，那些原本該花點心思去研究財產權的人，逐漸覺得財產權惹人嫌，覺得凡是懷有進步的思想、相信人羣的合作結構應予理性重造的人，都應該避開財產權這個課題。（有一些證據顯示，這道禁令一直到了二十世紀都還有效，例如，霸瑞〔Brian Barry, 1961: 80〕講到「公道」〔justice〕一詞的用法和「解析」〔analyticity〕時，宣稱「從解析的觀點來說，公道一詞目前總是和『功勞』或『需要』聯用在一起，因此我們能夠很妥切地說，有些休姆過去所謂的『公道規則』是不公道的」；另外，邁爾達〔Gunnar Myrdal, 1969: 17〕也在霸瑞之後，嘲笑「財產和契約的禁忌」。）例如，當時創立人類學的學者們愈來愈不重視財產權的文化發展作用，以致於在泰勒（E. B. Tylor）所著的兩冊《原始文化》（*Primitive Culture*, 1871）的索引裏，便找不到財產權或所有權這兩個條目；而魏斯特馬克（E. A. Westermarck），雖然寫了很長的一章專門討論財產權，然而在聖 - 西蒙（Claude Henri de Saint-Simon）和馬克思的影響之下，他當時就已經把財產權當作是可惡的「不勞而獲的所得」來源，並且根據這個理由斷言，「保障財產權的法律，遲早會發生激烈的改變」(1908: 第二卷, 71)。雖然以營造理性主義為基礎的社會主義偏見，在十九世紀便已對考古人類學產生了影響，但，如果要說是哪一門學科，把營造理性主義在理解經濟現象方面的無能，最為赤裸裸地展現出來，那就非社會學莫屬了(在所謂的「知識社會學」〔sociology of knowledge〕那裏, 這種無能的表現甚至更加糟糕)。社會學本身幾乎可以稱作是社會主義的學問：例如，十九世紀便有人公開宣稱，社會學有能力創造一個社會主義新秩序(Ferri, 1895)；比較晚近則有人說，它能夠「預測未來的發展，並且決定未來，……或創造人類的未來」(Segerstedt, 1969: 441)。就像過去所謂的「自然學」(naturology)吹噓它自己可以取代所有研究自然專門學科那樣，目前的社會學也崖岸自高，對於長期以來在法律、語言和市場等長成的結構方面素有研究的一些專門學科，採取了不聞不問的態度。

我剛才說，有「一道禁令」禁止人們研究諸如財產權這樣的傳統制度或成規。這樣說似乎一點也不過分，因為如果沒有這麼一道禁令，我們實在很難解釋，對於像傳統道德的演化選擇這樣有趣、這樣重要的過程，為甚麼很奇怪卻罕有人進行深入的研究；也很難解釋，為甚麼竟然會有這樣多的人不理會傳統在文明發展上的引導作用。當然，對於營造理性主義者來說，這種情形一點也不奇怪。對於一個患了「社會工程」妄想症，認為人類有能力着意選擇自己往何處去的人來說，去發現人類今天的處境是怎麼來的，也就不是那麼重要的一件事了。

雖然我無法於此處細究，但也許該順便提一下，財產權和其他傳統價值規範所面臨的各種挑戰，並非全是由盧梭的追隨者所挑起的；有些挑戰是來自於宗教方面的，雖然相較之下，來自宗教的挑戰也許不那麼嚴重。由於此一時期各種革命風潮（先是唯理主義式的社會主義，然後是共產主義）的推波助瀾，在宗教方面，一些古老的、反對財產權和家庭這兩種基本成規的異端傳統，紛紛復甦——在從前幾個世紀裏，主要是諾斯替教徒（Gnostics）、摩尼教徒（Manichaeans）、波哥彌教徒（Bogomils）和卡撒教徒（Cathars）等異端教派，在主導反對財產權和家庭制度的。到了十九世紀，剛才提到的那些異端教派都已經不存在了，可是卻新出現了數以千計的宗教革命家，狂熱地反對財產權和家庭制度，而且也都是以訴諸原始本能的方式，企圖喚起人們反對這些道德束縛。簡單地説，對私有財產和家庭制度造反的，不僅限於社會主義者。過去一些神秘和超自然的信仰，不僅被羅馬天主教（Roman Catholicism）和新教（Protestantism）這種主流正宗的教派用來確立各種傳統約束本能的正當性，而且也同樣被一些旁門左道用來正當化本能的解放。

篇幅和本身能力的限制，不允許我在本書裏細究復古反動所欲掃除的第二個剛才點到的傳統對象——家庭。然而，我至少該提一下，我個人認為，新的實證知識已經在某一程度上讓傳統的性道德喪失了部分基礎，而且在這方面，看起來將來很可能免不了會有很大的變化。

上面我們談過盧梭與其廣泛的影響以及其他一些歷史發展，就當作是要提醒讀者注意，一些道貌岸然的思想家之反叛、攻訐財產權和傳統道德，並不是最近才有的事；我接着想談一下盧梭和笛卡兒在二十世紀裏的一些門徒。

然而，我首先必須強調，關於此一反叛的悠久歷史，以及過去它在不同的國度裏所遇到的各種波折，我在這裏大都略而不談。早在孔德（1854: 第一卷, 356）推出「實定主義」（positivism）這個新名詞，用來指謂那種認為人類只能在「證立性倫理」（demonstrated ethics）——所謂證立，當然是指利用理智證明確立——和超自然的「啟示性倫理」（revealed ethics）當中二選一的見解之前，邊沁（Jeremy Bentham）就已經把我們現在稱作法律與道德實定主義的哲學基礎發展得相當完備了。根據這種營造理性主義的詮釋，法律與道德體系的意義和正確性，完全取決於法律與道德制定者的意思。在這方面的哲學發展，邊沁本人也只是個後期人物。屬於此一營造理性主義陣營的人物，不僅有闡釋與發揚邊沁學說的穆勒（John Stuart Mill）以及後來的英國自由黨（Liberal Party）徒，而且現代那些自稱為「自由主義分子」（liberals）的美國人，實際上也全都包含在內（美國的這種「自由主義分子」，和其他一些在歐洲比較常見，而且也被稱為自由主義分子的思想家大不相同。後者其實該被稱作「老輝格」〔old Whigs〕比較好，他們當中的傑出代表人物是托克威爾〔Alexis de Tocqueville〕和艾克頓爵士〔Lord Acton〕）。正如當代瑞士一位敏銳的分析家所提示的那樣，我們如果接受了目前流行的那種自由主義

（此處其實該說是「社會主義」），那麼實際上我們便無法規避必須按前述那種營造理性主義的方式來思考了；因為那種奇特的自由主義假定，對每一個人來說，如果善惡的區分還有任何意義的話，那麼他自己就必須，而且自己也有能力，照自己的意思劃下分辨善惡的那條界限（見 Kirsch, 1981: 17）。

二、所謂知識分子和其所謂合理的社會主義傳統

我對於道德與傳統、對於經濟學與市場，以及對於演化過程所提出的見解，顯然和許多很有影響力的理念相互衝突。我的見解，不僅和前面第一章討論過，而現在已沒有多少人相信的社會達爾文主義相互衝突，而且也和其他許多人過去或現在的觀點相互矛盾，這包括：柏拉圖和亞里士多德，盧梭和社會主義創始者，聖–西蒙、馬克思和其他許多人。

我的基本論點是，我們的道德，特別是關於財產權、自由與公道的那些制度或成規，並不是我們自己憑理智創造出來的產物，而是文化發展過程賦予我們的另一種有別於理智的能力。這個基本論點確實恰和二十世紀主流的認知心態背道而馳。唯理主義的影響一直是如此的深廣，以致於一般來說，不管男的或女的，只要是愈聰明的人，在受過教育之後，便不僅愈可能是一個唯理主義者，而且也愈可能採取社會主義者的見解（不管他或她是否動輒引經據典，在自己的見解上貼上任何包括「社會主義者」在內的標籤）。在智商的階梯上，我們愈往上爬，我們便愈可能往來無白丁，也便愈可能接觸到社會主義者的各種信念。唯理主義者通常

都是聰穎的愛智者；而聰穎的愛智者通常都是社會主義者。

請容許我在此插入兩段有關我個人的評語。我覺得，由我來談這種流行的認知心態，是很有一些經驗當後盾的；因為唯理主義的這些見解——這種我過去許多年來一直全面地加以深究與批判的見解，正是我自己在本世紀初期用來建構本身思想的基礎，就像我這一代歐洲大多數的非宗教思想家所做的那樣。當時，這些見解看起來不僅是不證自明的，而且順着它們的引導去思考，似乎也是擺脱各種迷信傷害的不二法門。我自己曾經花了不少時間，才奮力掙脱了這些見解的迷障（的確，在這個過程中，我發現這些見解本身便是一些迷信）；因此，下文談到某些學者的見解時，雖然有些頗為嚴苛的評論，但對於他們個人，我實在是不敢去冒犯的。

此外，唯恐讀者們對我個人的立場作了不正確的推斷，此處，也許該提醒他們注意我的一篇文章〈我為甚麼不是一位保守主義者〉(On Why I Am Not a Conservative, 1960:〈跋〉〔Postscript〕。雖然我的論辯確實是針對社會主義而發，但我卻和伯克一樣，都不能算是保皇黨式的保守主義分子 (Tory-Conservative)。我思想上的保守成分，究其實際，完全僅限於堅持屬於核心範圍內的道德。我完全贊同試驗；事實上，我所贊同的自由程度，比保守主義政府通常所允許的還要大得多。對於我即將討論的那些唯理主義的知識分子，我所反對的，倒不是因為他

> 們勇於嘗試，而是他們嘗試得太少，而且一些他們自己覺得是新奇試驗的構想，其實大部分卻是陳腔濫調——畢竟，各種回歸本能的提議，真的就好比是下雨那樣的稀鬆平常，而且到現在為止，也不知已經被試過多少次了，我們實在不清楚它還有甚麼資格被稱作試驗。我反對這些唯理主義者，是因為他們宣稱，像他們現在所提出的那些試驗建議乃是理智的結論；是因為他們以假科學的方法，把那些試驗提議包裝了起來；而且也是因為，如此一來，他們便可以一方面吸引一些有影響力的新血，並且讓一些寶貴的傳統成規（這些都是好幾代的演化試誤實驗的結晶）遭到無理的攻訐，同時另一方面，則可以掩護他們自己的「種種試驗」，規避仔細的檢驗。

當我們想到智能高的人當然通常會高估智能的力量時，那麼，起初因智能高的人大都是社會主義者而有的那種訝異，便會消退些。智能高的人，通常以為文明帶給我們的那些好處與機會，一定全是刻意經心設計的結果，而不是因為我們奉行一些傳統的規矩所獲致的。同樣地，他們也大都會認為，藉助於我們的理智能力，剩下來的一些文明病癥，只消我們給予更多、更聰明的反省思考，便可一一迎刃而解；他們會認為，如果我們的各種努力有更合宜的設計與「理性的協調」，那麼世界便會更美好。一個人如果是真的這樣想，那麼他自然會傾向於認同中央經濟計劃與控制等等這些社會主義核心的概念。既然自詡為知識分子，對於每一件他們該做的事，他們當然會事先要求都該有合理的解釋；他們當然不會因為那些例行成規湊巧支配着湊巧是自己誕生所在的社羣而樂於接受它們；於是，他們便會和那些默默接受主流行為規範的人發生衝突，或至少會看輕這些人。此外，我們也可以理解，他們當然要和科學與理智站在一條線上，當然要攀附各種自然科學在過去幾個世紀以來所獲致的非凡進步；而且，因為有人一直教他們說，一切科學與理智運用的基礎盡在於營造理性主義和科學萬能主義，於是，他們便很難相信，除了刻意的實驗安排，會有其他的方式也可以產生有用的知識；當然也很難相信，除了他們自己所信奉的那個理智學說之外，會有其他正確的理智傳統。譬如，有一位著名的歷史學家，便曾依照此一思路而寫下：「所謂傳統，根據定義幾乎便該是被譴責、被嘲弄和令人悲歎悔恨的東西」(Seton-Watson, 1983: 1270)。

根據定義：(上面提到的) 霸瑞 (1961)，僅根據「分析學上的定義」，便想把道德與公道打入不道德與不公道的類別；同樣地，西唐-瓦特森 (H. Seton-Watson) 大概也會如法炮製傳統，根據自己的定義，把它打入該被譴責的類別。在後面第七章，我們會再討論這些**詞**，這些「指東說西的新詞」(Newspeak)。現在，且讓我們更仔細地看一下事實。

這些反應雖然都可以理解，但它們卻會造成一些後果。當人們偏好這種習以為常的理智傳統甚於理智真正的結果時，這些後果對理智和道德便特別的危險，因為這種偏好往往會讓知識分子忽略了理智在理論上的限制，讓他們無視於許多歷史的和科學的發現，讓他們仍舊對各種生物科學和諸如經濟學這樣的人文科學一無所知，而且也讓他們繼續誤解我們傳統道德規範的起源和作用。

一如其他的傳統，理智的傳統〔譯者按：或學說〕也是學來的，而不是與生俱來的。它本身便是**介於本能與理智中間；現在，對於這個公然宣稱自己是理智與真理的唯理主義傳統，本身是否真的合理、真的正確，我們也必須一板一眼地仔細加以追究**。

三、道德與理智：一些例子

為了避免讓人以為我在誇大其辭，待會我會提出一些例子。我將討論一些科學家和哲學家的理念。我可不想讓人誤會，我對我們偉大的科學家和哲學家們有甚麼偏頗的態度。雖然從他們自己所給的一些意見看來，他們是很好的例子，例證了這個問題的實際意義——即，實際上，我們的哲學與自然科學絕不了解我們主要的一些傳統究竟有些甚麼作用；但，他們本身通常卻不是廣泛散播那些理念的人，因為他們還有更重要的事情要做。另一方面，讀者切不可以為，我待會要引述的一些意見，只不過是那些成名人物一時隨興的言語，或是凸顯其個人色彩的脱軌之説；恰好相反，那些意見都是從歷史悠久的唯理主義傳統推導出來，並且前後一致的結論。而且，事實上，我從不懷疑，這些偉大的思想家當中，有些人確實曾經努力想去理解我們這個延遠的合作秩序；只不過他們最後要不是竟然成為此一秩序的堅決反對者，就是常常在不知不覺中反對了該秩序。

真正在散播這些理念的那些人，那些營造理性主義和社會主義的抬轎者，並不是這些著名的科學家。他們反而大都是一些所謂的「知識分子」，一些我曾經在別處（1949/67: 178-94）很不客氣地稱作專業的「二手思想經紀商」（second-hand dealers in ideas）：學校裏的教師、新聞雜誌的記者或「大眾媒體的代表」；這些人在科學殿堂門外的迴廊，吸進了一些道聽塗說，便自詡為現代思想的使者；便自認為在知識和道德實踐上，比那些仍然看重傳統價值的人們要高上一等；便自詡負有向大眾提供新理念的重責大任；而且，這些人，為了要讓他們自己兜售的東西看起來新鮮有趣，便必須盡力嘲笑一切傳統的東西。對於這些人來說，由於他們自己現實的工作立場使然，「新鮮」或「新聞」，而非真實，才是主要的價值，儘管這絕不是他們個人有意如此，而且儘管他們所提供的，通常不見得有多麼新，正如它們也不見得有多麼真那樣。此外，我們也許可以想像，這些人的某些工作靈感有時會不會是來自於某種怨恨，怨恨自己比那些實際對日常事務發號施令的人們，更懂得甚麼事是該做的，可是實際的收入卻又如此地少上許多。這些詮釋科技新進展的文字工作者，儘管他們的許多理念都是從真正的科學家那邊撿來的，然而談到散播社會主義的理想，或在鼓吹每個人都各安其所的中央集權經濟方面，他們實際上比真正的科學家們出了更多的力，也更有效果。這當中威爾士（H. G. Wells）便是一個很好的例子，因為他的寫作品質特別高。另外一個例子是年輕時期的歐威爾（George Orwell）。他曾經這麼認為：

「任何人只消動一下大腦，即可一清二楚地知道，這個世界可以是（或至少可以變成是）非常富有的」，因此我們可以「盡其可能地開發它，而且只要我們真的想，我們每個人都可以活得像皇親國戚那樣」(1937)。

此處討論的重心，不是像威爾士和歐威爾這些人的作品，而是一些偉大的科學家所提出的見解。我們可以從摩諾德（Jacques Monod）開始講起。摩諾德是個偉大的人物。我很佩服他的科學成就；基本上，現代分子生物學的創立者便是他。然而，他對倫理道德的一些看法卻是另外的一種格調。一九七〇年，在諾貝爾基金會（Nobel Foundation）所舉辦的一場關於「事實世界中，價值的地位」（The Place of Values in a World of Facts）的研討會上，他說：「過去有人認為，倫理價值不是我們可以自由選擇的東西，而是我們必須承受的義務。然而現在，科學發展終於已經將此一想法給摧毀了，已經徹底證明了它的荒謬，而且也已經把它打入自說夢話、胡言囈語的層次」(1970: 20-1)。同一年底，在他那本現在很有名的《偶然與必然》（*Chance and Necessity*, 1970/77）書裏，為了再次強調前述的見解，他又針對同一課題重說了一次。在那本書裏，他以極具權威的口吻規勸我們，應該義無反顧地放棄其他一切精神食糧，應該承認科學不僅是新的，而且實際上也是唯一的真理的來源，然後應該根據科學去修改倫理道德的基礎。那本書，和許多類似的正式文告一樣，在結論的地方出現了這樣的說法：「倫理道德，本質上是**非客觀的**，永遠進不了知識的殿堂」(1970/77: 162)。新的「以知識為根據的倫理不會強要人們遵守它；**相反地，那是人們自己刻意選擇它來遵守的**」（同前一出處, 164）。摩諾德說，此一「新的知識倫理是唯一既有理性又堅持崇高理想的態度；有了這種態度作基礎，便可以實現真正的社會主義」(同前一出處, 165-6)。這些理念的典型特色在於，它們都深植於某種特殊的認知方法論。此種方法論，假定**有某些種類的行為比較能夠滿足我們本能的願望**，並且企圖在這個假定的基礎上，建構一套關於行為的科學——不管是叫做幸福主義(eudaimonism)、功利主義(utilitarianism)、社會主義或其他甚麼名稱。根據這種行為科學，我們行為的方式，應當是要讓各種已知的情況來滿足我們的慾望，讓我們更加快樂，如此等等。換句話說，它認為我們需要的，其實是一種我們為了達到**已知**、可欲，並且事先選定的目標，而自己**刻意**去遵循的倫理。

摩諾德的這些結論，乃源於他個人認為，我們如果要說明道德的來源，那麼除了將它說成是人類的發明之外，其他唯一可能的方式，便是像許多宗教裏頭那種屬於泛靈觀或物我同性觀式的神奇傳說了。的確，「就全部的人類來說，所有的宗教總是和某種物我同性觀糾纏在一起，總是把神靈當作是個父親，是個朋友或是個君臨大地的統治者，對於祂，人們必須犧牲奉獻，必須膜拜祈禱，如此等等」(M. R. Cohen, 1931: 112)。像摩諾德和絕大多數的自然科學家一樣，我也無法接受宗教的這一部分。照我看來，它把實際上遠遠超乎我們理解能力的東西，貶低到僅略高於人類心靈，但像人類心靈的層次了。然而，拒絕宗教的這一部分，並不表示我們便不承認：過去要不是由於這些宗教的力量歪打正着地保全了一些例行成規，光憑人類理智所能獲致的那些成就，現在也許不會有這麼多人活着(參見後面第九章)。

摩諾德並不是唯一依據這種思路推演論述的生物學家。有一段話出自另外一位偉大的生物學家，而且還是一位學問非常淵博的學者；這一段話，比其他我曾於無意中發現的任何一段，更為具體地説明了，再怎麼聰明的人也會因為誤解了所謂「演化的法則」(參見前面第一章)，而竟然説出一些荒謬絕倫的話來。李約瑟 (Joseph Needham) 説，「這個實現社會公道與四海一家之精神的世界新秩序，這個無任何階級區分的理性境界，絕不是天方夜譚般的夢想仙境，而是整個演化過程的一個必然結果，它不會比任何過去的東西更不值得我們尊敬與信仰；因此，在所有的信仰當中，它是最合乎理性的」(1943: 41)。

我在下面還會回到摩諾德，但是，我現在想先多匯集一些例子。我曾在别處 (1978) 討論過的一個例子，在此特别地合適，那就是凱因斯 (John Maynard Keynes)，這一位從傳統道德解放出來的一代最具代表性的知識界領導人物之一。凱因斯相信，只要將所有預見得到的效果納入考慮，他一定可以建立一個比順從傳統抽象規範的世界還要美好的世界。在凱因斯的嘴裏，「習以為常的智慧」(conventional wisdom) 一詞含有輕蔑的意思，是他最喜歡用來表示不屑的口頭禪；這種輕蔑傳統的傾向，在一篇自述性的文章裏一覽無遺 (1938/49/72: 第十卷, 446)；他在那裏告訴我們説，他年輕時代在劍橋的同黨 (這些人後來大都也是「布倫斯培里社」〔Bloomsbury Group〕的成員)「完全拒絕承認我們個人身上負有遵守一般規範的義務」，並且説他們自己怎樣「就嚴格的意義來説，是一羣非道德者 (immoralists)」。後來到了五十五歲時，他還自謙地説，自己已經老得無法改變了，所以只好再繼續當個非道德者。

這一位非比尋常的人物，還一貫地根據「過了那麼久之後，我們都已經死了」（in the long run we are all dead）這樣的理由，來辯護自己的一些經濟見解，來說明自己為甚麼原則上相信政府應該管理市場秩序。（所謂「過了那麼久之後，我們都已經死了」，意思是說，不管我們造成甚麼長期性的傷害，都無關緊要，要緊的只是此時此刻，要緊的只是短期間的那些效果──包括各種民意、要求、選舉以及譁眾取寵的那些作秀或甜頭，等等。）「過了那麼久之後，我們都已經死了」這句口頭禪，也是某種特殊態度與傾向的典型表現；這種態度拒絕承認道德的作用是長遠的，拒絕承認道德的許多影響是**超出我們認知得到的範圍**的；而其相關的傾向則是，排斥作長期的打算、排斥學習自我控制的紀律。

凱因斯也反對傳統的「儲蓄美德」；他和數以千計冒牌的經濟學家齊聲唱和，拒絕承認如果對消費品的需求沒有減少，則一般來說，資本財的生產水平（即，投資水平）便不可能增加。於是，他就把自己那些令人敬畏的聰明才智，花在發展他所謂經濟學中的「一般」理論。便是由於有這個理論，我們才會有一九五〇～七五年間那個史無前例的世界性物價上漲，以及隨後無可避免的嚴重失業問題（Hayek, 1972/78）。

因此看來，不僅哲學把凱因斯搞糊塗了，而且連經濟學也把他搞糊塗了。自己了解問題癥結的馬夏爾（Alfred Marshall），似乎未能讓受教於他的凱因斯，對穆勒年輕時便已學到的一個非常重要的學說，產生足夠的印象：亦即，「對商品有需求，並不一定導致對勞工也有需求」。史蒂芬勛爵 (Sir Leslie Stephen; 他是布倫斯培里社的另一位成員，吳爾芙〔Virginia Woolf〕的父親）在一八七六年說，「此一學說是如此罕有人了解；然而，是否徹底認識它，也許正是檢定一個人是否為經濟學家的最好辦法」；但是，他卻因有此一說法而竟然被凱因斯取笑過。（見 Hayek, 1970/78: 15-6, 和 1973: 25; 至於穆勒和史蒂芬，則見 Hayek, 1941: 433 ff 。）

凱因斯的所作所為，雖然在不知不覺中對削弱自由有很大的影響，然而他本人卻曾經明白地說，他不贊同其他布倫斯培里社成員的泛社會主義，而讓他朋友們大吃一驚。但是，他的學生大部分卻是某種社會主義者。他和他的學生們都沒有看出，為甚麼延遠的秩序一定是以長期的考量為基礎的個中道理。

凱因斯這些見解的背後，有一個虛幻的哲理。适個哲理認為有一個所謂「至善」(goodness) 的屬性存在，它不僅等待每個人自己去發掘，而且也要求每個人必須去發掘；這個哲理並且認為，每個人認識了這個「至善」之後，便可以知道許多傳統的道德其實是不值得一哂，也不值得一顧的。經過摩爾 (G. E. Moore, 1903) 的宣揚，這個虛幻的哲理令布倫斯培里社的成員大為歎服，它在凱因斯身上造成了對自己賴以生養的一切，一貫採取敵視的態度。其他布倫斯培里社的成員也有着同樣的態度。例如，佛斯特 (E. M. Forster) 的這種態度便相當明顯，他曾經很認真地呼籲，說把人類從「商業掛帥」(commercialism) 的邪惡魔掌中解放出來的工作，現在已變得如同把它從奴隸制度解放出來那樣的刻不容緩了。

類似摩諾德和凱因斯那些人的浪漫見解，也來自一位不那麼出名，但仍然有相當影響力的科學家：一位心理分析學家，曾經當過聯合國世界衛生組織（WHO）秘書長的吉松姆（G. B. Chisholm）。吉松姆的主張無異是要「連根拔除是非的概念」；他說，精神科醫師的責任，就是要把人類從「令人癱瘓的善惡負擔」中解放出來。此一建議當時還獲得美國高層法律權威的讚揚。這裏，我們再一次看到，道德因為沒有「科學的」根據而被當作是非理性的東西；而道德其實是文化發展所累積的智慧結晶，人們卻看不出來。

最後，讓我們來談一位比摩諾德或凱因斯都還要偉大的科學家，讓我們來談也許是現代最偉大的天才，愛因斯坦（Albert Einstein）。愛因斯坦所關心的問題，雖然和前述諸人不同，然而卻是密切相關的。他曾經以社會主義慣用的口號為文，主張「為使用而生產」應該取代資本主義秩序當中的「為利潤而生產」（1956: 129）。

「為使用而生產」在這裏指的，應是那種常見於小社羣的生產方式——每一項工作，都是在事先知道生產出來的東西將供誰使用的情況下，刻意去進行的。但是，愛因斯坦的這種主張，卻未能將我們在前面幾章所提出的那些因素納入考量（後文將再申論這些因素）：在自發的市場秩序裏，只有不同商品（或不同勞務）的預期價格與其成本之間的那些差額〔譯者按：此差額即是

> 利潤〕，才能夠讓每個人知道自己應該怎樣做，對（我們每個人按自己的貢獻比例從中取得回報的）整體共同的產出，才會有最好的貢獻。愛因斯坦似乎不知道，我們之所以能夠如此集約地利用一切可能被發現的資源，而且生產者之所以能夠對超出其認知能力範圍外的各種目的提供有用的效勞，以及每個參與交易生產的人都能夠真正有所貢獻，完全是因為我們根據各種商品（或勞務）的市場價格來計較並且來分配而促成的。（只要個人根據市場價格來算計自己的生產行為，那麼他所服務的對象可以大都是一些自己不認識的人，然而他參與生產出來的東西卻可以滿足他們的需要；同樣的，他所以實際有這麼多東西供自己選用，也完全是由於市場訊息的誘導，讓那些對他這個人的存在一無所知的人們，所參與生產出來的東西卻能夠切合他的需要。關於這一點，請參見前一章。）愛因斯坦顯示自己，對於那些實際協調眾人參與生產活動的過程，要不是缺乏了解，便是沒有誠意去了解。

為愛因斯坦立傳的作者述說，愛因斯坦認為，顯而易見地「人類的理智一定能夠找到一個如同目前的生產辦法那樣有效可行的分配辦法」(Clark, 1971: 559) —— 這一段描述使人想起哲學家羅素曾經說，一個社會，除非「是被人刻意地創造成具有一定的結構，以便達成一些確定的目的」，否則便沒有資格被稱作是「完全科學的」(1931: 203)。這樣的要求，特別是從愛因斯坦的口中說出，表面上看起來是如此的合理，以致於連一位很有常識，曾經責備愛因斯坦在一些通俗的文章裏講了一些超出其能力範圍的話的哲學家，也頗表贊同地說，「愛因斯坦知道得很清楚，目前的經濟危機，來自於我們的體制是為利潤而生產，而不是為使用而生產；來自於大眾的購買力實際上沒有隨着我們生產力的大幅增力而相應地增加」(M. R. Cohen, 1931: 119)。

我們也發現愛因斯坦（在前引的論文裏, 1956）重複社會主義者慣用的一些詞句，表達他對「資本主義社會在經濟上的無政府狀態」感到不滿的情緒，表達他覺得「工人的酬勞實際和其產品的價值不成比例」，而「一個有計劃的經濟……則會把需要做的工作，分配給所有夠工作的人」，等等如此這般的意見。

有一個類似，但稍微謹慎的意見，出現在曾經和愛因斯坦合作過的波恩（Max Born）所寫的一篇文章上（1968: 第五章）。波恩雖然知道，我們所處的延遠秩序不再讓原始的本能得到爽快，然而他卻沒有對形成、並且維持此一秩序的各種結構與成規加以仔細的考察；當然也沒有看出，我們一些本能的情操，在過去五千年或更長的時間裏，已經逐步地被取代，或者被新的道德壓抑了。因此，波恩雖然看出「現代科技已經摧毀了文明的倫理基礎，而且也許是難以挽回地摧毀了」，但是，他卻以為，科技所以發揮如此的作用，乃是由於它們發現了許多新的事實，而不是由於它們有計劃、刻意的詆毀，已經傷害了傳統的倫理信念，只因為後者不能滿足營造理性主義所要求的一些「檢定接受的標準」（見下文）。波恩雖然承認「還沒有人設計出一個不需要傳統的倫理原則也可以將社會整合起來的方法」，然而他卻希望「科學界向來使用的方法」能夠頂替這些原則。他也未能看出，**介於**本能與理智**中間**的東西，根本不是「科學界向來使用的方法」頂替得了的。

我所舉的例子都是取自二十世紀一些重要人物所發表過的意見；其他曾經對經濟事務胡言亂語的人，實在不可勝數，像是米里肯（R. A. Millikan）、葉丁頓（Arthur Eddington）、索第（F. Soddy）、渥斯華（W. Ostwald）、索爾未（E. Solvay）和伯納（J. D. Bernal）等人，我還沒有來得及給收集進來。的確，從古往今來有相當名望的科學家與哲學家當中，要舉出上百個曾經發表過類似前述那些意見的人來，其實並非難事。但，我相信，與其堆砌更多的例證，不如更仔細地考察前述那些當代的例子，研究它們背後的理念，這樣我們將會懂得更多，也更為深入。首先必須注意的，也許是那些意見看起來雖然五花八門，但骨子裏卻有一定的相似之處。

四、一串層層相因的錯誤

前述那些例子所包含的理念，有幾個共同的基本論調；這些論調之間的關係非常密切，而且其間的關係並非僅限於歷史上它們有着共同的根源。對於一些文獻背景不熟悉的讀者，也許無法立即看出其間的部分關係。因此，在進一步深人探討那些理念之前，我想把幾個一再出現的論調辨別凸顯出來。這些論調乍看之下大都是無法令人拒絕的，而且也全都是大家非常耳熟的。把它們拼湊在一起，可以構成一套像是論證甚麼的東西。這一套「論證」也可以被稱作是一串層層相因的錯誤，或者是一個秘方，一個可以調製出被我們稱之為科學萬能主義與營造理性主義的假理性主義的秘方。且讓我們從詞典下手，讓我們先來請教方便的「知識來源」，請教那種載有許多秘方的書。在這裏，我發現《馮塔那現代思潮辭典》很有用。我從那裏很輕易地便搜集到一些關於四個基本哲學概念——理性主義、經驗主義、實定主義和功利主義的簡短定義。在過去數百年間，這四個概念一直被認為是科學的「時代精神」的代名詞；一般來說，它們也是當代在科學萬能主義與營造理性主義灌輸下長大的思想家們思考工作的準則。根據這些定義（它們的作者是昆頓爵士〔Lord Quinton〕，一位哲學家，英國牛津大學三一學院〔Trinity College〕的院長），**理性主義**否定任何不是以經驗和（演繹或歸納的）推理為基礎建立起來的信仰；**經驗主義**，主張所有稱得上表達某種知識的陳述，其是否確立都必須取決於經驗；**實定主義**，認為真正的知識必然是科學的知識，亦即，必然是描述種種觀測得到的現象之間（同時或先後）存在的關係；而**功利主義**，則是「把每一個受其影響的人所感覺到的歡樂和痛苦，當作是行為正確與否的判準」。

在前一節所引述的例子只是隱約地透露的，而在上面的那些定義中可就宣示得十分明白，明白地宣示現代科學與科學哲學的自信滿滿，並且也明白地宣示，它們要對各種道德傳統開戰。這些宣示、定義和假說，讓人覺得凡是值得信仰的，都一定是可以理性加以辯護的，都一定是可以用實證觀察證明的，都一定可以親身經驗到的，都一定是範圍明確可測的：它們也讓人覺得，只有讓自己感到痛快的，才是自己該奉行的，至於其他一概都應加以排斥。於是，便有人二話不說地主張，說那些讓我們的文化在過去得以生成而現在則賴以延續的主要道德傳統，不值得我們繼續去遵守，因為確實沒有人能夠按前述的那些方式來證立它們，而且也不是每個人都喜歡它們；因此，我們一定得趕緊在科學知識的基礎上建立一種新的道德——這種道德通常指的便是社會主義的新道德。

這些定義以及上一節的那些例子，如果更仔細地加以研究，可以發現確實包含下面這些預設前提：

1. 第一個前提認為，遵從那些在科學上說不出所以然或無法以觀察得到的證據證實的東西，乃是不合理的（參見摩諾德、波恩）。

2. 第二個前提認為，遵從那些自己無法理解的東西，乃是不合理的。前面的那些例子都暗含這個觀念。我必須承認，我曾經也持有這個觀念；而且我曾經發現，一位意見和我大致相同的哲學家也有過這個觀念。譬如，波伯一度主張理性的思想家「不會盲目地服從**任何**傳統」(1948/63: 122; 着重號為筆者所加）；那當然是和完全不遵守傳統一樣，是不可能做到的事。不過，這一段文字一定是一時的筆誤所致，因為在別的地方，他曾經正確地認識到，「我們從來不知道自己正在說些甚麼」(1974/76: 27, 關於這一點，也可以參考 Bartley, 1985/87）。（自由人, 雖然會堅持對於任何傳統, 他都有權利去懷疑和研究, 而且如果發現它確實不妥, 也有權利去拒絕它；但是, 如果對於不計其數、他還不知道有甚麼效果的傳統, 他都拒絕不加思索地接受, 那麼他就根本無法和別人生活在一起了。）

3. 第三個相關的前提，認為除非事先清楚標明行為的**目的**，否則任何行為便不能算是合理的（參見愛因斯坦、羅素和凱因斯）。

4. 第四個也是密切相關的前提，認為除非預知全部的**效果**，而且除非這些**效果**都是觀察得到的，並且也都是有益的，否則任何事情做起來便不能算是合理的(此即功利主義的另一番定義)。(前述第二、三和四等三個預設前提，儘管强調的重點不同，但其實幾乎是相同的一個命題；我所以把它們區分開來，主要是想提醒讀者注意，在辯護該命題時，有些人只是一般性地强調行為無法被理解，而有些人則比較具體地强調行為缺乏標明的目的，或者强調欠缺對其效果有完整的，並且看得見的認識。)

要舉出更多的預設前提並非難事，但前述那四個便足以達成此處我們想説明的目的了(我們將於下面兩章繼續探討這四個假設性命題)。關於這些前提，有兩點也許一開始我們就必須知道。第一，這些命題當中，沒有任何一個顯示它察覺到我們的知識或理智在某些方面也許是有界限的；也沒有任何一個考慮到，在這樣的情形下，最重要的科學工作也許是在於發現這些界限的所在。下面我們將明了，這些界限確實存在，而且它們的確可以被部分地克服，譬如，就像我們透過經濟學或「交換學」(catallactics)可以做到的那樣；但是，**如果繼續堅持上面那四個假設，則這些界限便不可能被克服**。第二，這些命題所根據的那個研究門徑，不僅對於這種界限的問題缺乏理解、疏於考慮或欠缺處理的能力；而且，更令人納悶的是，它竟然如此的缺乏好奇心，竟然對於我們自己所處的延遠的秩序，過去實際上是怎麼形成的，而現在又是怎麼維持的，以及如果把形成和維持它的那些傳統摧毀了，將會有甚麼樣的後果，等等這些問題，一概採取不聞不問的態度。

五、積極與消極的自由

有些唯理主義也許想另外提出一個我們幾乎還沒有觸及的問題，亦即：資本主義的道德和制度成規，不僅在邏輯上、方法論上或認識論上，無法滿足前面已經討論過的那些前提要求；而且，更要緊的是，在那種道德的壓制下，我們的自由幾乎動彈不得，譬如，它讓我們沒有不受拘束地「表現」自我的自由。

要應付這個問題，我們可不能睜眼説瞎話地否認道德傳統不是一種負擔，因為正如本書開頭的楔文所説的，對於許多人來説，道德傳統確實是礙手礙腳的；不管是在這裏或是在下面各章，我們都只能一再地提醒他們注意，我們從承受道德傳統的壓制當中得到些甚麼，以及如果不願意承受它的壓制，又將會有甚麼後果等着我們。我相信，我們所以享有種種文明的好處，乃至我們是否能夠繼續生存，無一不是因為我們還願意承受傳統的約束。當然文明的這些好處，絕無法「證立」我們應該承受傳統的約束。然而，不承受約束的後果卻是貧窮與饑饉。

我不準備一一詳述文明的所有好處，或者説，我不準備「清點我們被賜予的種種幸福」；但，我在這裏也許可以從一個稍微不同的角度，重提一下所有的那些好處當中最令人意想不到的一個——此刻，我心裏想的正是我們的自由。自由的意思，是容許個人追求**他自己的**目的：凡是自由的人，在和平時期，都不再受限於社羣共同具體的目的。之所以可能有這種個人選擇的自由，乃是因為個人的各項權利（例如，財產權）得到了清楚的界定，而且在甚麼範圍內，個人得以自主支配自己所知的各種資源，去追求自己的目的，也得到了清楚的劃分。換句話說，每個人都有一定、可以辨識出來的自由範圍。這一點非常的重要。因為能夠有真正屬於自己的東西，哪怕再少，也是形成獨立鮮明的人格不可或缺的基礎；而且，如果沒有這種基礎，那麼即使個人想追求自己的目的，也不會有那種允許他有所作為的獨特環境存在。

然而，一般人卻以為這種自由不需要任何約束。許多混淆糾葛便是肇因於此一假設。這個假設，出現於這一句一向說是伏爾泰（F. M. A. de Voltaire）的名言：「想做的，都能夠做到，那便是自由」；出現於邊沁的宣示：「每一項法律都是一個罪惡，因為每一項法律都是對自由的一種侵害」（1789/1887: 48）；出現於羅素給自由所下的定義：「沒有任何障礙阻撓我們實現自己的希望」（1940: 251）；當然也出現於其他不計其數的地方。然而，那種毫無約束的自由，絕不可能是普遍的自由；因為，在那種情況下，每一個人的自由，都會因為所有其他人毫無約束的無限自由，而遭到挫折。

因此，真正的問題是，怎樣確保每一個人都有最大可能的自由。一個切實有效的辦法，就是一律以同一套抽象的規範，去限制每一個人的自由，不准任何人侵犯他人的自由範圍，也不准任何人任意（或因人而異地）強制他人或被他人強制（參見 Hayek, 1960 和 1973, 以及本書前面第二章）。簡單地說，就是以共同的抽象規範來取代共同的具體目的。我們只需要政府來執行這些抽象的規範，從而保護個人免於遭到他人的強制，以及保護個人的自由範圍免於遭到他人的侵犯。雖然被強制服從共同具體的目的無異是奴隸，但是，服從共同抽象的規範（不管它們讓人覺得有多麻煩）卻可以提供空間，讓我們得以享有非凡的自由與多樣繽紛的世界。雖然時常有人說，多樣繽紛的世界會帶來混亂，會對文明的秩序造成傷害；然而，究其實際，個人愈是繽紛多樣，這個世界便愈有秩序。因此，和毫無約束所造成的失序對比，透過遵守抽象的規範而得來的那種自由，恰如普魯東（Pierre Joseph Proudhon）曾經說的，是「秩序的母親，而不是它的女兒」。

我們事實上沒有理由，指望演化過程挑選出來的那些做人處世的習慣，會帶來快樂。以快樂為焦點的建議，是過去那些唯理主義的哲學家們提出來的；他們以為必須幫人類所選擇的道德，在意識的層次上找出一個理由，而且他們也以為這個理由也許便在於人類刻意地去追求快樂。但是，追問人類意識到甚麼理由才去接納自己的道德，就如同是追問人類意識到甚麼理由才去接納自己的理智那樣地荒唐。

儘管如此，我們目前生活所在的這個演化得較為複雜的秩序，確實提供了一些快樂的機會給我們；而且，我們目前享有的機會也許不亞於，甚至或許多於，從前原始的生活秩序對人數遠較目前為少的人們所提供的快樂機會。（雖然這種可能性不該輕易地被勾銷，但這並不是說這些機會可以量化。）大部分現代生活所謂的「疏離感」（alienation）或不快樂，都來自於兩種情形，其中之一主要對所謂知識分子有影響，而另外一個則對所有物質生活富裕的人有影響。第一種情形，可以說是「理性的」預言家自我應驗的不快樂；在任何不能按唯理主義理想，着意加以控制的「體系」裏，這種預言家一定不會快樂。譬如，從以前的盧梭到近代法國和德國思想界的一些人物，如傅柯（Michel Foucault）和哈伯瑪斯（Jürgen

Habermas）之流的知識分子，他們都認為，任何未經人們意思表示同意，便把某種秩序「強加」在他們身上的體系，都免不了會產生如火燎原的疏離感；因此，被他們牽着鼻子走的人，通常會覺得文明是無法忍受的——這好比說，根據人們自己設想的定義，他們受不了文明。第二種情形，則是由於利他主義和團結一致這些原始本能的情懷揮之不去，而讓那些在延遠的秩序裏，遵照「人情冷漠」的行為規範而過活的人們，患了所謂「良心不安」的時髦病；或者基於同樣的理由，讓人們以為物質上的成功必然帶有罪惡感（或必然違反了「社會良心」甚麼的）。於是，在富裕的秩序當中，不僅有生於貧窮邊緣的不快樂，而且也有一種想像衝突的不快樂——一種因為本能情懷或理智猖狂，皆和絕然既非本能，而且也超過理性的實際秩序相互衝突，而在前兩者身上產生的不快樂。

六、「解放」與秩序

有許多要求從各種文明的負擔「解放」出來的論調，雖然比不上以反對「疏離感」來反對文明那樣的微妙複雜，但它們對政治自由的威脅與危害卻更為嚴重。這些「解放」的論調，要求免於承擔講求紀律的工作、免於承擔責任、免於承擔風險、免於忍慾儲蓄、免於誠實不欺、免於信守承諾，以及免於以一般性的原則克制自己不對陌生人宣泄自然的敵意或克制自己不對親朋好友徇私濫情，等等的麻煩。說穿了，所謂「解放」的想法其實是新瓶裝舊酒；亦即，就其要求不必遵守傳統的道德這一點看來，它其實是早已有之的。主張這種解放的那些人，不僅本身會將自由的基礎摧毀，而且也會允許人們採取行動，無可挽回地將孕育文明的各種條件消滅殆盡。所謂「解放神學」(liberation theology)，特別是在南美羅馬天主教裏的那一種，便是一個這樣的例子。但，類似的運動並不僅限於南美。世界上每一個地方，都有一些人假借解放之名，否定那些讓人類得以達到目前這種合作規模與層次的例行成規；只因為，憑他們本身自以為**理智**的螢火之光，他們怎麼也無法看出，透過法律與道德規範對個人自由施予一定的限制，會給人類帶來一個比透過中央極權控制得來的秩序更大——而且也更自由的秩序！

這些所謂解放的要求，主要是根源於唯理主義式的自由主義傳統；這個傳統我們先前已有所論列(它和發源於英國老輝格黨人的那支政治自由主義的傳統是如此的不同)，它認為任何對於個人行為的限制，即使是眾人平等的限制，都是和自由不能相容並存的。我們先前引述自伏爾泰、邊沁和羅素等人的那些名言，表達的便是這種傳統。很不幸的是，即使是稱為英國「理性主義之聖」(saint of rationalism) 的穆勒，其作品也充斥着這種傳統。

事實上，我們必須以服從某些行為規範為代價來取得自由，這樣我們才得以形成一個延遠的秩序。然而，在前述那些作者、特別是穆勒的影響下，這個事實竟然被人們當作是一個正當的理由，據以要求回歸過去那種野蠻人享有的「自由」狀態——要求回歸十八世紀的思想家稱作「尚沒有財產權概念的人」的生活狀態。然而這種野蠻的狀態——它包括個人有責任或有義務和大家在一起追求種種共同的目的，並且必須聽從首領的命令——實在不能說是一個有自由的狀態(儘管它可以讓個人從一些負擔中得到解放)，甚至也不能說是一個有道德規範的狀態。因為，只有個人自主決定自己的行為時必須考慮的那些一般性和抽象的規範，才有資格被稱作道德。

(承立平譯 • 謝宗林校)

第五章　致命的自負

一、傳統道德不符合唯理主義所定下的條件

前文列舉的那四個條件 —— 凡是未經科學方法證明的，或吾人未百分之百理解的，或缺乏百分之百清楚標明之目的，或有些吾人未全知之效果的，都是不合理的 —— 特別得到營造理性主義者和社會主義者的贊同。這兩種思維方式都來自於以一種唯力機械化的觀點去解讀延遠的人類合作秩序。這種解讀觀點把「形成秩序」想成是，有某個人在可以全盤取得某一羣人個別所知曉的事實的情況下，對該羣人做了種種的安排與操縱。但延遠的秩序卻不是，也不可能是如此這般形成的秩序。

在此我要立刻承認，傳統道德以及資本主義社會所秉持的那些原則信仰、制度和習慣，大部分**不符合**前述的四項標準條件；因此，**從那種理性與科學的理論觀點看來**，都是「不合理的」與「不科學的」。此外，有些繼續遵循故常的人有時候會提出一些理由，為其所遵循的故常辯護。這些所謂的「辯護理由」不但通常是相當膚淺的（因此不堪一擊而成為我們所謂的知識分子取笑的對象），而且和種種故常為甚麼會流傳下來的真正理由也沒有任何牽連。

這實在是一點也不令人訝異，因為，正如我們也說過的，那些遵循故常的人，通常自己並不知道故常是怎樣形成的，或怎樣才被保全下來的。另有許多遵循故常的人，對於無法提出理由為故常辯護，則絲毫不在意，仍然本於習慣或宗教信仰而繼續奉行故常(因而惹來所謂的知識分子數落他們，斥之為反智或頑固守舊)。這些事實一點也不算是「新鮮事」。畢竟自從休姆注意到「道德規範並非得之於吾人之論理」，迄今已經超過二百五十年了，然而休姆的學說卻不足以遏阻大部分現代的唯理主義者；他們仍然相信，凡是未經理智推演得到的，若非屬於可以任意取捨的事物，必然就是荒誕無聊的，從而繼續追究為故常辯護的理由。更奇的是，這些唯理主義者還時常引述休姆的話來支持他們的立場。

不僅傳統的宗教信仰，例如信仰上帝，以及關乎性愛與家庭的許多傳統道德(我在本書裏不關心這方面的道德)不符合唯理主義者所定下的條件，而且此處我特別關心的那些道德傳統，諸如尊重私有財產、儲蓄、交易、誠信、忠實和契約，也都不符合唯理的標準條件。

傳統信仰與故常的處境看起來也許更糟，因為它們不僅不符合唯理主義者在邏輯上、方法論上與知識論上的條件要求，而且社會主義者也根據其他的理由排斥它們。例如，它們就被吉松姆和凱因斯看成是一種「使人癱瘓的負擔」，而且也被威爾士和佛斯特認定為與可鄙的買賣貿易制度有密切的關聯(參見後面第六章)。此外，有些人也認為它們是疏離感、被壓迫感和「社會不公平」(social injustice)的根源，此一看法現在特別流行。

根據這些反對故常的理由，有些人於是得到一個結論：必須趕快着手營造一套新的、通過理性修正與辯明為正當的、確然符合唯理主義所定下之條件的道德。他們以為果能如此，則該套道德就**不會是**一種使人癱瘓的負擔，不會導致疏離、壓迫或「不公平」，而且也不會和買賣行為有所關聯。這還只是那批新潮的立法者——諸如愛因斯坦、摩諾德與羅素等社會主義者，以及自認為「非道德家」的凱因斯之流——為自己所訂下的偉大任務的一部分而已，一種嶄新的、合乎理性要求的語言和法律也必須趕快建立起來，因為我們現在所擁有的語言和法律也都不符合唯理主義的條件；而其所以如此，和傳統道德與故常不符合唯理標準的道理如出一轍。（就這一點而言，甚至**現代科學**裏的種種法則也不符合此處所說的條件〔見 Hume, 1739/1951, 和 Popper, 1934/59〕。）由於他們不再相信有任何超自然的理由可以用來護衛道德（遑論語言、法律或科學），但又堅信必須有**某種**理由來護衛它，因此那個令人肅然起敬的任務，對他們本身而言，就益顯迫切。

就這樣，人類一方面自以為已經按照自己的設計而建立了自己的世界而感到光榮，另一方面卻也責備自己沒有把它設計得更好，於是就想重新設計一個更好的世界。社會主義的目標正是要全盤重新設計我們的傳統道德、法律和語言，並且在那個基礎上，踏平原來的社會秩序，掃除想像中那些阻撓人類理智充分發展、人生完美、真正自由與正義的冷酷不仁與不義的情況。

二、傳統道德的辯護與修正

然而此類議論的全部，乃至其全盤計劃所倚賴的那些唯理主義標準，說好聽一點，不過是不能兑現的理想；說難聽一點，實在是某種已被拋棄的方法論所鼓吹的一些法則罷了 —— 該方法論也許曾經被某些人視為科學的一部分，但實際上卻和真正的研究工作無關。在我們所說的延遠秩序當中，除了一套高度演化而且精微的道德系統之外，還存在着營造理性主義、科學萬能主義、實定主義、享樂主義和社會主義所鼓吹的那種原始的理性與科學理論。理性與科學本身沒有甚麼不對，我們所反對的乃是那些原始的理性與科學理論，以及其所衍生的某些作為。如果堅持唯理主義所定的標準，則世界上就**不會有**可以辯護的，也不會有可以視為正當的道理或事物；不僅道德不能謂之正當，即使語言、法律，甚至科學亦然。了然於此，則我剛才所說的道理就再明白不過的了。

科學的哲學近來有一些進展與爭論。對這些不熟悉的人，也許很難接受我剛才提出的見解在科學方面也同樣適用。但，不僅我們目前所有的那些科學定律，依營造理性主義方法論的標準來看，確確實實得不到辯護或有被相信的理由，而且我們也有充分的理由相信，我們終將發現，許多目前的科學性假說是不正確的。現在引導我們獲致更多成就的任何理論構想，比起我們從前所相信的理論，雖然說是一項了不起的進步，但也許事實上它和它所取代的前身一樣，是錯誤的。正如波伯所說的那樣（見 Popper, 1934/59），我們的目標應該是儘可能快地不斷犯錯與發現錯誤。倘若在這種試誤的過程

> 當中，我們將現在無法證實的種種猜測一骨腦地拋棄，我們將會很快地回到那種只相信自己本能的野蠻人的文化水平；然而各門各派的科學迷——上起笛卡兒式的理性主義下至現代的實定主義——正是都勸我們這樣去做。

此外，**傳統**的道德及其他固然不完全合乎理性，但，**任何可能想像得到的道德規律亦然，包括社會主義者可能提出的任何道德規律在內。**因此，不管我們遵循的規律是如何產生的，我們都無法依照唯理主義的要求證明其為正當；所以有關道德——或科學、或法律、或語言——的一切論辯，其真正的關鍵不可能在於它是否有理性根據（見 Bartley, 1962/84, 1964, 1982）。倘若凡是我們自己不知其故或說不出完全合乎理性之理由的事情，我們都不去做，那麼，我們也就離死不遠了。

理性根據的問題不折不扣是一個徒然擾人耳目的問題。它之所以被提出來，有一部分是因為在知識與方法論的主流傳統中，有一些錯誤，而且自相矛盾的假設，其中有些假設的歷史還頗為久遠。對於混淆理性根據問題，孔德也有一部分的貢獻，而這一部分和我們此處所關心的諸問題特別有關聯。他設想我們有能力去全盤重塑自己的道德系統，能夠以一套完全出諸理智設計與建構、徹底合理正當的（照孔德本人的說法，則是「被證明無誤的」）禮義規律去取代我們自己道德系統。

至於自古以來追究理性根據的工夫為甚麼和科學毫不相干的理由有哪些，我在此處不擬一一列舉。且讓我就一種常常被許多人用來合理化道德的方式，表示些意見，當作是一個此路不通的例證（此例證也有助於進行下一節的論辯）。唯理主義者和享樂學派的道德觀都設想我們人類的道德，就其實現或追求某一特定的目標（譬如「快樂」）的導向而言，是合乎理性的。像這樣的見解是毫無道理可言的。我們沒有任何理由可以相信，使人類得以繁衍較多人數的那些習慣性作為，之所以經由演化挑選、淘汰而流傳下來，和製造快樂會有絲毫的關聯。更不用說演化挑選的過程是以追求快樂為依歸了。相反地，卻有不少的跡象顯示，一心追求快樂的社羣會被只想保存生命的社羣凌駕、消滅掉。

雖然我們的道德傳統不可能被設計、營造，也不可能按照唯理主義的標準被合理化或被證明為正當，但它的形成過程卻可以部分地被**重構**，而經由其形成過程之重構，在某個程度內我們可以了解道德傳統究竟發揮了甚麼樣的作用，克服了甚麼樣的困難。倘若我們的這種工夫有了成就，則我們誠然有責任以逐項改善的方式矯正明確可辨的缺失，來謀求道德傳統的改進。所謂逐項改善乃是以體制內批判為基礎（見 Popper, 1945/66, 和 1983: 29-30），亦即，在傳統的道德體系內，分析其構成部分是否相容、是否一致，並根據分析結果修補整個系統。

我們曾經提到近來關於著作權與專利權有些新的研究。這些研究都是些運用逐項改善方法的例子。近代財產權的研究也是這樣一個例子。古典（羅馬法）的個別財產概念將財產權視為一種對物體的獨佔性或排他性的權利。權利人可以隨自己的意思使用或濫用專屬的物體。雖然古典的財產權概念對人類文明有過莫大的貢獻，但相對於維持市場經濟效率所需的種種財產權規律而言，它無疑是過分簡陋的。在經濟學的領域中，目前有一個新的部門正不斷地壯大，專門研究如何改進傳統的財產權制度，使市場機能更為妥善地運作。

進行此種分析的一項準備工作有時候被稱為「理性的重構」(rational reconstruction)，即，重構可能形成傳統道德體系的那個過程(作者此處所採用的「構」字的意思，和「營造理性主義」的「營造」兩字意思不一樣)。實際上，此種「理性重構」工夫是一種歷史，甚至是自然史的研究工作，而不是冀圖營造、合理化或證明傳統道德系統本身。它和休姆的後繼者所說的「理論性的歷史」研究(conjectural history)相類似。此種歷史研究嘗試說明，為甚麼某些規律會壓倒其他規律而被普遍遵循(但這種研究從來不會忽略休姆的基本論點，此論點再怎樣重複也不嫌過於頻繁，亦即，「道德規範並非得之於吾人之論理」)。採取此種研究路線的學者不僅包括蘇格蘭諸哲學家，而且也包括一大串的文化演進史學者，上起古典羅馬語文法家與語言學家、孟德維爾、赫德、維柯(Giambattista Vico)——此人見識深奧，他說「無待於了解人何以為人，人已成為人矣」(1854: 第五卷, 183)——以及在此之前我們已提到的薩維尼等德國法律史學者，乃至孟格。在這些人當中，只有孟格晚於達爾文，然而他們每一個人都志在為種種文化制度的出現過程，提供一個理性的重構、理論性的歷史或演化性的說明。

走筆至此，我發現自己的立場頗為尷尬，因為我很想說，如果我們想解釋人類文明賴以成長的那些道德傳統如何才佔得了優勢，那麼最有可能提出解釋的人必然非我們經濟學家莫屬了，因為經濟學家號稱是了解延遠秩序之形成過程的專家。唯有懂得諸如個別財產這樣的制度怎樣帶來種種效果的人，才有能力解釋，為甚麼奉行該制度的社羣會凌駕其他社羣，儘管對於其他目標而言，後者所奉行的道德也許比較適宜。如果沒有這麼多的經濟學家本身也感染到營造理性主義的病毒，那麼當我想到為經濟學界的同僚幫襯時，我心裏會覺得更為坦然些。

我們的道德傳統是怎樣來的呢？**我們自己的**「理性重構」又是一個怎樣的故事呢？在前頭的章節裏，我們對此已經粗略地交待過了。除了營造理性主義者所主張的理智——那個被認為可以重頭設計與建構一套夠用的道德體系的理智之外，傳統的道德至少還有兩種來源。第一種是我們本能（instincts）所固有的道德（團結一致、利他的情操、羣體抉擇等等）。這種所謂與生俱來的道德，前頭已經說過。此種道德所產生的種種作為不足以延續人類目前的延遠秩序及其人口數。

第二種是演化而來的道德（儲蓄、個別財產制、誠實等等）。這種道德已成功地孕育了延遠的人類合作秩序，現在則繼續支撐着該秩序。我們已經知道，這種道德介於本能與理智**之間**。這個中間地帶因為本能**相對於**理智的謬誤二分法頗為流行而被湮沒掉了。

延遠的秩序乃是以此種道德為基礎，亦即，此種秩序之出現乃是出於奉行其基礎規範的社羣，在人數與財富增長方面超越了其他社羣。延遠的秩序和市場體系都有一種看似不可能、其實千真萬確的作用——而這也是社會主義者和理性營造主義者百思不得其解的作用，亦即，若和親自掌控的過程相比，在任何資源基礎上，經由形成延遠秩序的過程，我們將可以供養更多的人口（而且經由同一過程，發掘出更多的資源）。雖然讓我們得以成就這些事物而活了下來，並不能證明此種道德是「合乎理性的」；**但它確實讓我們得以存活下來，就此而言，它也並非一無是處。**

三、以看得到的事實為行動依據的局限性；我們無法看到道德的全部效果

迷信科學萬能的根源也許在於誤以為尋求理性依據、營造或證明事物的可能性是毫無止境的。即使有些科學迷對於這種可能性有所保留，在方法論上他們顯然只會轉而堅持其他老掉牙的標準（這些標準和講求理性依據有關，但並不純然和它並立）。例如（回到我們前面列舉的四條件），他們反對接受傳統道德，因為每個人都**無法百分之百理解**傳統道德本身，以及它如何運作；奉行傳統道德也許有些**作用，但其中沒有一樣是任何人能夠事先百分之百清楚標定的**；奉行傳統道德**會產生一些無法立即看到的效果**，因此無法確定奉行道德是否有利——而且不管是否有利，這些效果**都不會被全部知道或預見到**。

換句話説，傳統道德不符合第二、第三和第四個條件。這些條件彼此相關非常密切，因此，在指明它們各有不同的偏重之後，我們也許可以將它們擺在一起處理。若然，則為了略示它們彼此相關，我們也許可以説，除非預先知道，而且能夠預先百分之百地標明個人行為的外顯效果，任何人都不能説理解自己的作

為或自己的目的何在。有人就這樣認為，行為如果稱得上是理性的，必然是有具體計劃，而且有先見之明作依據的。

除非有人想浮泛空洞地解釋這些條件，讓它們實際不再具有明確的意義——譬如，有人說市場秩序有一個事先被理解的目的，而那個目的就是要得到「產生財富」的有利效果，等等浮泛的說詞否則遵循故常的作為，例如遵循市場秩序所賴以形成的那些故常，顯然是不合乎這些條件要求的。我相信每一個對於此處所討論的問題有興趣的人，都不至於希望將這些條件解釋得如此空泛；事實上，不管是堅持或反對這些條件的，他們原來的意思也都不是如此空泛的。分析至此，為了更清晰地掌握我們自己的處境，我們也許應該承認，一點兒也不錯，我們的傳統成規或制度是未被理解的，而且它們的種種目的（功用）或效果，不管是有利抑或有害的，事先也沒有被標明。然而這樣更凸顯出它們的能耐。

在市集裏頭（在我們所處的延遠秩序當中，其他構成該秩序的常制也一樣），未經設想的結果勝過一切；各種資源的分配是經由一個非人為操控的過程而完成的；在此一過程中，每個人都只追求自己的目的（這些目的通常也不是很明確的），每個人不折不扣地都不知道，而且也不可能知道眾人互動將會產生甚麼樣的淨結果。

我們姑且接受如下的條件要求，此即，且讓我們說：盲目地（亦即，在未有充分理解的情形下）從事任何行為都是不合理的，而且任何合理的行動計劃，其目的與**效果**不僅必須事先完全確知，而且也必須是百分之百可以看得到的和最為有利的。現在讓我們試着將這些條件套在延遠的秩序這個概念上。然而，一旦我們想到在歷史演化的洪流中，發展而成的這個延遠的秩序是怎樣的事物，則前述條件之荒謬就昭然若揭了。對於此秩序之形成，以及對於促使某些常規壓倒其他常規，有決定性影響的那些原因，都是非常遙遠的古人們的作為的結果。關於這些結果所影響的社羣，古人們根本不可能知悉其存在；而且即使古人們能夠知道其作為會有這些結果，不管後來的人怎麼想，自他們本身看來，這些結果也許一點好處也沒有。至於後來的那些人，我們沒有理由相信他們每個人都（或他們之中有人）通曉全部的歷史，更不用說演化論、經濟學，以及其他必須有的學問，因而能夠理解，為甚麼他們本身所遵循的常規之所由來的社羣，會比其他社羣更為興旺 —— 雖然我們無庸懷疑，總是會有些人善於發明種種理由去合理化當前或當地的習俗常規。許多演化形成使得延遠的秩序有較密切的合作與高度繁榮的行為規範，也許和事先任何的設想都大不相同，而且在演化形成的每一個階段，也許都有些人甚至厭惡這些行為規範。在延遠的秩序裏，每一個人應該怎樣做才能達到自己的目的，取決於他本人的**境遇**，而構成個人境遇的一個特別突出的部分，就是其他許許多多陌生人，就針對採取甚麼樣的手段（以達到各自的目的），所做的種種陌生的決定。因此，在這種過程中，無論甚麼時候，人們根本不可能照他們自己的意思去設計形成秩序所需的常規，使之具有事先設想的功用，雖然這些常規確確實實逐步地造就了延遠的秩序；只有在這個秩序形成了以後，我們才可能着手針對這些常規進行回溯與殘缺不全的**原則性**解釋（見 Hayek, 1967, 第一及第二章）。

在英文或甚至在德文裏，我都找不到一個現成的字眼，可以貼切地形容延遠的秩序，亦即，可以用來分辨它的作用方式和唯理主義者的標準要求是怎樣的不同。唯一的一個妥貼的字眼——超越（transcendent），已經被用濫了，我不太想用它。但，就它原來的字義而言，它確實指涉某些**超出我們的理解能力、希望、意思設想，以及超出我們的感官知覺能力**的事物，而且這些事物所包含或產生的大量知識，不是任何一個人的頭腦或任何單一組織所能掌握或發明的。在宗教的場合，「超越」的這個意義就非常鮮明，例如在〈主禱文〉（Lord's Prayer）裏，耶穌祈求「**你的**〔亦即，不是耶穌自己的〕旨意行在地上如同行在天上」；或在〈福音書〉（Gospel）裏，傳道者宣稱「不是你們揀選了上帝，是上帝揀選了你，並且分派你們去結果子，叫你們的果子常存」（〈約翰福音〉, 15章16節）。此外，有一個比宗教之超越更加純正的超越秩序觀念，而它湊巧也是一個純正的自然主義（即, 無關乎任何超自然的力量）的超越觀，例如演化論裏的秩序觀，則更進一步放棄了殘留在宗教裏的泛靈論（animism），亦即，排除了超越的秩序是由單一首腦或意志（例如, 全知全能之上帝的意志）控制和安排的想法。

根據如同前述的那些理由而拒絕唯理主義者的標準，對於物我同性觀（anthropomorphism）、各式各樣的泛靈論——因此也對於社會主義——有一個很嚴重的後果。協調眾人個別活動的市場秩序，以及其他相關的道德傳統和常規，確實源自種種自然的、自化的和自律的調適過程，而且在這種過程中，市場秩序和道德傳統等等必須適應的種種特定事實，為數之多，不是任何個人單獨所能知曉或想像得到的。因此顯而易見的，若不是因為幼稚的物我同性觀作祟，絕不會有人竟然要求那些自化的過程必須合乎公平或滿足一些其他的道德訴求（見後面第七章）。如此的訴求，倘若是針對經營某種服從理性控制之過程的負責人而發，或是對傾聽禱告的神明而發，當然是適得其所的、適如其分的；但，倘若是針對一個實際運作，但非任何人着意控制的自律過程而發，就完全不對檔了。

在一個超越任何單一心靈的理解與引導能力的延遠秩序裏，根本不可能由一個統一的心意，按照任何特定的公平理念或某種大家都無異議的尺度，來決定個別成員所享有的福祉。這不單是由於物我同性觀隱含着許多無解的難題，也是由於「福祉……毫無原則，不管是對接受者或分配者而言，都是如此（亦即，個別成員對於福祉之分配，不可能有相同的意見）；因為個別感受到的福祉視實際的心意而定，而實際的心意則視個別特定的事實而定，所以福祉沒有通則可言」(Kant, 1798：第二卷, 6, 註 2)。正如休姆和康德 (Immanuel Kant) 根據類似的思索所歸結出來的那樣，自化的秩序若要生生不息，則一般性的規律必須取得主導優勢；此一洞見從來沒有被反駁過，它只是被忽略和遺忘了。

雖然「福祉沒有原則」—— 因此不能產生自化的秩序 —— 對於那些有利於形成延遠秩序的公平的規範，有些人卻採取抗拒的態度，斥責它們違反道德；此種抗拒態度一方面反映那些人相信福祉**一定**合乎某種原則規範，另一方面也反映他們拒絕接受（物我同性觀於此再度發揮影響）延遠的秩序乃是經由某種競爭的過程而產生的這個事實；在此一競爭過程中，個人的福祉取決於成敗，而非由某個偉大的心靈、某個委員會或某個神靈來判定，亦非取決於個人的行為是否合乎某一既定的道德原則。在此種自化的延遠秩序裏，有某些人成功，就有另一些人失敗，雖然後者追求成功的心意和前者同等地真誠，而其付出的努力甚至比後者有更大的德行（merit）。報酬不是針對德行而來（亦即，不是針對行為服從道德要求這一點而來，見 Hayek, 1960: 94）。例如，我們在滿足他人需要的時候，也許不可能顧及他人本身有甚麼樣的德行，也顧不到我們為甚麼有能力滿足他人的需要。正如同很久以前康德所見的那樣，當每個人的知識、能力與意欲皆不相同時，根本不可能有一共同的德行標準可以用來判斷每個人，在個別不同的境遇裏，實踐道德到了甚麼樣的程度或應該得到甚麼樣的報酬。然而，通常的情形卻是每個人的知識、能力與意欲皆各不相同。使某些人得以在競爭過程中佔優勢的種種新發現，大多是無意中的或無人預見的發現——亦即，既不是成功者的功勞，也不是失敗者咎由自取。因為發生了無人預見的事情，眾人的個別行為不得不有所調整，如此而產生的產品價值變化，很難說是公平的。同樣地，如果我們以預設的對和錯的概念，或以預設的「福祉」分配觀，或以原來的情況所蘊含的可能性來評斷秩序演化的過程，則此一過程的每一個步驟，雖然是為了適應先前未明的新情況所必需的，卻不可能是公平的。

任何試誤的過程，在道德上而言，都無可避免地會有一些盲目的結果。對於此種不合乎道德理想的結果感到厭惡，毋寧是可以理解的。然而，此一可以理解的反感竟然促使某些人異想天開，冀圖實現語辭上即為矛盾的構想，亦即，妄想控制演化與試誤的過程，以求按照他們目前的願望，具體決定試誤、演化的過程。但是，此一反動心理所發明的道德訴求，卻產生了種種無法相互妥協的權利主張，這些權利主張不僅非任何系統所能滿足，更是無止無休之衝突的來源。本質上，一個不斷演化的過程，其結果並非取決於任何人所知或可能知的條件狀況，妄想**使此一狀況符合某種公平的理念**，不僅必然徒勞無功，而且會傷害演化過程本身的進行。

要求自然的演化過程滿足公平的道德標準是純然不適切的——不管此種要求是針對過去已經發生的狀況，或是針對目前進行中的變化。因為即使是現在，同一個演化過程也還在進行中。人類的文明不僅是演化的結果，它本身便是一個過程；這個過程建立了一套普遍適用的個人行為規範和個人自由的原則，從而使其本身不斷地演化下去。此一演化過程不僅不可能照人們的意思而轉動，而且其結果往往使人們大失所望。就社羣而言，藉由此一過程，有些先前沒有完成的願望也許現在終於被滿足了，但此種滿足總是犧牲了其他許多的願望作為代價。就個人而言，進德修業上的努力也許可以為自己創造更好的人生機會，但，演化過程不會因為個人的貢獻而滿足個人所有的道德期盼。**演化是無所謂公平或不公平的。**

說真的，堅持一切未來的變化都必須是公平的，無異於要求文明演化必須停止。文明演化之引導我們前進，就在於它促成了許多我們沒想到和想不到的事物；如此，我們又怎能預先判斷它的道德呢？如果在人類文明演化的早期，有某一個神秘的力量被授予執行某種平等主義或唯德主義的綱領。如此，會有甚麼樣的效果？只消有此一問（特別是在前面第二和第三章的歷史性討論之後），瞬間即可明了它將使嗣後的文明演化變成不可能。羅爾斯主義的世界（見 Rawls, 1971）將因此而不可能得到文明：根據羅爾斯的主張，由於機緣僥倖而產生的個別差異皆須弭平，因此，大部分可能被發現的新事物將被封殺。在那樣的世界裏，仍免不了會有不可勝數的莫明變化，時時刻刻影響到我們的生活，然而，我們卻再也得不到那些讓我們得以自求多福的訊號，那些唯一能夠告訴我們每一個人，應該做些甚麼才能維持和增加（如果可能的話）生產水準的訊號了。

有些知識分子也許會振振有詞地說，他們為此已經發明了一套新的「社會」道德，它不僅比舊的那套來得更好，而且若要錐持或增加生產水準，有了新的一套道德就夠了，根本不再需要甚麼（價格）訊號。然而究其實際，這些所謂**新的**道德只不過是將原始小國寡民所通行的道德予以冷飯重炒罷了，根本不足以維繫現代大秩序所養活的那些數以十億計的人口的生命與健康。

雖然我們必須拒絕物我同性觀，因為它確實不對，但另一方面，它卻也不難理解。我的意思是說，那些我們所反對的知識分子，他們的觀點也有值得我們肯定與同情的一面。人類的創作天才對於超越個人之結構〔譯者按：此係指延遠的秩序〕的形成確實有很大的貢獻，而這種結構也讓許多人有很好的人生機會。於是有些人竟然想像，人類不僅有能力去刻意設計此一超越性結構的某些部分，而且也有能力去刻意設計此一超越性結構的全部，在他們的想像中，任何延遠的結構只要是實際存在着，即表示它可以被刻意設計作成。雖然這是一項錯誤的想法，它卻是一項高貴的錯誤，照米塞斯的話來說，它是一項「豪壯浮誇的、雄心勃勃的、莊嚴華麗的與蠻橫大膽的」想法。

四、未清楚標明的目的：在延遠的秩序裏，行為所達成的大多不是我們經心刻意追求的目的

有幾個不同的論點和問題，大多剛在前頭提過了，但個別再予詳細探討，也許可以讓讀者對前頭的整個論證有一個更為清晰的全盤了解。

第一，我想談一下，**我們的知識究竟是如何產生的**。我得先承認，以下所說的是我費了不少工夫之後才得到的認識。大部分的知識並非來自於我們個人直接的經驗或觀察，而是來自於不斷地篩選過濾我們學來的傳統。在這個篩選過濾的過程中，我們個人無可避免地會接受，並且遵循某些傳統的道德判準，而這些判準在傳統的各種理性觀裏卻沒有任何理性根據。傳統乃是自種種非理性的（或更貼切地說，「未經理性驗證的」）信仰當中，篩選過濾出來的結果。被選出來而構成傳統的那些信仰，雖然沒有任何人知道它們對於社羣有繁衍之功或有意地利用它們來繁衍社羣，可是實際上對於遵循它們的社羣的繁衍，卻有重要的貢獻（傳統的此種功效和傳統之所以被遵循的理由，沒有必然的關係，例如傳統也許是被當作一種宗教而被奉行）。此一形成習俗和道德的篩選過程，能夠考慮到的事實狀況比眾人加起來所能知覺到的還要多。因此，就某些層面而言，傳統比人類的理智更為優越、「更有智慧」（見前面第一章）。只有對於人類理智堅持高度批判態度的理性主義者，才能認識到此一非常重要的見解。

第二個問題和第一個問題有密切的關聯，我們在前頭也曾提起，此即，在種種行為規範的演化篩選過程中，對於規範之「取

捨」，真正具有決定性的因素是哪些？雖然人類對於立即可見的行為後果通常特別在意，那些立即可見的行為功效對於行為規範的「取捨」卻不甚重要；反而是種種規範所引導的行為，經過很長的一段期間，所造成的種種長期後果，對於行為規範的取捨有決定性的影響（此處的長期觀點正是凱因斯, 1971,《作品集》〔*Collected Works*〕, 第四冊, 頁 65, 所嘲笑、譏諷的那個長期觀點）。左右這些具有決定性的長期後果的行為規範主要是一些有關財產和契約的規範，這些規範決定個人自主的範圍。我們在前面針對這個命題已有所申述，下面將再予詳論。在二百五十多年前，休姆就已經注意到這一點了，他說這些規範「並非取決於**特定**人士或大眾自該**特定**人士享有任何特定財物的具體事例上所能獲致的任何特定的利便」(1739/1886: 第二冊, 273)。在採納種種行為規範之前，一般人是預想不到它們會帶來些甚麼好處的，雖然事後有些人會漸漸地發覺，整個規範系統給了他們甚麼樣的人生機會。

因此，我們先前所說的，我們學到的種種傳統幫助我們「在種種不明的情況中進行調適」，這句話必須嚴格地照字面的意義來看待。在種種不明的情況中進行調適，乃是了解一切演化過程的關鍵。例如，現代市場秩序不斷自我調整，以求有所適應的種種事故，其全貌確實不是任何人能知的。在這樣的過程中，每一個人或組織，都在混沌未明的狀況下進行調適，所依據的是一些必然殘缺不全的訊息知識，而傳達這些知識的訊號（例如, 種種價格）則是經過無數人之手連綿而來的，每一個人不斷傳遞出去的都是一些經過他本人變更過的、抽象的市場綜合訊號。儘管如此，**藉助於那些殘缺不全的訊號，整個社羣的活動結構卻得以逐**

步調整，以求適應無人預知，也無人全知的種種狀況，雖然如此之調適從來未見完美。然而，此種調適方式卻是該結構（秩序）得以存活下來的條件，也是利用此種調適方式的社羣，所以能夠存活，並且繁榮的原因。

任何着意經心規劃的模式，都無法取代前述那種適應莫明的自律過程。引導導人們走上這種調適途徑的，既不是他們的理智，也不是他們天生「自然的美德」，而完全是環境逼迫所致，完全是因為其的競爭社羣不斷地擴張苦苦相逼，以至於為了自保，他們不得不順從競爭社羣偶然於早些時候開始奉行（因而得以相對擴張）的那一套行為規範所致。

如果社羣活動的結構秩序真的是由我們經心建立起來的，或者它真的是服從我們的意思控制的，則不管我們面對的是怎樣的活動結構，只須請教一般人，即可了解為甚麼他們有那樣的互動結構。然而，事實卻是，許多專門在這方面從事研究的人士，甚至在歷經數代的努力之後，仍然覺得要解釋這些事情非常困難，而且對於某些特定事件的種種原因或其後果無法有一致的意見。經濟學的一個奇特任務便在於昭示人們，對於在想像中他們有能力設計的那個東西，他們真正的了解是多麼地微乎其微。

幼稚的心靈所能想到或認識的秩序，僅限於刻意安排而成的秩序。因此，對於這種心靈而言，「在複雜的情況下，將活動決策分散由許多人負責，能夠更有效地形成秩序，並且在莫明所以的情況中進行調適，而且權力分散確實也可以擴大整個秩序實現各種潛在性的能力」，如此這般的命題是不可思議的。然而，權力分散確實使得更多的訊息與知識被納入活動決策之中。這就是我們反對營造理性主義的主要理由。基於同樣的道理，只有在支配各種特定資源運用方式的權力，可以在許多有權人當中隨意重組分配的條件下——個人自由與個別財產的制度滿足此一條件——分散於眾人身上的知識，才可能被充分地利用。

在任何個人所擁有的特定知識當中，有許多除非他本人能夠運用在自己的決策上，否則就絕不可能被利用到。沒有人能夠將他本人所知的全部傳達給他人知曉，因為有許多他自己能夠運用的知識，只在他本人準備採取行動的過程中，他自己才想得到。這種知識只在他自己隨緣主動從事特定工作時才會被觸發出來，例如，他自己能夠取得的各種物資的相對稀少性便是這樣的知識。只在隨緣行事的過程中，每個人才會發現自己尋找的方向，而在市場過程裏，協助每個人發現自己的追求方向，便是其他許多人對他們自己所處的環境（機緣）所作的種種反應。我們所關心的整個問題，不光僅限於如何利用既定的知識，還包括如何在各種情況下，儘可能地將值得探索的知識挖掘出來並予以利用。

時常聽到有人反對財產制度，說它是自私的，因為它只對擁有一些財產的人有利，而且因為他們認為它確實是被某些人「發明」出來的。他們說這些人在取得某些個別的財物之餘，希望保護那些財物以獨佔其利益，因而想出了財產制度這樣的點子。盧梭對財產制度的憎恨，以及他之所以控訴我們的「枷鎖」是剝削、自私的利益集團強加在我們身上的，所根據的無非就是前述的那些想法。然而，該想法卻沒考慮到我們現在全部的生產量之所以這麼大，完全是因為透過個別擁有的財產在市場上的自由交易，我們才能夠運用廣泛分散的、有關種種特定事物的事實知識，使個別擁有的資源得到更有效率的重組分配。盡我們人類所知，只有市場這一種方法可以提供訊息給每個人，讓他因而能夠在其直接熟悉的各種運用資源的方式當中，判斷何者最為有利；如此運用各種資源，不管他本人是否有意，他都滿足了某些寥遠的陌生人的需要。如此運用資源而被納入、利用的那些廣泛分散的知識，其之為分散的知識是**本質上**無可改變的事實；因此它們根本不可能被搜集在一起，傳達給某一負有設計和創造秩序之責任的權威機構。

因此，個別財產制度絕不是自私的制度，它也不是，也不可能是為了方便擁有財產的人去宰制他人被「發明」出來的。相反地，對一般人而言，財產制度是有利的，因為有了它，支配生產活動的權力才從少數人的手中轉移至形成延遠秩序的那個市場過程；那些少數人，不管他們怎樣自我吹噓，所知終究極為有限，而市場過程卻可以使眾人的知識全部得到充分的運用；因此，它帶給無財產者的利益幾乎是和有財產者所得到的利益不相上下。

此外，在財產制度的法律規範下，為了讓**每一個人**都有自由，毋須每一個人都能夠擁有一份財產，只需要**許多人**能夠個別擁有財產即可。就我個人來說，我寧可選擇無財產而居於一個其他許多人擁有財產的國度，也不願意居住在一個所有的財產都「集體擁有」，也都由某一權威機構支配運用的國度。

對於前面的辯解，仍然有些人覺得不服，他們挑戰它，甚至詆毀這樣的辯解乃是特權階級遂行自私的藉口。有些知識分子只有能力想到變數有限的因果過程，譬如，他們在物理學的領域裏學會怎樣解釋的那些過程。他們輕輕鬆鬆地就説動了多數的勞動者，大家一起相信，直接利用了廣泛分散的種種機會和不斷變動的各種相關事實知識的，是個別資本家種種自私自利的決策，而不是市場過程本身。整個按照市場價格計算成本以決定產銷和僱用的過程，有時候甚至被說成是資本家們想出來的一種迂迴策略，目的是要掩飾他們剝削勞工的真相。但是，此種反駁的言語完全迴避了我們所鋪陳的論點和事實：**如果資本家真的能夠掌握到社會主義者假設存在**（而且是資本家操縱市場所需）**的那些客觀事實，則社會主義者希望用來取代資本家的經理人當然也同樣可以掌握得到。**然而，事實卻是，那些客觀的事實根本不存在，因此任何人都掌握不到。

第三，**有兩種知的能力必須加以分辨，一種是知道遵循或運用某些行為規範的能力，另一種是知道事物真假的能力**（這一點曾被許多不同的學者以不同的方式提出，例如賴爾〔Gilbert Ryle〕就曾以「知道做」〔knowing how〕和「知道說」〔knowing that〕來區分這兩種知識〔1945-46: 1-16, 及 1949〕）。遵循某些行為規範的習慣也是一種能力，而這種能力和知道自己的種種行為將會有哪些效果的能力完全不同。這種行為的能力應該得到我們正確的認識，它是一種讓我們得以契合或適應某種結構秩序的技巧，儘管我們自己對於該秩序的種種可能演變幾乎毫無所悉。大多數人畢竟能夠意識到，並且調整自己去適應許多不同的行事秩序，儘管他們不能解釋其所以然或用言語描述那些秩序。就此而言，一個人究竟對他所認識到的種種事件會作出甚麼樣的反應，絕非必然完全取決於他知道自己採取的行動將會有甚麼樣的後果，因為我們一般人通常沒有，也不可能有那種完全的知識。如果我們實際上不可能有那種知識，則堅持我們**應該**有那種知識便毫無意義。即使我們對於行為的後果能有所知，充其量也只是一些殘缺不全的有限知識；如果我們真的只信賴那些有限的知識，一切作為都唯它是賴，則我們的生活處境必然只會更艱難，更困乏。

> 在我們的腦海裏或心靈上預先想好某種秩序或結構形相，然後實際求取之，不僅**不是**獲得秩序的好方法，反而是一種次等的方法。預先想得到的秩序形相必然永遠只是整個實在系統中的一小部分而已，因為任何心靈只不過是那個實在系統的一小部分，它所反映的只是那個較大系統的某些面貌而已。就好像人類的頭腦永遠不可能完全理解自己的頭腦那樣（見 Hayek, 1952: 第八章 66 至 86 節），任何個人的那個頭腦也不可能解釋或預測一大羣人的頭腦互動而產生的結果。

第四，自化的秩序有一非常重要的特點，此即，**該秩序乃是許多人根據各自不同的知識、個別追求自己的目的所化生而成的；因此，絕不可能有一個評定各種目的之相對重要性的共同尺度與之相對應。**

這一點所觸及的邊際效用問題非常重要，我們將延後於第六章詳加討論。不過，這裏頗適宜概略地探討另一個相關的問題，此即，延遠的秩序所允諾的（角色或個性）分殊或差異（differentiation）究竟有些甚麼好處。自由的一個涵義就是可以和他人不同 —— 每個人都可以在屬於自己的範圍內追求自己的目的；另一方面，一切秩序(不單是人類生活的秩序)也都必須以構成秩序之分子各有不同之性質為前提。此種分殊也許僅限於各分子的時空位置不同而已;但,除非各分子的差異超出此種範圍,否則它們所構成的秩序也就沒有多大的意義。秩序之所以可欲,並不在於每一樣東西(或每一個人)都各自在其定位,而在於產生捨此即無的新力量。有秩序的程度——秩序所創造或授予的新力量會有多大——主要取決於分子的多樣性而非每一分子都有其時空定位。

前述道理的例證到處可見。例如物種演化的過程。在各種生物當中,人類的嬰幼時期之延長現象是獨一無二的。此一現象怎麼會得到演化過程的青睞呢?這是因為延長嬰幼時期允許人類培養出非常不同的個體,從而大大地提升人類文明演化和人口增加的速度從生物學的觀點而言,人類個體間的差異也許比某些馴養的動物(特別是犬類)來得小。但,每個人出生之後都歷經一段很長的學習階段,讓自己在所處的環境中得到調適,並從孕育自己的傳統中吸取形形色色的精萃點滴。部分由於先天的秉賦與性向使然,主要則由於自傳統吸收了不同的點滴所致,每個人的技能乃千差萬別;這種情形有利於分工發展與形成延遠的秩序。此外,整個傳統所蘊含的智慧是如此無比的複雜,遠非任何個別的心靈能夠單獨地承受與運用;除非有許多不同的個體去吸取傳統中各不相同的部分,否則傳統的傳承就不可能完整無缺。個體分殊化的最大好處就在於它使社羣更有效率。

個體之間的差異使社羣協作所產生的力量得以人於個體加總的力量。羣力協作使某些與眾不同的才能得以發揮作用,設使每一個體都被迫獨自去追求生存,那些特殊的才能必然湮沒無聞。有些人因為特殊化而得到自由發展的機會，憑着獨具一格的貢獻，他們自己不僅能夠糊口，有時候甚至超越他人對社會的貢獻。洪堡德曾有一名言被穆勒引用載入《羣己權界論》(*On Liberty*, 或譯《論自由》) 的首頁，他說人類文明之基礎在於「豐富多樣之人性得到個別高度的發展」(human development in its richest diversity)。

在此一分殊化的過程中，知識所扮演的角色非常重要 (也許是最主要的)；不過，這種知識絕不是任何個人所擁有的那種知識，更不可能是某個專事指揮的超級頭腦所擁有的那種。居於關鍵地位的知識來自於某種實驗性的互動過程，是數以百萬計、廣泛分散、各自不同，甚至互相矛盾的個別信念或意見相互溝通與激盪而形成的結果。也因為如此，人類所展現的智慧之所以愈來愈高，與其說是由於每個人個別的知識愈來愈豐富，不如說是由於某些程序允許人類不斷地將到處分散，而且各異其趣的特殊知識加以匯整所致。同樣的程序更進一步產生人類秩序，並且提升他們的生產力。

因此，多樣分殊的發展是促成人類文化演進的一個重要因素。對於他人而言，一個人的價值大部分來自於他和別人有所不同。秩序的重要性與貢獻因為個體的多樣性而益增，而較大的秩序則反過來強調成分多樣化的價值，於是人類合作的秩序乃可以無限地延伸。如果這裏所說的並非實情，例如，如果人人都是一樣的，而且也都不能讓自己變得跟別人不一樣，那麼分工協力的好處就微乎其微了 (或許身處異地之各人間的分工例外)，而且所形成的秩序也不可能產生可以稱道的力量，所涵蓋的範圍也相當有限。

總之，必須是各不相同的個體才有可能自由地聯合起來，形成複雜的合作結構（或秩序）。此外，諸個體聯合起來所形成的東西，其性質和每一個體皆不相同：它不只是諸個體的簡單加總，而是某種結構，在某些方面類似有機體（organism），但在其他更重要的方面卻又不同。

第五，**在這一切的理性辯難之餘，仍然有人不斷地呼籲應該限制每個人的行動，每個人只許經心地追求一些已經確知和觀察得到，並且對他人也有利的目的；然則這種堅持的根源何在呢？**我認為一部分的根源在於小社羣生活那種本能的、謹慎的小格局倫理觀（例如，崇尚團結一致和利他主義）至今仍然殘留。在小社羣生活的情況下，人人親身相互熟悉，而大家共同理解的行動目的則完全是針對某些看得見的同伴需求。我先前曾經說過，在延遠的秩序裏，團結一致和利他的行為只有在某些次級團體中才有可能出現，而且即使出現也是有限的〔譯者按：不可能有時時刻刻完全團結一致或完全利他的次級團體〕；要求每一個成員必須和他人團結採取一致的行動，或任何行動都必須對事先可以確定的某些人有利，對於秩序中眾成員力量的協調非常不利。在分工合作的大社羣裏，大部分成員們的生產活動已經超出任何個人所能直接觀照的範圍；一旦如此，則食古不化地遵循天生本能的利他衝動，事實上會阻撓更為延遠之秩序的形成。

就勸人為善的角度來看，一切道德系統當然都讚揚利他的行為；但真正的問題卻是怎樣實現利他的目的。徒有善意是不夠的——我們都知道善意鋪成的是甚麼樣的一條路。利他主義認為每個人凡事都必須確定對特定之他人會產生可觀察到的有利的效果；此一行動指導原則不僅不足以形成延遠的秩序，甚至和它不能並存。然而市場的道德〔譯者按：指對個別財產制度與契約的尊重〕卻着實引領我們每一個人行善於他人；我們不是因為有了這種道德而有意地行善於人，儘管如此，我們每個人卻因為奉行這種道德而採取了某種行為，而這種行為恰好對他人有益。延遠的秩序克服了個人的無知（因而讓我們每個人在無知的情況中調適自己，關於這一點先前已有討論），它達成徒有善意辦不到的事——因為有了它，我們個人的種種努力，就其效果而言，着實是利他的。

在一個利用廣泛分工所帶來的較高生產力而實際存在的秩序裏，個體不再能夠知道自己的努力實際上滿足了哪些人或應該滿足哪些人的需要；他也不可能知道，自己的行為對於那些消費他所參與生產的產品的陌生人，會有甚麼影響。在這種情況下，要他在工作之際奉行利他主義，在他本人而言，根本是行不通的。至於即使我們因為他的那些動機最後畢竟對別人有益，而仍然能夠稱之為利他的，我們也該注意，他的那些動機之所以終究對別人有益，不是因為他的目的在於（或他有意）對別人的某些具體需要提供服務，而是因為他遵守了某些抽象的規範。就此一新意而言，我們所謂的「利他主義」和本能的利他主義大不相同。行為之善惡不再視它所追求的目的而定，而是取決於它是否遵循某些規範。只要我們遵循這些規範，即使大部分的時間我們致力於謀取自己的生活所需，我們便可以超越自己的具體知覺範圍而行善於他人（遵循這些規範絲毫無礙於我們利用額外賺來的任何餘錢去做一些親身看得到的善事，以滿足自己本能對於行善的渴望）。若不是因為社會生物學家們有系統地誤用「利他的」這個形容詞，我們剛才所說的一切原本是顯而易懂的。

要求限制個人的行為，只允許個人着意追求一些確知對他人有益的目的，這樣的要求另外有一個來源在此也值得討論。有些人之所以有這樣的主張，不僅是由於他們尚未掙脱古老蒙昧的本能，也是由於做此主張的知識分子獨有的那種癖性——有這樣的癖性雖然情有可宥，但難免要自食惡果。知識分子特別希望知道他們自己所謂的「思想成果」(brain children) 將來會被別人用到哪裏去。他們對於自己的理念將來會遭到甚麼命運，關切之情非常熱烈。因此，若和體力勞動者之於其實質產品相比較，知識分子更不願意放棄控制自己的思想成果。這種不願意放棄控制的心理，經常促使某些受過高等教育的人士不願投入形形色色的交易過程，因為在這些過程中，他們看不見全部的工作目標，而整個工作情形唯一**可以確定的**結果 (如果會有結果的話) 也許只是讓他人獲得利潤。勞動者通常不關心他的體力工作究竟滿足了哪些人的哪些需要，因為他不假思索地認為，如果真的有人在乎那個問題，那也是僱主的分內事，與他本人無關。不過，話説回來，在綿延不斷的知識傳統裏，由許多知識分子相互切磋所獲得的**產品**當中，個別知識分子的貢獻比之勞力者更難以定位。因此，愈是受過良好教育的人竟然愈不甘心屈從於一些難以理解的引導過程——例如不甘於屈從市場的引導 (儘管他們大談特談「理念市場」〔marketplace of ideas〕) 就有這樣一個 (也是意想不到的) 結果，亦即，他們偏向於抗拒的那個 (自己不了解的) 過程，恰好是可以讓自己更為有用的過程。他們這種排斥的心理也可以幫助我們解釋，為甚麼知識分子對於市場秩序懷有敵意，以及為甚麼他們會輕易地相信社會主義。如果那些人對於種種抽象和自化的秩序形成類型，在我們日常生活中所扮演的角色有更深入的理解(如果他們稍微對演化論、生物學和經濟學多一點認識，他們毫無疑問地就會有這種理解)，前述的那種敵意與輕信應該會緩和些。然而，在面對這些知識領域的時候，他們經常不想聽，甚至想都不想就否定這個世界上有某些我們僅能抽象地理解其運作方式的複雜事體存在。因為只擁有抽象的一般性結構知識，不足以讓我們有能力一磚一瓦地去「建造」那些複雜的事體(亦即，將我們所熟悉的片段拼湊組合而形成之)，也不足以讓我們有能力去預測它們將以甚麼樣具體的形態存在。充其量，這種抽象的知識只能告訴我們，在甚麼樣的一般化條件下，這許多秩序或系統將會自化地形成，而有時候我們也許知道怎麼樣去創造那些條件。這一類問題，對於慣於處理類似複雜現象的化學家而言，乃極其平常的事；然而對於習於以少數可觀察事件的簡單關聯模式去解釋一切事物的科學工作者而言，就不然了。結果便是，後者總是經不住會以泛靈論的觀點去解釋遠為複雜的結構，將之視為某種設計的結果，進而懷疑在此種設計的背後有某一秘密、不可告人的巧妙作手——也許是統治「階級」的某種陰謀——雖然實際上到處都找不到這些陰謀的設計者。這樣推論的結果反過來又強化他們原來的想法，讓他們更不甘心將自己的產品交由市場秩序全權處理。對一般的知識分子而言，自己只不過是隱匿的市場力量的一個工具而已的那種感覺，幾乎無異是一種人身的屈辱，儘管此種市場力量不具有任何人格。

顯然他們從來沒有想到，那些被懷疑隱身幕後操控一切的資本家們，實際上本身也是某一不具有人格之過程的工具，和懷疑者一樣，也不知道自己的行為的最終影響與用處，所不同的是，資本家們在整個結構秩序當中，所關心的事件層次較高，因此所關心的範圍也較廣。此外，對於某些知識分子來說，光是想到他們自己的〔譯者附加：高尚的?〕目的是否能夠得到滿足，還得倚賴資本家這一類只關心手段〔譯者按：例如，金錢〕的人的所作所為，就可以令其作嘔三日了。

五、知識範圍外之秩序化生

英語不幸少了一個既通俗而且意思也和德語的 "Machbarkeit" 一樣的字眼。我有時候覺得也許應該創造一個意思相當的新英語名詞 "makeability" —— "manufacturability" 就不太適當(而我慣用的「營造主義」〔constructivism〕一詞，若以 "constructable" 代之，則完全不能盡意)—— 用來形容我們在本章和上一章一直面對、檢查與反駁的那個觀點：亦即，任何憑藉演化而產生的任何事物，如果人類有意攬在自己身上來做，憑其聰明靈巧的本事可以做得更好。

那種觀點是禁不起考驗的。因為事實上我們之所以能夠在知識的範圍之外促成任何秩序，唯一的方法是創造某些一般化的條件，**使我們無法知道的那些東西自化形成秩序。**有時候，我們處理有關物質環境的一些問題，藉助於自然界的自律力量，確實可以讓我們達到目的；但，如果硬要我們刻意安排自然界的各種分子以形成我們希望看到的秩序，這時就成不了事。例如，當我們啟動製造晶體或某些新化合物的過程時，我們遵循的正是剛才說過的那個智慧(參見上一節以及附錄三)。在化學和生物學的領域裏，尤其是後者，我們對種種自律過程的倚賴愈來愈深；我們能夠創造讓這些自律過程順利運作的條件，但我們卻不能決定任何特定的分子的命運或位置。就此處特定的意義而言，大部分的化學合成物都不是「可以被建構的」(constructable)，因為我們無法親自將構成化合物的諸分子擺在適當的位置，而創造出我們所要的東西。我們所能做的只是，誘導那些分子自化形成我們所要的化合物。

為了要讓我們觀察不到的種種個人行為得到協調，我們也必須遵循類似的程序，讓某種過程得以順利運作。為了誘使某些抽象的人際關係結構得以形成，我們首先必須借助於一些非常一般化的條件，然後放手讓每一個人在較大的秩序結構中尋找適合自己的位置。對於這種過程，我們所能提供的協助，頂多是把關的工作，亦即，只允許遵守必要規範的人進入這種過程。即使是把關的工作，我們的能力也將隨着我們想促成的結構的複雜性而愈來愈有限。

如果有個人發現自己身處某一延遠的秩序當中，而且發現自己只知道貼身的環境，對其他則一無所知，這時他不妨試試看我在這裏給他的忠告。他也許必須不斷地朝向自己親身看得見的範圍之外進行探測，嘗試和那個建立、並且維繫整個秩序的資訊溝通網路搭上線(而這樣的網路也正是由於每個人都如此嘗試才得以建立的)。事實上，延遠的秩序若要保持內部溝通的活力，從而維繫整個秩序而不致於解體，就必須有某種方式讓每個處境不同、能力各異、也許互不相識的成員，不但能夠利用別人特有的知識，而且能夠讓數以百萬計、各不相同、分散各處的知識互動，形成某種體外的(exosomatic)結構。每一個成員於是成為許許多多訊息傳遞鏈的一個環節點，由這些傳遞鏈都得到一些訊號，根據這些訊號，每個人乃能調整自己的行動計劃，以適應他所不知的一些狀況。整個秩序於是可以無限地延伸、擴大；其自發提供的各項資源消息，層面愈來愈廣，完全沒有特定的目的限制，也不專為某些特定目的提供資訊服務。

這樣的溝通過程有一些重要的層面，我們已討論過；例如，我們討論過市場過程裏的種種價格，必然而且不斷地會有所變動。因此，這裏我們只需附帶強調，除了協調當期的貨品與服務的生產與供應之外，同一套傳統與慣例，也為將來預作準備；它們的效果不僅展現於區域間的秩序，而且也展現於跨時段的秩序。在傳統與慣例的引導下，種種行為不僅配合發生於遠方的其他行為而發，而且也配合個人死後才會發生的一些情況而動。唯有以鄙棄道德而沾沾自喜的人，才會根據「過了那麼久之後，我們都已經死了」這樣的理由，來為某些政策措施辯護。因為唯一得到綿延與發展的社羣，就是那些慣於為子孫(以及個人也許無法及時見到的後代)預作準備的社羣。

有些人憂患於市場秩序的某些效果，以致於無法領會現代世界的大部分有這樣的一個秩序，是多麼難能可貴與奇妙的一回事。在市場秩序的世界裏，我們看到有數以億計的人在變動不居的環境中工作着，多半為他們不認識的人提供生存物質，而他們同時也發現，自己預期得到同樣陌生的人提供種種生活所需的財貨，並非純然是夢。即使時機再困難，｜之八九的人們也會發現，他們的預期終究是正確的。

這樣的秩序，雖非十全十美，而且有時候也不見得有效率，但它能夠比任何人類刻意安排、擺佈無數分子進入既定的「適當」位置而造就出來的秩序，延伸得更遠。這種自化的秩序之所以有些缺陷與無效率之處的，也多半是因為缺乏智慧的人為干預所致；那些干預有時候試圖扭曲或阻撓生成秩序的機能的順利運作，有時候則是妄想改進該機能運作結果的一些枝節而弄得治絲益棼。這些干擾自化秩序的種種嘗試所獲致的結果，極少合乎人們的主觀願望，因為決定這種抽象秩序之具體內容的那些特定事實，為數之多遠遠超過任何負責干預之組織的認知能力範圍。在這樣的秩序裏，難免會因有些人遭遇不幸而產生一些不平等。然而，如果我們因為同情機緣不幸者而刻意地干預秩序，以求彌平隨機之不平等，則整個秩序的運作必然視被干預的程度而受到或多或少的傷害。如果我們能夠克制本能的同情衝動，允許隨機之不平等存在，則就同樣幸運或不幸的人而言，在純然自化的秩序裏，個人的機會與成功的可能性都將比其他秩序所能提供的更為寬廣，也更大。

六、不可能被知者，怎樣不可能被規劃取得

經過前面兩章的討論，我們到達了甚麼地方？盧梭對於個別財產制的種種質疑，不僅是十九世紀社會主義思想的基礎，而且還繼續左右本世紀一些偉大的思想家。甚至像羅素這樣了不起的人物，竟然也受其影響，以致將自由說成是「沒有任何障礙阻撓我們實現自己的希望」(Russell, 1940: 251)。至少在東歐的社會主義制度顯然陷入經濟困境之前，那些唯理主義者普遍認為，集體計

劃經濟制度不僅可以實現「社會公平」(請參見後面第七章)，而且也可以更有效地運用各種資源。這樣的想法，乍看之下似乎很有道理。但它畢竟忽略了我們剛才回顧過的一些事實：集體經濟計劃設想運用的那個全體資源，**任何人都不知道它在哪裏**，因此根本不可能被集中控制。

事實儘管如此，社會主義者卻仍然無視於種種的困難，依舊妄想將千千萬萬個、個別不同的抉擇拼湊在一起，納入一個共同的「計劃」秩序。歷經文明演化而流傳下來的道德傳統，對於延續人類文明的貢獻，就在於它克制了我們好些本能的衝動。但，自從盧梭以後，人類本能的衝動反而被認為就是「道德」。目前區隔某些倫理與政治哲學流派和經濟學的壁壘，就在於人類本能與道德文明傳統之間的對立。我的意思不是說，凡是經過經濟學家確定為有效率的事物必然都是「正當的」，而是說經濟分析能夠闡明好些過去被認為正當之例行的益處——這些例行之為有益，不是任何不願意見到人類因為現代文明崩潰而受苦或死亡的哲學觀點所能否認的。因此，空談種種「社會主義」的理論而對於其經濟後果則採取大而化之的態度，乃是一種完全不顧他人死活的態度。然而，在社會主義已有了七十餘年的實際經驗之後，我們今天仍然可以相當篤定地說，在實際嘗試過社會主義的東歐與第三世界以外的地區，大多數的知識分子依舊面不改色地漠視好些經濟學的教訓；面對社會主義每試必敗、每次都不能按照其思想領袖的構想來運行的事實，他們從來不願意去想其中或許必有緣故。從蘇聯，然後古巴、中國、南斯拉夫、越南、坦桑尼亞，以至於尼加拉瓜等等一連串似乎永無止境的「烏托邦」，那些知識分子不斷地追尋心目中真正的社會主義社會，不斷地將那些社會理想化，然而也不斷地失望；這個徒勞而無功的經驗應該可以讓每一個人想到，社會主義的思想也許在某些地方不符合某些客觀的事實。這些事實首先由經濟學家在一個世紀多以前予以闡明，但時至今日，唯理主義者依舊對其不聞不問。對於後者來說，沒有任何超越歷史情境而存在的事實，也沒有任何事實會絕對地阻礙人類慾望的滿足。他們以如此唯理的否定理念為榮。

在唯理主義盛行的氣氛中，卻也有些人延續孟德維爾、休姆和亞當・史密斯的傳統去研究經濟學。由於他們的努力，我們逐漸對於市場過程有所了解，也益發相信社會主義很難取代市場過程。市場過程的那些好處是如此地違反理性的預期，以致於只有經由分析市場本身自化形成的過程，我們才能追溯地解釋它帶來的種種好處。只要去分析市場自化形成的過程，便可發現在個別財產制度之下，由於資源分散由許多人掌控，所產生和運用的知識比資源集中控制所能掌握和運用的還要多。在任何集中控制的體制下，若想在權力核心立即能夠知道的範圍之外，憑恃核心下達的指令實現秩序與控制，就必須違反事實地假設：那些能夠評量種種具體可見或潛在資源的基層地方經理人員，**也**能夠隨時被告知那些資源有怎樣變動不居的相對重要性，而且能夠即時將有關這些資源的全部精確的細節傳達給核心權力機構，讓後者能夠根據其他地方傳來的種種不同的具體資訊及時下達指令，告訴他們應該怎樣使用地方上的資源——當然，在獲得和傳達前述的資訊方面，每一個地方的基層經理人員都有着類似的困難。

我們一旦知道這樣的一個中央集權計劃機構所承擔的是甚麼

樣的一種任務，我們自可了解它下達給各地方的指令，根本不可能將地方經理人員認為重要的資訊納入考慮；那些指令只可能由某些人或部門，根據本身所掌握的綜合資源，統計資訊直接會商決定；而這些清楚界定的統計資訊，顯然無法顧及種種地方性或局部性的差異。在理論的層次上描述市場過程的場合（提供此類理論性描述的人，通常沒有支持社會主義的意思），有一個習慣性的假設，大意是說，解釋市場過程的理論家能夠知道一切有關的事實（或「參數」）。這個純屬虛構的假設，不僅把市場過程的關鍵全部湮沒掉了，還竟然產生種種奇怪的迷霧，繼續掩護各式各樣的社會主義思想，讓它們歷久不衰。

延遠的經濟秩序是，而且也只能是，經由一種全然不同於中央集權控制的過程而形成的 —— 那是一個演化而成的資訊傳達過程，它雖然不能讓我們無限地傳達種種有關特定事實的具體訊息，然而卻允許我們傳達好些個別特定情況所共有的某些抽象性質，例如競爭性價格，而這些抽象性質必須被引導至相互契合的地步，整個經濟才會有秩序。參與這個資訊傳遞過程的人們，利用這些抽象的性質（或競爭價格），傳達了種種個別支配的財貨或勞務的有效替換比率或當量。不管是為了滿足某些特定的個人需要，或為了直接或間接取得滿足需要的手段，各種不同的財貨或勞務的某些數量也許竟然是相同的，是可以相互取代的。這樣的一個資訊傳達過程竟然存在的事實，確實已夠令人訝異的了，更不用說它是經由文明演化的選擇而形成的，完全沒有人為刻意的設計；然而就我所知，從來沒有人嘗試駁斥這個自化形成的說法，也沒有人懷疑這種過程實際存在 —— 除非我們認為，像「中央計劃當局也有辦法得知一切相關的事實」這樣草率的陳述，也是某種駁斥或否定。（有關這裏的論述，讀者可以參考 Babbage〔1832〕，Gossen〔1854/1889/1927〕，Pierson〔1902/12〕，Mises〔1922/81〕，Hayek〔1935〕，Rutland〔1985〕，和 Roberts〔1971〕等人關於經濟較量的討論。）

事實上，所謂「中央控制」全然是一個糊裏糊塗的想法。目前沒有，而且從來也不可能有過獨自運作指揮的心靈存在，而將來也永遠是由各種會議或委員會之類的一羣人，負責各種事業的計劃指導工作。雖然個別的成員為了説服其他成員，偶爾會説出自己之見解所根據的一些具體的消息，但委員會所做成的結論，通常不會是以共同的知識為基礎的。委員會的結論通常來自於各成員的見解相互契合，而見解契合並不表示各個見解所根據的資訊是一模一樣的。事實上，個別見解所根據的資訊經常互不相同。任何成員所提供的每一點消息，通常會讓其他成員想起一些其他有關的事實，而後者所以會知道那些事實有價值，則完全是因為他聽到別人提起自己未曾與聞的一些相關事實。這樣的資訊傳達過程〔譯者按：此係指會議〕仍是一種將分散的知識予以利用的過程（就此而言，它模擬市場交易過程，不過，由於少了競爭，而且因為方便各成員推卸責任，它非常沒有效率），而不是一種將個別成員的知識予以匯整的過程。每一個成員傳達給其他成員的，主要是本身根據自己對於議題的認識而得到的那些結論；至於本身之結論所根據的一些獨特的理由，他能夠傳達給其他成員的，終究非常有限；此外，即使是審度同一個客觀的事物狀態，每個人的主觀條件或背景也很少真的是一樣的——至少當我們所考慮的是延遠秩序的某一部分，而不是一個可以孤立自足的團體時，情形就是如此。

在一個延遠的經濟秩序裏，如果沒有競爭市場價格的引導，單憑事先刻意的規劃，是不可能會有「理性的」資源配置的。最好的例子也許是流動性資本的配置問題。當期的流動性資本供給量應該怎樣運用到各種生產活動上，才能使最後的產出增加呢？基本上，這個問題的關鍵在於，決定當期生產出來的生產性資源當中，有多少應該節省下來為比較遙遠的將來預作準備，而不是用來滿足現時的需要。亞當・史密斯很早就知道這個問題的本質。在談到流動性資本的擁有者個別所面臨的問題時，他說：「他的資本究竟能夠應用到哪一種他所經營的事業？應該怎樣運用，所獲得的產出才可能最有價值？每個人的週遭環境自己最為熟悉。因此，很顯然的，自己對這些問題所下的判斷，會遠比任何偉大的政治家或立法委員能夠幫他下的判斷來得優越」(1776/1976: 第二卷, 487)。

假設在某一個延遠的經濟體系裏，有一個最高的指揮機構，正在思考如何運用整個體系中可供投資的資源。如果我們是那個指揮當局，便會立即發現一個難題。此即，沒有人知道可供當期使用的資本總量確定是多少，雖然大家都知道那個量是有限的，因為如果實際投資的數量多於或少於應該投資的數量，就必然會產生種種商品與勞務供需失調的後果。在最高當局的指揮之下，那些供需失調是不會自動調整修正的，它們所顯現的現象是，某些當局的訓令實際上不可能被執行，而所以如此，也許是因為所需要的物資不在該在的地方，也可能是因為某些當局所提供的原料或設備，由於缺乏必需的輔助資源（工具，原物料或勞力），以致形同廢物而不堪使用。投資時必須考慮的那些各種各樣的量，沒有一樣是經由調查或衡量種種「已知」的物體就得以確定其多寡的；對於每一位考慮投資的人而言，每一種量的大小，隨着別人種種可能的選擇而起伏不定，而別人的選擇則視當時他們個別所掌握的知識而定。（事實既是如此，任何人都不可能確定可供投資的資本數量究竟有多大。）唯有讓每個人自主地交互作用，資本數量究竟有多大的問題，才可能會有一個近似的答案；在那個交互作用的過程中，每個人究竟積極審度那些特定事實，傳出甚麼樣的訊息，完全視當時客觀的條件所影響的種種市場價格而定。透過這樣一個交互作用的過程，假如投資者加起來用於為遙遠的未來需要預作準備的那部分流動性資源，大於人們的儲蓄意願，則將會有些甚麼事情發生就取決於那個可供投資的「資本數量」究竟有多少而定。此處之儲蓄意願係指人們節省下來不用於當期消費，而用於增加未來生活保障的那部分當期產出。

了解資訊（或有關特定事實之知識）傳遞所扮演的角色，是任何想了解延遠之秩序者必經的一個進門階。很不幸的是，資訊傳遞涉及一些非常抽象的問題。對於接受唯力機械主義、科學萬能主義和營造主義洗禮而服膺它們所教誨的理性規範的人而言，那些抽象的問題特別不易理解。前面提到的那些學術教條，是我們現在教育體系裏的主流思想。接受這些思想的人通常也不懂生物學、經濟學和演化理論。老實說，我自己在〈經濟學與知識〉(Economics and Knowledge, 1936/48) 一文得到首次突破之後，也經歷了一段很長的時間，才能夠成功地說出資訊分散的理論。在那一段時期內，我先認識到〈競爭是一種發現事實知識的過程〉(Competition as a Discovery Procedure, 1978: 179-90)，後來又發表了一篇名為〈強不知以為知〉(The Pretence of Knowledge, 1978: 23-34) 的論文。我之所以認為自化形成的秩序優於中央計劃作成的秩序，所根據的正是資訊分散的理論。

(謝宗林譯)

第六章　貿易與貨幣的神奇世界

一、對商業世界的鄙視

憎惡市場秩序，並不完全是因為認識論、方法論、理性和科學等方面出了問題。另有一個更為幽眇隱晦的原因。若想了解此一原因之由來，我們必須走到相對較有理性的領域背後，深入探索某種更為古老，乃至更為神秘的東西；亦即，我們必須探索社會主義者討論（或原始人類遇到）商業活動、貿易和金融機構時，流露得特別強烈的那些態度與情感。

貿易與商業活動，通常講究私密性的消息，以及特殊或個別的知識，而金融機構更是如此。例如，在商業活動當中，輸贏的不只是商人一己的時間和氣力，而特殊的消息則可以讓他在特定的買賣事業當中，判斷自己的競爭優勢和風險大小。有關特殊情況的知識，只有在藉助於它，可望取得某些利益，以彌補它的成本的時候，才值得費力去求取。如果每一位商人都必須將自己如何取得價廉物美的貨品的秘方公諸於世，好讓所有的競爭對手都能夠即刻模仿他，那麼幾乎任何買賣就都不值得他來做，從而也就不會有貿易所產生的那些利益了。此外，許多有關特殊情況的知識是說不清楚的，有些甚至說不出來（例如，企業家看好某項新產品的那種預感），因此，不管動機如何，根本就不可能將這種知識公諸於世。

當然，任何行為若不是遵循事先充分標明，而且大家都知道的知識——亦即，若不是依照馬赫（Ernst Mach）所謂的「摸得到也看得到的」（observable and tangible）知識來進行，便是違反了前面討論過的唯理主義的那些標準。此外，觸摸不到的東西往往也遭人懷疑，乃至為人所懼。（在此順便一提，對於有關貿易的一些事實與條件感到害怕的人，也不僅限於社會主義者〔雖然別人感到害怕的理由，稍微不同〕。「當我們想到在遠隔重洋的彼端，人們所歷經的辛苦和危險，想到我們必須飄洋過海，想到我們必須忍耐天差地別的氣候煎熬，想到我們必須感謝許多陌生國度的協助，此時我們心中浮現了一幅最可怕的景況」，即使孟德維爾，面對着它也覺得「悚然」〔Mandeville, 1715/1924: 第一卷, 356〕。當我們知道，我們對於一些一無所知或無法掌控的他人行為，有很深的倚賴時，不管我們硬着頭皮參與或膽怯規避，不會覺得神經緊張才怪！）

自古以來，而且無分國籍，這種懷疑和恐懼使得一般人以及社會主義者認為，貿易不僅是有別於實質的生產活動，不僅是徒然造成混亂的根源，不僅可說是一個方法上的錯誤，而且也是可疑的、低級的、不老實的和不要臉的。自有歷史以來，「商人便是被普遍鄙視與咒罵的對象……，只有骨子裏就不老實的人才會低價買進而高價賣出……。商人的行為違反了小圈圈人類相互提攜的行為類型」。（McNeill, 1981: 35）我記得霍佛（Eric Hoffer）曾經說：「對於商人的敵意，特別是讀書人對商人的敵意，和有文字記載的歷史一樣的古老。」

對待商業活動的這些態度，形成的動機眾多，表現的形式各異。早期商人在社區裏通常被孤立起來。遭遇此種命運的，也不只是商人而已。有些手工藝業者，特別是鐵匠，因為農夫和牧人們懷疑他們精於巫術，通常只有落戶於村外的份兒。工匠們畢竟憑着「神秘的伎倆」使得一些物質發生了變化，不是嗎？如果說工匠的伎倆神秘，則商人更是何止千百倍，因為商業的世界完全在一般人的感知與理解範圍之外。就改變商品的價值這一點而言，商人從事的好比是玄之又玄的轉化工作。同樣數量的東西怎麼可能有更大的力量滿足人類的需求呢？那些似乎是變出這種把戲的商人所置身的世界，不是一般人看得到、都認同或都理解的日常生活秩序。因此，商人們也就絲毫得不到一般人的尊敬，以致毫無地位。在古希臘，情形就是如此，甚至像柏拉圖和亞里士多德這樣的公民都瞧不起商人，雖然他們活着當公民的那個城市，憑着貿易鼎盛而取得了當時世界的領導地位。後來，到了封建時代，商業依舊得不到尊重。當時的行商和專業工匠們，至少在少數幾個小鎮的外圍，還可以仰賴舞刀弄槍當捍衛道路者，而求得人身與貨物的安全。當時只有在職業武夫的保護之下，貿易才得以發展，那種職業的成員靠的是他們在體力上的好本事，因此得以享有高級的地位與生活水準。即使後來條件開始有些變化，但，在封建勢力殘存，未受到資產階級反對，或未受到組成自治城市的貿易中心挑戰的地方，反商的態度依舊徘徊不去。因此，直到上個世紀末，我們還聽說在日本「賺錢的人幾乎是沾染不得的賤民」。

商人的活動通常真的是蒙在一層神秘之中。如果記得這一點，則排斥商人的心理就更容易理解了。從前所謂「各類行業的種種神秘」(the mysteries of the trades) 指的就是某些人利用他人沒有的知識而得利；而商人的知識則是神秘中的神秘，因為它通常涉及傳說中的國度，和一些也許是可惡的奇風異俗。「從無生無」的箴言也許已不再列位於科學的殿堂（見 Popper, 1977/84: 14; 及 Bartley, 1978: 675-6），但一般人對它仍然深信不移。沒有創造出任何實質的，而只是將已經存在的東西予以重新安排的行動，居然「無中生有」增加了可供利用的財富，總是帶有巫術的味道。

有一個強化種種反商偏見的因素經常被忽略了，這個因素涉及需要使用或展現體力的活動，亦即，和「額頭上的汗水」這樣的聯想有關。體力本身，以及體力平常運用的各種工具或武器，不僅是看得到的，而且也觸摸得到。即使是本身欠缺體力或工具或武器的人，大多也不會覺得它們有何神秘可言。需要體力的工作本身，以及從事這種工作的能力，不必等到封建時代來臨，就已經普遍被認為是美德的象徵，而且是享有崇高地位的資格。這種態度是人類歷經部落生活之後，遺留下來的本能之一，在農夫、牧人、戰士，乃至治理家務和手工藝業者等人的身上保全得很完整。一般人看得到農夫或工匠怎樣用力工作，而使得種種看得到的日用品增多了——一般人根據這些眼熟的原因，也能夠理解各人在財富與權力方面的差異。早期人類由於競爭領導地位和各種技能比賽（參見附錄五），而熟悉各種用來測試肉眼看得見的體能優劣方法，因此，體能競爭很早就得到認識與尊重。然而，一旦既非「公開」又非看得見的知識介入競爭，亦即，當多數競爭者沒有而且似乎永遠也不能具有的知識，是決定勝敗優劣的一個因素時，原來熟悉與公平的感覺一下子便消逝了。知識介入競爭於是便威脅人羣的團結和諧，妨害某些共同目標的追求。當然，從延遠秩序的角度來看，這種反動心理無非是自私心作祟，要不，也許是一種奇怪的社羣自私主義（group egotism），認為社羣的團結一致，比各成員的福祉來得更重要。

十九世紀時，這樣的心態仍然很顯著。例如，當卡萊爾（Thomas Carlyle, 此人在上個世紀的文藝界很有影響力）說「唯有工作是高貴的」時候（1909: 160），他明明白白所指的便是需要體能的，乃至粗重的工作。對他來說，和馬克思一樣，勞力才是財富真正的來源。這樣的見解也許目前正逐漸式微。雖然我們仍舊本能地珍視優越的體能對生產力所作的貢獻，然而實際上體能貢獻所佔的比重已經愈來愈小了，甚至在目前人類生產活動中，所謂能力（power）通常指的是，法律上的權利而不是實體的力量。我們當然還需要有一些身強力壯的人手，但他們畢竟只是種類愈來愈多，而成員則愈來愈少的各種專門人才當中的一種而已。只有在仍舊過着原始生活的人羣當中，身強力壯者還居於優勢地位。

然而，不管實際的情況如何不復原始，以物易物和其他形態較為複雜微妙的交易活動、各種活動的組織管理工作，以及為追求利潤而調動商品等等，至今仍舊不一定被認為是**真正的工作**。對於許多人來說，實質的生活必需品和奢侈品的供給量多寡，對看得見的實物製造過程的倚賴程度，竟然小於對調動商品（從而改變其相對數量與主觀價值）的過程的倚賴，是一項難以接受的事實。也就是說，市場過程雖然涉及一些實質的東西，但就調動商品這點來看，（不管理論上能夠說些甚麼或實際上是否真的如此）一般人就是看不到它增加了實質商品的數量。這個傳遞訊息的作用非常重要，然而，那些耽於機械化和科學萬能主義思考習慣的人，卻都沒有注意到它。他們誤以為，有關各種實質物品的一切事實訊息都已在掌握之中，而且沒有考慮到各種物品的相對稀有性，對於商品價值有決定性的影響。

此處涉及一個反諷：經常被當作是唯物主義者而受到抨擊的，竟然正是那些不是以真正唯物主義的概念來思考各種經濟事項的人；亦即，那些不是根據物理的數量概念，而是根據人對物品的主觀價值判斷，來思考比較，特別是根據利潤（此即成本與價格之間的價值差異）比較而採取行動的人，反而被罵為唯物主義者。正是因為一心追求利潤，所以他們在活動過程中，才不去考慮每一個他們所認識的人對於種種具體物品的需求數量，而且也才使得他們和無數他們所不認識的人能夠一樣設法，對總合的產出作出個別最佳的貢獻。

此處也涉及經濟學中的一個謬誤，一個連孟格的弟弟安唐・孟格（Anton Menger）也曾傳播過的謬見，此即，「整個勞動的成果」主要來自於體力付出。雖然這個謬見的歷史非常悠久，但，談到散播它的責任主要該由誰來負，穆勒的排名也許是數一數二的。他在《政治經濟學原理》（*Principles of Political Economy*, 1848,〈財產論〉〔*Of Property*〕，第二部，第一章，第一節，見《作品集》〔*Collected Works of John Stuart Mill*〕，第二卷：260）裏寫道，雖然「生產財富的那些法則和條件，有着和自然界的真理一樣的性質」，但財富的分配卻「純粹是人類制度上的問題。東西一旦在那裏，人類便可以照他們喜歡的方式，個別或集體地予以處分」，他進而推斷「社會能夠命令此一財富分配，符合它想像得到的任何規則」。穆勒在這裏以為財富之大小，純粹是一個工程技術的問題，和財富如何分配無關，他因此沒有注意到，財富之大小乃取決於人們如何利用眼前的種種機會，而這個如何利用的問題卻是一個經濟問題，而不是一個工程技術問題。我們的財富之所以像現在這般大小，是因為我們有現在這樣的「分配」方法，亦即，有現在這樣的方法來決定各種價格。究竟有多少財富可以由大家來分享，端看我們依據甚麼原則，組織了我們的生產活動；也就是說，在一個市場經濟體系裏，財富之大小，取決於決定價格和分配的那些原則。「東西一旦在那裏」，我們便可以隨心所欲地處分它，乃是一個不折不扣的謬見；因為除非衆人在取得他們各自的那一份財富的當兒，同時發出了各種價格訊息，**東西就不會在那裏。**

另外有一個謬見。和馬克思一樣，穆勒完全將市場價值看成是人類行為的結果，而忽略了市場價值也是人類行為的一種原因。稍後當我們說明邊際效用理論時，讀者就會明白這個見解是如何地不正確，而且也會明了穆勒宣稱「在價值定律的領域裏，不會再有新的問題，等待這一代或將來的任何作者來澄清了；鑽研價

> 值的理論工作至此已全部完成」(1848，第三部，第一章，第一節，見《作品集》，第二卷：199-200) 是多麼的荒唐。

不管商品買賣（貿易）是否被當作是真正的工作，它透過腦力付出而不是體力付出，不僅給個人，而且也給集體帶來了財富，則是不容否認的事實。光是讓物品在眾人之間轉個手，確實就可以讓每個參與者所享受到的價值都增加，亦即，某人因買賣而得利不一定表示他人就得遭殃或被剝削，然而，一般人的直覺卻很難掌握這個事實。為了緩和大眾的懷疑，福特（Henry Ford）時常被提出來當作是個例子，說明追求利潤的行為如何嘉惠一般民眾。這個例子確實很有啟迪的作用，因為在這個例子裏，任何人都可以清清楚楚地看到，一個企業家怎樣下定決心，想直接滿足某一個大家都看得出的大眾需要，以及怎樣由於他的種種努力終於達到目的，而成功地提高了大眾的生活水準。但，光只有這個例子是不夠的；因為生產力增加所造成的種種效果，通常太過於間接以致於無法那樣明白地點出來。例如，改進螺絲釘，或線材，或窗用玻璃，或紙張等等的生產方法，所產生的種種利益，散佈的範圍將是非常的廣泛，以致於一般人能夠感知到的因果關係，就遠非那樣的明確具體。

由於前述種種的緣故，許多人即使不把種種相隨貿易的腦力成就歸因於巫術，或即使不把它們當成是詭計戲弄或誆騙詐欺所取得的成果，卻也依然不當回事地看輕那些實在是了不起的成就。在他們的眼裏，自貿易得來的財富，較諸狩獵或捕魚時碰上的運氣，更沒有任何看得見的德行或功勞（亦即，更沒有因體力付出而該得的成分）可言。

然而，如果說這種「重新組合」所產生的財富，只是讓一般人覺得迷惘，那麼商人搜尋各種商情的活動就真正讓人大啟疑竇了。對於包含在貿易裏頭的運輸部分，通常一般門外漢多少會有些了解，至少經過耐心的解釋和論述之後，他們可以了解，運輸對於生產是有些貢獻的。例如，對於「貿易只是將現成的東西搬來搬去，而別無其他作用」的看法，我們只需指出，有許多東西是有人將四處分散的東西集中組合起來才做成的，便可以輕輕鬆鬆地予以糾正。散處各地的那些東西，它們的相對價值，不是取決於構成它們的物質成分，其個別有些甚麼樣的性質，而是取決於（在需要它們的地方）它們**一起出現**的相對數量。因此，原材料和半成品的貿易，是許多最終產品增產的先決條件；有些東西若不是從遠地取得了某些（數量也許非常少的）材料，就根本不可能被生產出來。某地的資源用於生產某樣產品，究竟能夠生產出多少來，也許就取決於，是否能夠自地球的另一頭取得極小量的某種物質（像是水銀，或磷粉，或乃至某種觸媒）。所以說，沒有貿易，就不可能有有形的生產活動。

然而這種貿易生產力，乃至這種只是將各種物資湊合起來的過程，還有賴於經常不斷地有效搜集四處分散，而且變動不居的資訊。這個理念就不那麼容易讓一般人了解，儘管對於已經了解（由各種物資在各地的相對稀有性資訊所支配的）貿易怎樣創造與引導有形的生產活動的那些人來說，它是那麼地顯而易見。

人類厭惡商業買賣的傳統從來未曾間斷過。延續這種傳統態度的主要力量，也許只不過是出於單純的無知和抽象思考方面的困難。然而這種態度卻和（人類很早就有的）對於陌生事物的恐懼混雜在一起。對於巫術和不正常的事物感到害怕，乃至害怕去知道，可以追溯到我們人類的起源，而且也已經在《聖經・創世紀》的前幾章裏，在人類被逐出伊甸園的故事中，留下了難以磨滅的記錄。一切迷信，包括社會主義在內，都奠基於這種恐懼的心理。

二、邊際效用與總體經濟學的對立

這種恐懼也許威力強大，然而卻是毫無來由的。商業活動當然不是真的無法理解。在前面幾章我們已經見識過，現在的經濟學和一些生物科學對於種種自行組織的過程（self-organizing processes）已有很好的説明，而且在上面第二和第三章，對於某些自行組織的過程的歷史，以及它們對於人類文明的興起與擴展的影響，我們也已勾勒出一個理性重構的部分梗概（請參見 Hayek, 1973）。

交易是有生產力的；它確實增加了人類利用資源所得到的滿足。文明之所以如此的複雜——而貿易之所以有如此的生產力——就是因為活在文明世界裏的人們，有着千差萬別的主觀世界。表面上看起來很矛盾，眾人千差萬別、目的各自不同這樣歧異多樣的情況，較諸眾人齊一、萬眾一心，或由黨中央主控，竟然可以產生更大的力量、更普遍地滿足人類的需求。而且也同樣矛盾的是，所以有這種較大的力量，就是因為歧異多樣，讓人類掌握了，也運用了**更多**的資訊。只有將市場過程分析清楚，才能夠穿透、化解這些表面上的矛盾。

價值增加——這是交換或貿易行為的關鍵——真的不同於我們的感官觀察得到的數量增加。「價值增加」這一類事情，不是支配物質世界的那些定律所能解釋的，至少不是唯物主義與機械觀的理論模型所能解釋的。價值指的是某項物品或行動滿足種種人類需求的那個潛力。若想確定它的大小，只有一個辦法，那就是透過交換，讓每一項物品或服務取代其他物品或服務的(邊際)替代比率(或當量)相互調整，直到對每一個人而言都相等的地步。價值不是物品本身的某種性質或某種物質特徵，價值不是獨立於物品與人的關係之外，而是此種關係的一個面相，這個物與人的關係面，讓人人在決定如何運用種種各自擁有的物品時，能夠考慮到那些物品，對於別人也許有更好的用處。價值增加的現象，只出現在有人為目的的場合，而且也只有在那種場合，才有意義可言。很早以前，孟格就說得很明白(1871/1981: 121)，價值「是判斷，是追求生活滿足的人們，對於他們有權處分的種種東西，所下的一種判斷，判斷它們對於他們的生命與幸福有甚麼樣的重要性」。每一樣東西滿足許許多多獨特的個人當中的某些人的某些需要的能力，是變動不居的，經濟價值表達的就是這種變動不居的能力。

每個人所追求的種種目的，都有他自個兒獨特的先後次序。我們自己的目的次序，極少有旁人能夠知道，甚至連我們自己也不能說是十分肯定。數十百萬個人，人人的處境各不相同，所擁有的與所期望的也都不相同，能夠得到與利用的厚生知識也不相同；而且各自對於他人究竟需要些甚麼特定的東西，彼此幾無所知，而每個人則只想到如何達成自己的目的偏好；然而透過種種的交易系統，這些不可勝數、互不相識，而且各自為政的個人行為卻得到了協調。當人人因交易而彼此調適，一個未經設計，而且也比任何人為設想來得複雜的系統於焉形成；而源源不斷被生產出來的那些商品與服務，對絕大多數參與交易的人而言，恰好滿足了他們種種的行為預期和目的。

對於種種不同的目的，人人衡量評定的先後次序彼此不同，然而因為為了獲得滿足，這些目的共同競爭種種物資，於是便產生了一套（對每個人而言都一樣的）衡量評定種種物資價值高低的次序。（為了和目的本身或最後的價值次序有所區分，我們有時候將如此評定的物資價值稱作反射的或中間的價值。）因為大致上每一項物資可以用來滿足許多重要性不等的目的，而各式各樣的物資或滿足目的的方法，通常可以相互替代，所以種種目的的最後價值，便在單一的一套物資價值次序上——此即種種的物資市場價格——得到反映，而這一套價值次序則取決於各種物資的相對稀有性，以及物主交易它們的可能性大小。

由於真實的情況，要求種種特定的目的跟着它不斷地進行調適，而滿足一定的目的，又需要有某些一定的物資，因此目的的價值次序和物資的價值次序，注定要依不同的方式與速度在改變。許多評定個人最後目的的價值次序，雖然不同，終究較為穩定，但人們努力生產的種種物資，它們的相對價值卻往往會有種種意想不到的波動，這些波動無人能夠預知，而且對於大多數人而言，波動的原因也是無法理解的。

因為目的的價值次序是相對穩定（也許反映許多人心目中那種固定不移或「永久的」價值觀），而物資的價值次序則是波動頻頻，所以有許多理想主義者就更珍惜穩定的目的，而鄙視變動不居的物資。侍奉變動不定的價值次序，也許真是會讓人大倒胃口。也許根本就是這個原因在作祟，才使得對於最後目的最為在意的那些人大鬧彆扭，想盡辦法要讓那個允許他們對自己的目標作出最大貢獻的機制，不得順利運行。人們為了達到自己的目的，大多必須追求一些，無論對他們自己或別人來說，都僅僅是手段的東西。也就是說，每個人大都必須致力於一長串相關活動當中的某個活動，經過許多指向不同目的的中間步驟之後，它終究會在某一遙遠的時刻與地方，有利於滿足某一不知名的需要。在大多數的情況下，每個人能夠知道的，僅僅是市場過程對其直接產品所評定的價格。例如，致力螺絲生產過程當中的某一個環節，任何人是不可能因此而有絲毫的理性依據，供他確定他所生產的東西將會（或應該）在何時、何地或以何種方式滿足何人的需要。即使有再多的統計資訊也無法幫他決定，在許許多多可能的用途當中，他的產品（或其他類似的項目）應該用來滿足哪些用途，或不應該用來滿足哪些。

另外有個因素也助長讓人覺得，物資的價值次序（亦即，市場價格）是通俗或粗鄙的。那就是種種物資的價格，顯而易見地，對每一個人來說都是一樣的，而每個人各自不同的目的價值次序，卻是獨特鮮明，而且很有個人色彩的。我們藉由展示自己特定的偏好，或顯露自己比別人更有品味，來證明我們有個性。然而，必須提醒讀者注意的是，我們全靠市場價格，告訴了我們各種不同物資的相對稀有性，我們才能夠像目前這樣，達成了許多我們所追求的目的。

在延遠的秩序裏，這兩種價值次序表面上的矛盾，顯得相當突出。在那裏，大多數人的謀生方式，是生產物資供某些自己不認識的人使用，而他們也同樣從另一些自己不認識的人的手上，取得種種物資來滿足自己的需要。於是，物資的價值次序變成是唯一大家共同的價值次序，而且因為各種物資通常可以彼此替代，任何一項物資的重要性（或價值），便不完全取決於正在使用它的那些人主觀上認為它產生了甚麼效果，或是它有多重要。此外，每一樣物資總是有許多形形色色的人，為着林林總總的目的而需要它，因此我們不知道別人拿了它之後，究竟當作甚麼具體用途（所以也就不知道他認為它有多少價值）。〔譯者按：換句話說，對每個人而言，各種物資的市場價值都不是最後具體的價值。〕物資價值的這種抽象性質，讓一般人覺得它是「人為造作的」或「不正常的」價值，因此也是它被鄙視的原因之一。

這種令人困惑，乃至令人驚異的現象，首次被人發現迄今才不過將近一百年。傑逢斯（W. S. Jevons）、孟格和華爾拉斯（L. Walras）首先針對此一現象進行研究。隨着他們的研究被發揚光大，特別是由於追隨孟格的奧國學派的努力，而形成經濟理論中所謂的「主觀」或「邊際效用」革命，這種現象的正確解釋乃逐漸地傳播開來。倘若還有人覺得前面幾段文字，讀起來有些陌生乃至有些困難，那只表示這場革命當中最基本與最重要的一些發現，尚未得到大家的注意。最重要的發現之一是，經濟事實是不能拿一些先前發生的事實當作決定性因素來加以解釋的。正是由於此一發現，前述那些革命性的思想家，才能夠將經濟理論統一起來，成為一個首尾連貫的系統。雖然古典經濟學，或所謂「古典政治經濟學」，對於一般競爭過程，以及國際貿易如何整合若干個別國家而形成國際合作秩序的特定問題，早已有些可取的分析。但，只有邊際效用理論才讓我們真正了解，需求與供給是怎樣決定的，各種產品的數量又怎樣隨着人們的需要而調整，以及人人互動、彼此調整而產生的（種種物資）稀有性指標如何（回過頭來）引導每個人參與互動的過程。於是，我們才了解整個市場過程可以看作是一個特別的資訊傳遞過程，它讓我們享受得到，而且也利用得到，種種我們自己個別無法取得，乃至無法想像的資訊與技巧。

通常我們說某種物品或某一行為有其效用（utility），是指它可以用來或多或少地滿足某些人的需要而言。同樣的一件物品（或行為）對於不同的人而言，其效用大小不等，這一點現在看來是這麼顯而易見，然而不可思議的是，曾經有許多一本正經的科學家，居然將效用當作是物品本身的一個客觀、不變，乃至可以量化的性質。不同的物品對於不同的人而言，其相對效用儘管可以區分，但這絲毫不表示有任何絕對的效用數量可供比較。而且，儘管對於每個人個別願意分擔多少成本，以取得種種不同的效用，我們大家也許會有一致的看法，但這並不表示會有所謂「集體的效用」這種東西存在：它頂多是個比喻，而實際則和「集體的心智」一樣不可能存在。此外，儘管我們大家偶爾會同意，某樣物品對於他人的重要性大於（或小於）對我們自己的重要性，這也不表示個人之間的效用有任何所謂客觀的比較。

說真的，就一定意義而言，經濟學想要解釋的活動，不是有關物質現象而是有關人的活動。各種經濟價值都是針對某些現實物質的某種意義解讀，其觀點特別着重在個別的情況下，種種物質是否適合用來滿足某些人的需要，以及適合程度的大小。因此，我們也許可以將經濟學（我現在比較喜歡稱之為交換學〔catallactics〕；見 Hayek, 1973）看成是一種**後設**理論（*meta*theory），亦即，經濟學所研究的對象，本身就是一些理論所構成的，因為人們對於自己應該怎樣去挖掘和利用各種物質手段、怎樣做才能最有效地達成各種目的，所懷抱的那些看法，本質上就是理論。在這種情況下，難怪有些自然科學家對於類似的論述會覺得陌生，或覺得經濟學家比較像哲學家而不像「真正的」科學家。

邊際效用理論雖是一項重大的發現，然而它自始即未曾得到應有的重視。在英語世界裏，最早闡明這個理念的傑逢斯不幸早死，而他的追隨者當中唯一稱得上傑出的威克史蒂（P. H. Wicksteed）卻又俗務纏身；另外，也由於當時的學術泰斗馬夏爾不願放棄穆勒的立場，致使傑逢斯的理念在他死後就被長期冰封起來。同時提出這個理論的奧地利學者孟格就比較幸運。孟格有兩位才氣縱橫的學生（龐 - 巴衛克〔E. von Böhm-Bawerk〕和威塞〔F. von Wieser〕）繼承他的志業，建立了一個學派傳統，發揚他的理念，逐漸使得一般稱之為「奧國學派」的現代經濟理論得到普遍的接受。它強調各種經濟價值的「主觀」性質，提出了一個新的理論典範，解釋種種未經設計的人羣互動結構怎樣產生的道理。然而，在過去四十年間，這個理論的種種貢獻卻因為「總體經濟學」的崛起而蒙上一層陰影。後者試圖，在各種設想可以量化的實體或統計變量之間，尋找某些因果關係。我承認這些關係偶爾會有那麼一點**若隱若現**的機率成立，但它們肯定不能解釋產生它們的種種過程（或機制）。

由於幻想總體經濟學不僅本身健全而且有用（總體經濟學廣泛使用數學，一定讓許多欠缺數學訓練的政客大為歎服，因而助長了這種幻覺；其實，在職業經濟學家手中，數學是最接近魔術戲法的東西），目前主宰政府與政策發展的許多見解，對於諸如價值和價格等等經濟現象的解釋，仍然相當幼稚。他們將經濟現象看成是無關人類知識與目的的「客觀」現象。企圖這樣去解釋經濟現象注定要失敗，更不用說領略得到，市場和貿易具有協調廣大人羣進行生產活動時不可或缺的功能。

> 在數理經濟分析的領域裏，已經悄悄混進了一些不好的習慣，時常連訓練有素的經濟學者也給誤導了。例如，數理經濟學者習慣以「基料」(data) 或「給定的」(given) —— 有時甚至以「給定的基料」(given data) 這個贅詞 —— 來指說「現存的知識狀態」和市場參與者所擁有的資訊。這個習慣時常讓經濟學者以為這種知識，不僅分散由不同的個人持有，而且有某一個心靈可以全部掌握到它。這個不當的假設讓我們看不到，競爭是一種發現事實知識的過程。數理經濟分析想要解答的市場秩序「問題」，對任何一位市場參與者來說，其實都不是問題，因為決定市場秩序的那些事實情況，沒有人能夠全知；真正的問題不在於如何運用全部完整**給定**

> **的**知識，而在於設法使得不是，也不可能由任何人單獨掌握的知識，仍然能夠按其支離破碎而且四處分散的原貌，被許許多多互動的個人加以利用——這個問題不屬於市場參與者，而是屬於企圖解釋參與者行為的理論家。

創造財富不是一個只涉及物質的過程，它也不是一個單向的因果關聯過程。它不是取決於某一個人所知的，而且客觀的物質事實，是取決於千差萬別、被數百萬個人分別擁有的資訊，這些資訊沉澱在種種的價格裏，透過價格引導眾人個別採取進一步的行動。當市場告訴某個企業家，某一特定的買賣方式更有賺頭時，他若照着做，那麼不僅他自己的利益，而且他對市場總供給量的貢獻（按其他大多數人所採用的單位來計算），都會比他有能力做到的其他方式更大。因為這些價格讓每個市場參與者知道種種稍縱即逝的情況，而這些情況正是整個市場分工賴以進行的關鍵：種種資源彼此轉換（或「替代」）的實際比率，不管這些資源是用來作生產其他商品的投入，或直接用來滿足某一特定人的需要。為着進行分工，人類全體有多少數量的種種物資，甚至是一個不相干的問題。種種物資實際存在的全部數量，不用說沒有人知道，而且即使知道了，這種「總體經濟」變量事實上對任何人而言，也沒有用處，甚至會被濫用出毛病來。任何將各種組合的商品數量，化約成單一商品數量的作法都是錯的。就種種人們目的觀點而言，不同的商品是否可以視為相等，取決於人們的種種認識；只有在我們將各種物質數量折算成經濟價值之後，我們才能夠開始估計這些總體的東西。

對於總體產出有決定性影響，以及主要決定各種數量的因素是，那些數以百萬計、個別知道一些特定資源的市場參與者，如何在不同的地方與時間，利用各種不同的方式，將種種資源結合起來，生產出各種不同的商品——在這許多不同的可能性當中，若非市場價格指出種種資源相對的稀有性，光看個別的可能性本身，是無法判定那一種可能性是最有效或最好的選擇。

李嘉圖（David Ricardo）所發現的比較成本原理（principle of comparative costs）是一個重要的里程碑，通過它可以了解相對價格在決定最佳資源利用方式上所扮演的角色。米塞斯（1949: 159-64）認為該原理應當被稱為「李嘉圖的協作原理」(Ricardian Law of Association)，此一觀點相當正確。只有種種的價格關係才能讓企業家知道，那一種行業在甚麼地方的收入會大於成本支出，而且有足夠的利潤，值得他動用有限的資本去從事經營。價格和利潤指標指引他邁向一個他自己看不見的目標——滿足遠方某些素不相識的消費者的需求。

三、知識分子欠缺經濟知識

了解貿易以及解釋相對價值的邊際效用理論，非常重要。如果對它們毫無所悉，那麼就很難理解目前這麼多人類生命所倚賴的這個合作秩序。每一個受過教育的人都應該熟悉這些東西才是。然而，由於知識分子看待這些事物時，一向秉持的那種一概鄙視的態度在作祟，真正了解這些事物的人並不多。因為邊際效用理論所澄清的事實 —— 亦即，**個人自由選擇**如何利用自己個別的知識與技巧，以及自己決定要對滿足社羣的需要作出甚麼樣的貢獻，可能變成每個人責無旁貸的任務 —— 對於原始的心靈、流行的營造主義者，以及公開的社會主義者而言，都是同樣的陌生。

如果有人說這個理念標誌着個人的真正解放，我會覺得一點兒也不誇張。由於有了個人主義精神的開展，才會有人類高等文明所憑藉的技巧、知識與勞力等三方面的分工。目前已有一些經濟史學者，例如布勞代爾 (Ferdinand Braudel, 1981-84)，開始了解現代延遠的秩序、現代科技，以及我們人類目前的數目之所以可能存在，乃是因為被鄙視的掮客不斷地追求利潤。按照自己的認識與決定、做自己想做的事，而不是隨着社羣的精神，跟着大家一起走，是一種自由，也是一種難得的能力；這種能力與自由都是我們人類智能發展的結果；可惜的是，我們的感情態度老是跟不上我們的智能發展。這裏，我又要舊調重彈了。在原始的社羣裏，儘管對於他們所尊敬的領袖的一言一行，一般人也許會不經思索地以為有高瞻遠矚的知識作根據，然而，對於他們當中那些看不出有甚麼努力付出，卻能夠比其他努力工作者得到更多財富的平民，他們是死也不會承認其中的差別就在於有無一定的知識的，而且他們甚至會怨恨，知識使得有些他們當中的平民能夠「不勞而獲」。隱匿或利用優越的認識，以求取個人或私人的利益，至今仍然被一般人認為是不怎麼正當的，或至少不是很「體恤左鄰右舍」的行為。這些非常原始的情緒反應仍舊屢見不鮮，儘管人類文明早就演化到唯有透過專業分工的方式才能夠取得，並且運用各種五花八門的資訊時代了。

這種情緒性的反應，目前對一般人的政治見解與行動，也有不良的影響：它阻撓人類發展出最有效的生產結構，同時助長人們對於社會主義的幻想。對於人類所賴以生存的物資供給，貿易與生產的貢獻事實上是難分軒輊的。然而，人類卻鄙視前者而過度強調後者。這樣的情況免不了會扭曲一般人的政治態度。

對於貿易功能的無知，起初導致對於貿易的恐懼，及至中古時代，導致盲目的貿易管制。直到不久之前，這種無知才逐漸獲得啟蒙，然而，現在它卻以一種假科學的形式重新復甦。這種形式的無知，助長技術官僚的氣焰，進而任意干預操縱經濟，此種干預操縱當然終歸失敗，然而這種失敗卻導致不分青紅皂白的現代人，更加不信任「資本主義」。貿易遭到誤解的情況已經是夠糟的了，然而如果和某些進一步擴大人羣合作秩序的過程相比，亦即，和統攝貨幣與金融秩序的機制過程相比，則又差了一截。

四、對於貨幣與金融的猜忌

一般人對於不懂的事物，往往因猜忌而產生厭惡的心理。對於貨幣，以及種種以貨幣為依據的金融機構感到厭惡，便是如此產生的一種心理，只不過因為貨幣與金融是高等文明秩序中最為抽象的機制，所以這種厭惡心也就更為強烈。貿易倚賴貨幣與金融，透過貨幣與金融的媒介傳導，個別特定的交易行為，可以在最遙遠的地方，以最間接的方式，造成種種最為一般化，而且也最不容易理解的影響。合作秩序若要延遠，就必須藉助於貨幣與金融，但，貨幣與金融也將使引導人羣合作的種種機制，覆蓋在一層難以穿透的濃霧之中。一旦以物易物被以貨幣為媒介的間接交易所取代，原本還可以理解的事物便消失不見了，而代之而起的種種抽象的人際互動過程，即使是最有洞察力的人，也無法全盤理解。

因此，貨幣，亦即我們平常所使用的「金錢」，是所有事物當中最難理解的東西，而且它好比是「性」，是最不可理喻的幻想所投注的對象；它就像是「性」那樣，同時令人陶醉、令人迷惘，以及令人排斥。討論貨幣的文獻，也許比討論其他任何單一主題的文獻，都要多上許多。然而，很早以前就有人宣稱，沒有別的主題，即使包括愛情在內，曾經驅使更多的人瘋狂；稍微熟悉貨幣類文獻的人，一定可以了解此人的心情。聖經上說，「貪財是萬惡之根」(〈提摩太前書〉〔I Timothy〕, 6 章 10 節)。但，對於金錢**既愛又恨**的心理，也許更為常見：金錢是自由最有力的寶貝，同時也是最為邪惡的壓迫工具。此一最廣泛流通的交易媒介，在一般人的心中，全面喚起了一種焦慮不安——那種因為置身於無法理解的過程而有的不確定感，而一般人對此又是愛恨交加，因為他們熱切地渴望得到此一過程的某些效果，但，對於其他與這些可欲的效果一起到來、不可分割的效果，卻又恨之入骨。

然而，貨幣與信用系統的運行，就像語言或道德那樣，是一種自化的秩序，而解釋這種秩序的理論，又是最不容易求得圓滿。因此，貨幣專家們至今仍然對一些重大的問題爭論不休。

有些這方面的專家甚至已經認命，不再追求圓滿，因為在他們看來，各種細節必然都無法被察覺，而整個秩序又是如此的複雜，以致於如果能夠抽象地說明貨幣秩序據以自化形成的種種原則，我們就應當感到心滿意足；這種抽象的原則性說明，儘管帶給我們很多重要的啟示，卻無法預測任何具體詳細的結果。貨幣與金融不僅讓專門學者感到苦惱。就像對待貿易那樣，而且也大致基於相同的理由，道德家們對於貨幣與金融的猜忌也是沒有一刻鬆懈的。貨幣與金融好比是萬能工具，誰掌有了它，誰就有力量，能夠以最不着痕跡的方式，實現或影響最多種類的目的。對於這個萬能的工具，道德家有許多猜忌的理由。第一，雖然一般人一看就明白許多別的財富項目被用來做了些甚麼事。但，我們通常無法分辨使用貨幣究竟給自己或別人帶來甚麼具體的影響。第二，即使在某些情況下，貨幣所造成的影響可以分辨出來，但，此時貨幣雖然可以用來行善，同樣也可以用來為惡。因此，對於有錢人來說，金錢之有用，在於其萬能；然而，對於道德家而言，正因為金錢萬能，所以金錢更不值得信任。最後，巧妙地運用貨幣，以及如此取得的巨大利益，看起來一如商業買賣，和體力付出無關，也看不出有甚麼其他的功德，甚至就像「純粹紙上交易」一語所表達的那樣，毫無實質基礎。如果各種工匠因為改變了物質形狀而令人驚惶，如果商人因為改變了無形的價值而令人恐懼，那麼運用最為抽象，而且最無實質基礎的經濟制度，造成種種無法分辨之影響的銀行家，會有多令人驚懼呢？於是，整個事態的發展達到了一個頂點，在這個漸進發展的過程當中，具體看得見的目的與手段，逐漸被抽象的概念所取代，被用來形塑種種行為規範，引導我們日常的活動。貨幣與金融機構，似乎不是在可以理解、值得讚佩的實質造化範圍之內，而是在具體幻滅、抓不住的抽象主宰一切的空寂之中。

貨幣就是這樣讓貨幣專家們感到迷惑，同時也讓道德家們感到憤怒：這兩種人都因為發覺，整個事態的發展已經超出了我們能力觀照得到的範圍，以及因為我們已經不再能夠控制我們賴以生存的事態發展順序，而感到震驚。似乎一切都已經超出我們的掌控，以德文來表達則是 “ist uns über den Kopf gewachsen”（大得超過我們腦袋的容量），也許更為傳神。難怪有人談起貨幣，往往措辭強烈，乃至誇張。現在也許還有人，像西塞羅所說的卡托（Marcus Porcius Cato）那樣（《論責任》〔*De officiis*〕, 第二卷: 89），相信借錢取息和謀殺一樣壞。事實上，在古羅馬時代，像西塞羅本人和斯尼卡（Seneca）這些斯多噶學派的追隨者，對於牽涉到金錢的事務，就已採取了頗為諒解的態度。但，對於由市場供需力量決定的貸款利率，目前一般人的看法卻和卡托相去不遠，儘管在引導資本投入最有用的生產活動上，自由市場決定的利率有很大的作用。就因為這種態度仍然流行，所以我們還聽得到，「現金交易關係」（cash nexus）、「不義之財」（filthy lucre）、「貪婪的本能」（the acquisitive instinct），以及「唯利是圖者」（huckster）等等暗含鄙視金錢的字眼（請參見 Braudel〔1982b〕的說明）。

種種的問題並不是多了幾個粗俗的罵名就結束了。就像道德、法律、語言以及各種生物那樣，貨幣制度也來自於自化的秩序，因此，也同樣受到變異與演化選擇過程的淬煉。然而，貨幣制度終究卻是在所有自化長成的結構當中，最不令人滿意的產物。例如，自從基本上含有自動調整機制的國際金本位制，在專家們的指導下，被由政府刻意操縱的「貨幣政策」取代之後，迄今已過了將近七十年；但，很少人敢説，在這段期間中，貨幣制度的運作有任何改進。事實上，根據人類過去的經驗，貨幣確實並不值得信任，但不是因為一般人所設想的那些理由而不值得信任。**而是因為貨幣經歷過的演化選擇過程，比別種制度受到更多的干擾：由於受到政府壟斷貨幣，阻撓市場競爭進行各種試驗的影響，演化選擇機制在貨幣方面，未曾充分發揮作用。**

在政府的照顧之下，貨幣制度已經發展到非常複雜的地步了。然而，在此一發展過程中，由於政府從中作梗，幾乎沒有市場試驗，也很少讓市場自由選擇可能適合它的制度。因此，我們到今天還不太清楚甚麼是好的貨幣，也不知道貨幣可以好到甚麼程度。政府對貨幣發展的干擾與壟斷，也不是最近才開始的：幾乎在鑄幣開始被市場選作普遍接受的交易媒介時，政府的干擾就不斷地發生了。雖然少了貨幣，延遠的自由合作秩序就無法運行，但，貨幣幾乎自始即遭到政府無恥的摧殘，以致它竟然變成延遠的人類合作秩序當中，干擾各種自動調適過程的主要亂源。除了少數幾個幸運的短暫時期，整個政府管理貨幣的歷史，簡直就是一部詐欺和矇騙的歷史。在這方面，已經證實，政府它自己比任何在競爭的市場裏提供各種貨幣的私人機構，都來得更不道德。我曾經在別的地方指出，如果政府不再壟斷貨幣，則市場經濟的潛能也許會有更大的發展空間（Hayek, 1976/78, 和 1986: 8-10）。

無論如何，我們在這裏的主題是，長久以來一般人對於「金錢上的考量」之所以有負面的看法，乃是因為他們不知道，延遠的人羣合作秩序，以及計算一般市場價值時，都少不了貨幣。如果沒有貨幣，則互相合作就不可能延伸到超出個人感覺到的範圍。同樣地，就是因為有了貨幣的幫忙，所以各種合作的機會才擴大到了一般人無法解釋，乃至無法辨識的地步。

五、歸咎利潤與鄙視貿易

在我們這個時代裏，那些有教養的人士（beaux espirts）—— 就是我們剛剛提到的所謂知識分子；在前面幾章裏，我們對於他們也有所論列 —— 對我們這個時代的種種不滿，其實和原始部落裏的那些人所感到的不滿，相差不遠；就是這樣，所以我才把他們的種種主張和憧憬一概稱為隔代遺傳（atavism）。由於受到營造理性主義謬見的蒙蔽，這些知識分子覺得市場秩序、貿易、貨幣以及金融機構等等，最令人火冒三丈的地方，就在於生產者、商人和金融家對於熟人的具體需求漠不關心，而只關心抽象的成本與利潤比較。但，這只是表示，他們要不是忘了，就是還沒有學到我們剛才列舉的那些論點。正是因為關心利潤，所以各種資源才可能被更有效地利用。一心追求利潤的企業，必然會想盡辦法，讓各種可能來自別的企業的潛在支援，發揮最大的生產力。從亞里士多德到羅素，從愛因斯坦到巴西的卡馬拉主教（Archbishop Camara），各式各樣像「為使用，而不是為利潤而生產」這樣堂皇的社會主義口號（自從亞里士多德以後，這樣的口號通常有附帶聲明，說這些利潤是「犧牲了別人的利益」而來的），我們不知道已經聽過多少遍了。但，其實，這樣的口號只是泄露了喊口號者的無知。他們的毛病就在於不知道，在每個人所能取得的知識各不相同，而且任何人都無法匯整、運用全部知識的情況下，整個生產能量究竟是如何反被大幅提高的。任何一位企業家，如果打算提供某些資源，讓別人當作手段，用來生產另一些供另外某些人當作手段，再生產其他資源……——亦即，如果企業家打算提供資源，讓許多**各式各樣的**最終目的得到滿足，那麼他在進行自己的生產活動時，**必須**隨時保持警覺，探測或搜尋目前自己還不知道的資源使用方式與目的。大部分的生產者只需知道各種資源的價格與利潤，就能夠自己設法，讓許多他們不認識的人的需要得到更大的滿足。對於生產者或企業家來説，價格與利潤是探測與搜尋的利器——就好比，對於士兵或獵人、水手或飛行員來説，望遠鏡延伸了他們的視力範圍那樣。市場過程讓大多數人獲得，為了達成各自決定的目的，自己所需的各種物質的與訊息的資源。知識分子自己通常不知道，為了達成一定的結果，應該怎樣着手，才能找到可行的辦法，讓其他目的遭受最小的犧牲。然而，他們卻嘲笑別人關心成本。自己不懂，卻又嘲笑別人實地做事，這種不負責任的行為倒也少見。對於在一些特定的事例裏，有人僥倖獲得的利益，似乎遠超過必須付出的努力，這些知識分子總是感到義憤填膺，以致失卻理智而無法了解，若不是有這種事後看來有點兒僥倖的**機會**存在，就不可能會有人願意去進行各種新的試驗，也不會有新發現。

因此，我們很難相信，任何對於市場有正確理解的人，會誠心誠意地反對別人追求利潤。鄙視利潤要不是出於無知，就是出於某種禁欲主義的態度。這種態度若是出現在自願摒棄財富、依苦修行者的身上，我們也許會給予適當的尊敬；然而，若進而要求限制別人追求利潤，強制別人禁欲苦修，忍受各種匱乏，那麼它和自私又有甚麼兩樣呢？

（謝宗林譯）

第七章　我們的語言中了毒

文字意義漫漶之日，
即是自由淪喪之時。

——孔子

一、文字是行動的嚮導

貿易、移民以及人口的增加和雜處，不只開闊了人們的視野，而且也鬆開了他們的舌頭。商賈們在旅途中不僅免不了會碰到，有時候甚至嫻熟一些外地的語言，而且也必然會仔細推敲一些關鍵性字眼的各種不同言外之意（也許只是為了避免無意間冒犯了接待他們的主人，或為了避免誤解交易的條件）。他們因而注意到，對於某些稀鬆平常的事物，往往有一些新奇的看法。我現在想討論一些和語言有關的問題，它們也和原始社羣與延遠秩序的衝突問題分不開。

所有的人類，不管是原始的或文明的，多多少少都利用語言所標識的各種屬性，將所感覺到的事物加以組織起來。語言不僅使我們能夠將感覺到的種種事物加以標識區分，而且也讓我們能夠按照自己的預期和用意，將各式各樣、數不盡的屬性組合予以分門別類。當然，語言上的標識、歸類和區分，往往有些灰色地帶；更要緊的是，一切語言都摻雜或夾帶了一些既定的背景解讀和理論。誠如哥德所見，我們所謂的事實，實際上全是既成的理論；我們所「認識」的環境其實是我們對它的詮釋。

職是之故，在分析和批判我們自己的想法時，便產生了種種困難。例如，許多被廣泛接受的見解，只是暗含於某些字句當中，從未被挑明出來；因此，它們也就從未有被批判的機會。結果是，語言不只傳遞了智慧，而且也散播了某種難以根除的愚蠢。

每一套字彙不僅有它自己的一套定義與含義，而且有其專屬的語用習慣，因此，當我們想用它來解釋它不習慣於解釋的事物時，便有困難。不僅有時候用既定的術語去描述一些新的事物都不容易了，更不用說去解釋；而且即使只想釐清、改正既定的分類術語也頗困難——那些以我們的感官直覺為根據的分類術語特別難予更正。

這些困難，已經促使某些科學研究者為自己的學科發明了一些全新的語言。有些改革者，特別是社會主義者，也一直面臨同樣的壓力，其中有些人早就倡導應該有計劃地改造語言，以便更能得心應手地說服羣眾接受他們的見解（見 Bloch, 1954-59）。

鑒於上述的困難，我們所使用的字彙，以及許多暗藏於其中的理論，實在關係重大。只要我們使用了基於錯誤的理論而產生的字彙，我們便會製造錯誤而且使錯誤綿延不斷。就此而言，傳統的字彙仍然深刻地影響着我們對於世界以及人際互動現象的觀察，然而傳統的字彙——以及暗藏其中的許多理論和解說——在很多方面卻還非常的原始落後。傳統的字彙大多形成於遙遠的過去，而當時人類賦予其所知所覺的解釋和現代頗有差距。因此，透過語言我們雖然學到了許多，但有些字眼暗含的意義卻也往往使我們步入迷途；因為當我們努力嘗試表達較佳的新見解時，我們用來敍述現象的字眼卻仍然帶有古老過時的含義。

關於這一點，一個很適切的例子便是，有些及物動詞往往讓無生命的客體染上某種類似心智活動的色彩。正如幼稚和混沌未開的人，看到會動的東西就以為它有生命那樣，凡是他想像可以用上「目的邏輯」(purpose) 的地方，他都以為有心智或精神屬性的活動存在。由於每個人早期的心智發展，在某一程度上似乎重複着人類過去的演化歷史，這個事實常使得這裏所討論的問題更為棘手。皮亞傑在《小孩眼中的世界》(*The Child's Conception of the World,* 1929: 359) 一書中寫道：「小孩們開始所見的是一個充滿了目的的世界」。種種事物本身的目的 (泛靈觀) 和這些事物的創造者的目的 (人為觀) 之間的差別，要等他們長大了以後，才會得到分辨。有許多基礎的文字，尤其是那些用來描述種種形成秩序的事件的文字，都帶有心智活動的含義。不僅是像「事實」(fact) 這樣字眼，連「導致」(to cause)、「強制」(coerce)、「分配」(distribute)、「置於優先」(prefer) 和「組織」(organise) 等等，這些在描述種種非人格過程時必不可少的字眼，在許多人的心裏仍然可以激起「實際有人在那裏行動」的想法。

「秩序」(order) 這個字本身就是一個很明顯的例子。在達爾文之前，這個字無論用在甚麼地方，幾乎都被認為隱含「實際有人在那裏安排」的意思。上個世紀初，即使像邊沁這樣有名的思想家都認為「目的為秩序之本」(1789/1887,《著作集》〔*Works*〕, 第二卷：

399）。事實上，在一八七〇年代經濟理論的「主觀革命」（subjective revolution）之前，我們對於人為創造的理解可以說一直受制於泛靈觀。在一八七〇年代競爭性市場價格的引導性功能被了解清楚之前，即使亞當・史密斯的「一隻看不見的手」也只讓我們從泛靈觀的束縛中得到部分的解脱。然而即使是現在，除了法律、語言和市場的科學研究，仍然有許多人文研究部門受制於泛靈觀的字彙。

最重要的一個例證來自於崇奉社會主義的作者。我們愈仔細探究那些社會主義者的著作，就愈加明瞭他們在保存泛靈觀思想和言語方面的貢獻，比在改革方面大得很多。例如，黑格爾（Georg Wilhelm Friedrich Hegel）、孔德和馬克思等人所代表的史觀傳統中，「社會」便是一個人格化了的名詞。在人類思想史上，種種泛靈秩序觀各有其專屬的宗教（和所崇拜的「神」），而崇拜「社會」的社會主義只不過是那些泛靈秩序觀當中最新的一種罷了。雖然時常有人打着社會主義的旗幟反對各種宗教，但這絲毫無損於剛才的論點。社會主義者想像一切秩序都是經過規劃的結果，他們因而推定只需優越分子提出較佳的規劃設計，秩序必可改善。光憑這一點，社會主義就應該在類似伊凡思 - 普利查特（E. E. Evans-Pritchard）《原始宗教理論》（*Theories of Primitive Religion*, 1965）這樣的權威所列的泛靈觀清單中享有一席之地（就此而言，伊凡思 - 普利查特所給的似乎是一個初步的清單）。雖然早在達爾文仍然在世時，思想深刻的克利弗（W. K. Clifford）便有一言，謂「除了在個人獨力能夠有所成就的場合之外，對於受過教育的人來説，**目的**已經不再暗示**規劃**。」（1879: 117）有鑒於社會主義這種泛靈觀威力依舊不減，贊同克利弗的時機現在似乎尚未成熟。

在敍述性歷史和人類學的研究方面，社會主義顯然對於知識分子和學者所採用的字彙還有很大的影響力。誠如布勞代爾所言，「我們當中，有誰沒說過**階級鬥爭、生產模式、勞動力、剩餘價值、相對貧窮化、實際作法、疏離感、下層結構、上層結構、使用價值、交換價值、原始資本累積、辯證法、無產階級專政……？**」（這些字眼多半源自馬克思或因他而廣為流傳；見 Braudel, 1982b。）

這類言語大多不是單純地陳述事實，而是關於所謂事實的成因或其結果的解釋與理論。現代人以「社會」一詞代替國家（state）或強制性組織的語用習慣，也是馬克思的殊榮。當他使用「社會」這字眼時，他實際指的就是國家這種強制性組織。他利用「社會」這個遁辭暗示，我們能夠用比強制手段更溫和，也更親切的引導方法，照我們的意思讓眾人的行為就範。當然，本書所討論的那種延遠、自發的秩序，是沒有能力去「行動」或與任何人「互動」的，正如「某地的居民」（a people or a population）這樣的集合名詞在邏輯上就已排除了行動能力。另一方面，「國家」，或更貼切地說，「政府」（government），這個在黑格爾之前大家慣用（而且也較誠實）的英文字所隱射的權威意味，對馬克思而言，顯然過於露骨；而「社會」這個意義模糊的字眼卻可以讓他有機可乘，迂迴灌輸「社會」統治可以確保自由的謬思。

因此，智慧固然潛藏在文字的意義之中，但是錯誤也一樣。那些我們現在已知是錯誤的愚蠢解釋，和一些不討人喜歡卻又是意味深長、有待挖掘、極為有用的教訓一樣，都經由我們所使用的文字而被保留了下來，不斷地影響我們種種的決定。有個不幸的事實和此處的討論特別有關聯，那就是許多我們用來論述延遠的人羣合作秩序的各種面相的字彙，也帶有種種指謂早期人類羣居生活的誤導意涵。許多構成我們語言的文字有一共同的特性，那就是如果一個人使用它們成了習慣，他就會被語言慣性拉向一些和認真思考問題的結果相左的結論，而那些結論也和科學的證據相衝突。就為了這個緣故，在我寫作本書時，我給自己下了一道禁令，絕不使用「社會」或「社會的」這些字眼（雖然它們有時候免不了會出現於我所列舉的文獻標題或出自他人的引述裏；另外，我在少數幾處也從俗而沒有更動「各種社會科学」或「各種社會研究」這些名詞）。雖然在此之前我未用過這些字眼，但在本章我卻希望去討論它們以及其他作用類似的文字，以便讓一些暗藏在語言——特別是涉及人羣互動與人際關係結構秩序的那部分語言——中的毒素無所遁形。

在本章起頭引述孔子但有些簡化的那句話，也許是流傳至今最古老的一句對前述問題表示關心的話。在我第一次見到時，孔子的這句話之所以有這麼簡略的譯法，顯然是因為中文沒有一個單字（或一組文字）可以表達自由（liberty）的意思。然而該簡略的譯文似乎忠實地表達了孔子對於有秩序的社羣應該有甚麼樣的條件的看法。有關這個看法的全文出現於《論語》（*Analects*, A. Waley 譯，1938: 第 13 章第 3 節，171-2）：「名不正則言不順……則民無所措其手足。」我要感謝牛津大學的侯克斯（David Hawkes），為我過去時常以不正確的譯文引述的那句話，找到了較正確的譯文。

現代人的政治語彙之所以不能令人滿意，大半原因在於那些語彙乃承襲自柏拉圖和亞里士多德。由於欠缺演化的觀念，他們兩人要不是將人世間的秩序看成是，全知的統治機構對固定不變的一羣人所作的安排，不然就是像大多數的宗教和社會主義那樣，將秩序看成是優越分子設計得到的結果。（想深入研究文字對政治思維的影響的人，可以在德孟特〔Alexander Demandt, 1978〕找到豐富的材料。英文著作中，莫里斯・寇含〔Morris R. Cohen, 1931〕討論引喻性語言產生的迷霧，頗有看頭；不過就我所知，有關政治上對語言的濫用，最充分的討論見於修艾克〔Helmut Schoeck, 1973〕的德語著作和薛爾斯基〔H. Schelsky, 1975: 233-49〕。我本人過去也曾研究這方面的一些問題〔1967/78: 71-97; 1973: 26-54; 1976: 78-80〕。）

二、含糊的用語以及諸協調系統間的分別

我們在別處曾經嘗試釐清一些含糊的文字，例如「自然的」與「人為的」、「天生遺傳的」與「教化培養的」等等含糊字彙所造成的意思混淆；而且讀者也許已經注意到，我大抵喜歡使用較冷僻但較為精確的「個別財產」一詞而不用「私有財產」這個比較普通的說法。此外，當然還有許多含糊的字眼與意思混淆，那當中

有些的影響還更為重大。

美國的社會主義者借用「自由主義」以達到刻意混淆的目的即為一著例。熊彼得（Joseph A. Schumpeter）就曾一針見血地指出（1954: 394）：「私有企業制度確實於無意間得到了至高無上的推崇，因為連它的敵人們也認為僭用它的標籤是一個聰明的作法。」同一評語對歐洲的中間政黨也愈來愈適切；英國政壇上的中間黨就叫作自由黨；而在西德，自稱為自由的政黨則毫不猶豫地公開與社會主義分子結盟。正如我在二十五餘年前曾經感歎過的那樣（1960,〈跋〉），格雷史東型（Gladstonian）的自由主義者現在宣稱自己是自由派時，幾乎無法避免給人「他也相信社會主義」的印象。其實也不是最近才這樣——早在一九一一年哈柏浩司（L. T. Hobhouse）就以《自由主義》（*Liberalism*）為名出版了一本其實應該定名為「社會主義」的書，之後不久他果然出版了一本名為《社會公平要義》（*The Elements of Social Justice*）的書（1922）。雖然「自由主義」一詞的意義變化有重大的影響（這個變化目前似乎已經無可挽回），但為了扣緊本書的主題，此處我們必須專注於那些普遍用來形容人羣互動的字眼，釐清它們所造成的種種曖昧與模糊。我們平常用來指謂各種人羣互動形態的名稱實在不恰當，而此一事實，正是目前對各種協調人羣互動的過程嚴重地理解不足所顯露出來的另一個癥狀。這些名稱真的很不恰當，因為如果採用了它們，將使我們說不清我們自己談的是甚麼。

我們不妨從「資本主義」和「社會主義」這兩個模糊多義又含有政治偏見的名稱談起。這兩個名稱一般被用來區分兩種相對立的人羣協作秩序原則。它們透過字面的意義本來希望對那兩種秩序的差別有所啟發，但實際上它們所表達的意思卻和那兩種秩序的性質毫無關聯。「資本主義」這個名稱（在一八六七年馬克思還不知道有這個名稱，而他本人畢生也從未使用過它）直到宋巴特（Werner Sombart）的爆炸性著作《當代資本主義》（*Der moderne Kapitalismus*）問世後，才「突然出現在政治辯論的場合，變成社會主義當然的對手」（見 Braudel, 1982a: 227）。由於它暗示，它指的是一個為資本家的特殊利益而效力的制度，因此一出現便激起確實為其主要受益者——無產階級分子——對該制度的反對。無產階級以往因資本家的活動而能夠生存和繁衍，在某一意義上，可以說是因資本家而產生的。的確是因為有許多資本家，所以延遠的人羣互動秩序才有可能存在；而也許是這個緣故，某些資本家便欣然地接受了這個指謂其活動結果的稱呼。然而，接受這個稱呼毋寧是一個不幸的事實，因為它暗示有實際不存在的利益衝突。

關於延遠的經濟合作秩序，從德文引進來的「市場經濟」（market economy）是一個令人稍覺滿意的名稱。不過，它還是有些不便之處。首先，嚴格地講，市場經濟不能說是一個經濟，而是許許多多個別的經濟互動所形成的一個複雜的結構，它和個別的經濟雖然有些共同的特性，但絕非完全相同。如果我們給予這一類複雜的結構以某一名稱，暗示它們是人類着意建構起來的，就會導致人格化或泛靈觀的迷思，而這一類迷思正是普遍誤解人羣互動過程的根源，也是我們小心翼翼亟於避免的。我們必須時時提醒自己：市場過程所產生的經濟，事實上並非人為刻意設計的成果，而是一個結構；這個結構雖然在某些方面類似一個經濟，但在其他方面，尤其是就其不具有一個一致的目的次序而言，它和一個真正的經濟根本不同。

「市場經濟」第二個不便之處是，我們不能從這個英文名詞導出一個方便的形容詞。然而實際上很需要有個這樣的形容詞，來表示某些特定行為的性質。因此，若干年前我（1967/78b: 90）就主張引進一個新的術語。它是從某個希臘字根導出來的，而且在很類似此處的論述中曾經被別人使用過。在一八三八年華特利總主教（Archbishop: Whately）曾經建議將解釋市場秩序的那門理論科學稱為「交換學」（catallactics），他的提議後來也時常被人重新提起，最近的一次是由米塞斯主導的。交換學的形容詞 "catallactic" 可以很方便地從華特利所造的字眼 "catallactics" 導出來，而且也已被相當廣泛地使用了。這幾個詞兒特別吸引人的地方，在於它們所源自的古希臘字 "katalattein" 或 "katalassein"，除了有「交換」的意思之外，還有「接納進入共同生活圈」以及「化敵為友」的意思，在在顯示古希臘人在這些事物方面有極為奧妙的智慧（見 Liddell & Scott, 1940, "katallasso" 一詞的解說）。因此，我曾提議我們應該創造「交換秩序」（catallaxy）這個名詞，用來指謂一般稱之為經濟學的那門學科所研究的對象，而依華特利的建議，我們則應把那門學科稱作「交換學」。前一個名詞業已得到部分年輕同事的採納，證實我創造的新名詞有些用處。我深信如果有更多的人採納它們，我們對於問題的討論當會更為清澈。

三、泛靈觀的語彙及混淆的「社會」概念

這些例子已經非常清楚地說明了，在人文研究的領域裏，當

我們給分析對象下定義和命名的時候，許多溝通不良的問題就出現了。在命名方面，妨害我們尋求理解的主要障礙就是「社會」(society) 一詞；它比我們剛談過的其他名稱都來得重要，而且也不單是因為從馬克思開始，它就被用來模糊政府與其他「制度」(institutions) 的分野。如果用來指稱人類各種不同的互動關聯系統，「社會」一詞會讓人誤以為人類互動的系統就只有一種。它真的是最古老的一個稱謂，好比拉丁文 "societas" (源自 "socius") 那樣，指稱熟人或伴侶這樣的人際互動關係；它向來既表示實際存在的某一事物狀態，也表示其中的人際關係。一般在使用它的時候，通常預設或隱含大家一起追求種種共同的目的；而為了達成這些目的，沒有着意的協調行動通常是不行的。

我們現在已經知道，人際合作所以能夠擴展和延伸到個人觀照得到的範圍之外，一個必要的條件就是抽象的行為規範逐漸取代共同的目的，約束愈來愈多的人際合作行為。由於遵守了這種行為規範，我們服務的對象乃愈來愈是一些我們不認識的人，而我們也發現，滿足我們自己的許多需求的，同樣不是我們熟識的人。就是這樣，所以當人羣合作的範圍延伸得愈遠，其中的行為動機 (motivation) 就和人們心目中「社會」應該有的形象愈發睽違，而「社會的」也愈來愈不是陳述種種事實所需的關鍵字眼，而是呼籲回歸古老、過時的理想行為的主要訴求賣點。在某特定社羣中，個人的行為實際上有些甚麼樣的特性，和一廂情願地 (根據古老的習慣) 想像人的行為**應該**是怎麼樣，原本是涇渭分明的兩回事。然而，現在真正懂得如此分辨的人卻愈來愈少。只要是一羣人，幾乎不管他們之間有甚麼樣的關聯，不僅都一概被稱作「社會」，而且許多人還因此認為任何一羣人都該像原始的氏族羣落那樣地運作。

於是「社會」就變成一個簡便的標籤，可以用來指稱近乎任何一羣人，而完全不需了解該羣人的關係結構或其形成的原因；也就是說，「社會」是一般人在不確知自己所說為何物時隨口胡謅的一個代名詞。很顯然的，一個民族、一個國家、有某種統計屬性的一羣人、一家公司、一個協會、一組人、一股移動的人羣、一隊人、一個部落，以及種族、教會、休閒、運動等等團體和任何特定地方的居民，都是或都構成一個「社會」。

將性質完全不同的秩序結構，如親近且接觸頻繁的友朋關係，以及僅因遙遠且錯綜複雜的交易關係，而有訊息連繫的數百萬入所形成的結構，扯在一起用同一個名稱去稱呼它們，不僅誤導我們對於事實的認識，而且也暗含某種渴望 —— 渴望依照我們情感所嚮往的親密友朋關係來塑造延遠的秩序。對於這種懷念小社羣生活的本能，卓凡納爾（Bertrand de Jouvenel）描寫得很好，他說小社羣是「每個人初生時所處的環境，對於他來說，永遠有着無窮的吸引力；但任何將同樣特色移植到大社會的企圖，不僅必然失敗，而且將導致獨裁暴虐」(1957: 136)。

在這種混淆的思想當中，有一個關鍵性的差異被忽略了；那就是，小社羣的活動可以根據成員協議的目的或意志來進行，但延遠的秩序，雖然也被稱作「社會」，卻是其成員在追求各自不同的目的時，遵守了種種類似的行為規範而形成的一個調和的結構。在類似的行為規範限制下，眾人各自追求自己的目的所造成的結果，的確有一些類似一個有大腦或心靈的有機體，或這種有機體着意安排的特徵，但是，將這樣的「社會」視為具有靈性，或將它看成有意志、意向或計劃而將之擬人化，則是徒然令人迷惘的。因此，當一個向來嚴謹的當代學者坦然表明，對於功利主義者來說，「社會」不該視為「一羣人，……而該視為像是一個巨大的人身」時（Chapman, 1964: 153），實在令人心煩。

四、文字界的黃鼠狼——「社會的」

「社會」這個名詞雖然是許多誤解的來源，然而若和形容詞「社會的」（social）相比，其為害還不算大。「社會的」這個形容詞大概已經成為人類所有的道德和政治詞彙中最令人糊塗的字眼了。這一切只不過是近百年來的事，在這段期間中，這個形容詞的語用習慣，以及它的威力和影響，迅速地從俾斯麥（Otto von Bismarck）主政的德國擴展到全世界。在慣用它最利害的地區，它所散播的思想混淆，有一部分是來自於它不僅用來敍述各種不同模式的人羣合作現象，例如一個「社會」的現象，而且也同時用來敍述那些促進或協助這種秩序的行為。從後一種的語用習慣不斷引申，「社會的」漸漸地已經變成了醒世良言——變成希望取代傳統的唯理主義道德的指標性字眼了，而且它現在也逐取代「好的」（good）這個詞，被用來指謂一切合乎道德要求的行為。正如《韋氏同義字新辭典》（*Webster's New Dictionary of Synonyms*）妥切記載的，由於此一「鮮明二分法」的特性，「社會的」一詞所代表的事實和規範這兩個不同層面的意義，便經常地交互為用；於是，有些話用了它，起先看來像是事實陳述，不久卻不著痕跡地轉化成規勸說教。

> 關於這一點，德國的語用習慣對美語的影響要比英語的影響來得大；因為到了一八八〇年代，一羣被稱為歷史學派或理學派的德國經濟學者，就已逐漸用「社會政策」(social policy) 取代「政治經濟學」來稱呼研究人羣互動的那門學問。韋斯 (Leopold von Wiese) 是少數沒有被這種風尚襲捲到的學者之一，後來他說，在第一次世界大戰前的數十年裏，只有那些以「社會時代」(social age) 的年齡來算還年輕的人，才能感受到那種視「社會的」領域為教會替身的傾向有多強。此一傾向最引人注目的一個表徵就是所謂「社會牧師」(social pastors) 的出現。然而正如韋斯堅決主張的，「社會的」一詞和「好的」、「正當的」或「在神的心目中是正當的」等等並不相同 (1917)。關於「社會的」一詞如何傳播蔓延，有幾位韋斯的學生有一些深具啟發性的歷史研究著作傳世。(見我在 1976: 第 180 頁中的引述)

在英語裏，「社會的」一詞用法之繁多實在非比尋常。稍早在另一個環節中我曾引述過的《馮塔那現代思潮辭典》便是一個很生動鮮明的見證。該辭典，從「社會行動」(Social Action) 到「社會全體」(Social Wholes)，收列了不下三十五個由「社會的」(social) 和一些名詞或其他詞類所組成的項目；很巧的是，排在這些項目前面的是「肥皂劇」(Soap Opera)。另外，在一本性質類似的書裏——威廉斯 (R. Williams) 的《關鍵字》(*Key Words*, 1976)，作者通常以「參見某字」(q. v.) 的方式提示讀者查看書中其他相關的項目。但對於「社會的」，他卻悖離一貫的做法。顯然的，在這個字眼上，慣例的做法是行不通的，他只得放棄。由於受到這兩個例子的慫恿，我便將我看到帶有「社會的」的詞彙統統記下來，累積了一段時間便產生了以下這個非常有意思的名單。它收列了一百六十多個名詞，每一個都帶有「社會的」這個修飾詞。

會計（accounting）	行為（action）	調整（adjustment）
行政（administration）	事務（affairs）	協議（agreement）
年齡（age）	動物（animal）	訴求（appeal）
知覺（awareness）	行動（behaviour）	存在（being）
身體（body）	成因（causation）	特徵（character）
圈（circle）	攀登者（climber）	盟約（compact）
組合（composition）	包容力（comprehension）	關心（concern）
概念（conception）	衝突（conflict）	良心（conscience）
意識（consciousness）	考慮（consideration）	建構（construction）
契約（contract）	控制（control）	信用（credit）
殘障（cripples）	批判（critic〔-que〕）	鬥士（crusader）
決策（decision）	需求（demand）	民主（democracy）
描述（description）	發展（development）	層面（dimension）
歧視（discrimination）	疾病（disease）	意向（disposition）
距離（distance）	本分（duty）	經濟（economy）
目的（end）	實體（entity）	環境（environment）
認識論（epistemology）	倫理學（ethics）	禮儀（etiquette）

事件（event） 罪惡（evil） 事實（fact）
因素（factors） 法西斯主意（fascism） 勢力（force）
架構（framework） 功能（function） 聚集（gathering）
地理學（geography） 目標（goal） 利益（good）
愛顧（gracesgoal） 羣（group） 和諧（harmony）
健康（health） 歷史（history） 理想（ideal）
涵義（implication） 缺憾（inadequacy） 獨立（independence）
弱者（inferiority） 機構（institution） 保險（insurance）
法則（intercourse） 公平（justice） 知識（knowledge）
法律（laws） 領袖（leader） 生活（life）
市場經濟（market economy） 藥劑（medicine） 遷移（migration）
心智（mind） 道德（morality） 操守（morals）
需要（needs） 義務（obligation） 機會（opportunity）
秩序（order） 有機體（organism） 定位（orientation）
被放逐者（outcast） 所有權（ownership） 伙伴（partner）
激情（passion） 和平（peace） 養老金（pension）
人（person） 哲學（philosophy） 滿足（pleasure）
觀點（point of view） 政策（policy） 地位（position）
力量（power） 優先（priority） 特權（privilege）
問題（problem） 過程（process） 產物（product）
進步（progress） 財產（property） 心理學（psychology）
位階（rank） 實在論（realism） 範疇（realm）
法治（Rechtsstaat） 承認（recognition） 改革（reform）
關係（relations） 治療（remedy） 調查（research）

反應（response）	責任（responsibility）	革命（revolution）
權利（right）	角色（role）	法則（rule of law）
滿意（satisfaction）	科學（science）	安全（security）
服務（service）	訊號（signals）	重要性（significance）
集體演説（Soziolekt〔group speech〕）	團結（solidarity）	精神（spirit）
結構（structure）	安定（stability）	身份（standing）
地位（status）	鬥爭（struggle）	學生（student）
研究（studies）	調查（survey）	系統（system）
才能（talent）	目的論（teleology）	教義（tenets）
緊張（tension）	理論（theory）	思想家（thinkers）
思想（thought）	特性（traits）	有用性（usefulness）
效用（utility）	價值（value）	見解（views）
美德（virtue）	匱乏（want）	浪費（waste）
財富（wealth）	意志（will）	工作（work）
工作者（worker）	世界（world）	

許多收列在這裏的詞彙，以反面批評的形式被使用得更為廣泛，例如「社會調整不良」比「社會調整」更常見到，其他如「社會無秩序」、「社會不公平」、「社會不安定」等等亦然。「社會的」是否會因為有了太多不同的意義而失去溝通的功用呢？光看上表很難遽下定論。但，無論如何，它有三個實際效果則是毫無疑問的。首先，它流於顛倒黑白，暗示一個我們在前面各章已知是錯

誤的觀念——亦即，以為在延遠的秩序當中，不具人格的自化過程所產生的那些結果，實際上是人為造成的。其次，散播了那個錯誤的觀念以後，它進而訴求人們的痴心，要求他們去重新設計他們從來就沒有能力去設計的東西。第三，它有能力挖空被它修飾的名詞的意義。

因為具有最後的那一項效果，它事實上已成為某些美國人稱作「黃鼠狼的字眼」(weasel word) 當中最厲害的一個。「黃鼠狼的字眼」這個典故出自莎士比亞 (William Shakespeare) 所寫的「我能將歌中的憂鬱吸出，就像黃鼠狼吸蛋」(《隨心所欲》〔*As you like it*〕, 第二幕, 第五段)。據説黃鼠狼可以把一個蛋吸空而不留痕跡，所以字之黃鼠狼也可以將它所附着的文字內涵全部掏空，而表面上卻完整如初。當個人的認知前提受到某一概念意涵的挑戰，而自己又不得不用它時，黃鼠狼的字眼便可派上用場，對該概念進行繳械，使其失去所有威脅性的意涵〔譯者附加：然後安心地繼續玩弄它〕。

> 關於「黃鼠狼的字眼」這句俚語晚近在美國的使用情況，可以參考馬利歐・培 (Mario Pei) 所著的《黃鼠狼的字眼：言不由衷的藝術》(Weasel Words: The Art of Saying What You Don't Mean, 1978)。作者在書中將創造該説法的功勞歸於迪奧多・羅斯福 (Theodore Roosevelt)。果然，則表示七十年前美國政治家的教育程度不差。但，讀者在該書中將找不到「社會的」這個了不起的黃鼠狼字眼。

雖然濫用「社會的」是一個世界性的現象，但大概要數德國最為極端。一九四九年的德國憲法使用了「社會的法治」(sozialer Rechtsstaat; 英譯為"social rule of law") 這樣的語詞，而且「社會市場經濟」的說法也是從德國發源而傳播開來的 —— 但其意義卻逐漸乖離艾爾哈德 (Ludwig Erhard) 這位原始宣導者的本意。(有一次閒聊，他曾肯定地告訴我說，對他而言，市場經濟毋須**被蛇足作成**「社會的」，因為它本來就已經是了。) 雖然法治和市場經濟原本是相當清晰的概念，加上「社會的」這樣一個屬性，可就把它們清楚的意義掏空了。由於如此濫用「社會的」，德國的學者居然論定他們的政府在憲政體制上受「社會國家原則」(Sozialstaatsprinzip) 的約束；這等於說法治已被束諸高閣了。同樣地，這些德國學者雖然知道「法治國家」(Rechtsstaat) 和「社會國家」(Sozialstaat) 之間有衝突，還執迷不悟地將「社會的法治」寫入他們的憲法。這個憲法，我也許可以這麼說，是腦筋糊塗的費邊主義者 (Fabian)，受到十九世紀「國家社會主義」(National Socialism) 的創始者 —— 諾曼 (Friedrich Naumann) 的蠱惑而寫就的 (參見 H. Maier, 1972: 8)。

同樣地，「民主」一詞的意義一向頗為清晰；然而「社會民主」(social democracy) 一詞不僅在兩次世界大戰之間被用來稱呼激進的奧地利–馬克思主義 (Austro-Marxism)，而且目前在英國也被選為標幟，代表一個執着於某種費邊社會主義 (Fabian socialism) 的政黨。不過說真的，現代稱為「社會國家」的，從前一般稱之為「仁慈專制」(benevolent despotism)；而怎樣在民主的方式下達成這種專制的真正問題 —— 亦即，如何保障個人自由，卻因為編織了「社會民主」這句空話而被自欺掉了。

五、「社會公平」與「社會權利」

使用「社會的」的方式，最糟糕的莫過於將它所修飾概念的意義全部消滅掉；幾乎到處看得到、聽得到的「社會公平」大致便是這樣的一個例子。雖然我在別的地方，特別是在我的《法律、立法與自由》的第二卷《社會公平的幻覺》(*The Mirage of Social Justice*) 對於這個問題已經有相當詳細的討論了，但是，在這裏，我至少必須簡略地重述我的論點，因為不管是支持或是反對社會主義，它居然都是論辯的關鍵。「社會公平」這個詞兒，誠如一位比我更有勇氣的成名人士在很久以前就直率地點出的，只不過「是和『人民民主』(People's Democracy) 同一個廠牌的一個言辭圈套罷了」(Curran, 1958: 8)。這個詞兒似乎已經嚴重地扭曲了年輕一代的思考能力，其令人震驚的程度可以從幾年前一篇名為《社會公平》(*Social Justice*) 的牛津大學博士論文 (Miller, 1976) 看出來。在那篇論文裏，傳統的公平概念以如此這般非凡的按語得到注意：「看起來有一個論述私公平 (private justice) 的範疇」。

我知道有一種說法，認為凡是有助於降低或消除所得差距的都可稱作「社會的」。但，為甚麼稱這類行動為「社會的」行動呢？難道是因為那是一個獲得大多數選票的辦法，亦即，難道它是在其他吸引選票的原因之外的一個額外的籌碼？實際的答案也許是肯定的。但，這當然也就表示，每一句規勸我們應該「社會的」一下的話語，實際上是祈求我們朝社會主義式的「社會公平」再邁進一步。如此這般地使用「社會的」實質上與主張「分配公平」(distributive justice) 沒有兩樣。然而，這種公平和競爭性市場秩序卻是相違背的，和人口與財富的增加或維持不變也不相容。〔譯者附加：濫用「社會的」所導致的〕那些錯誤層層相因的結果是，人們竟然將真正妨害「社會」生存的主要障礙稱作「社會的」。説真的，「社會的」實在應該稱作「反社會的」(anti-social)。

有人説如果人們覺得每個人的地位相對是公平的，那麼他們對於自己所擁有的經濟條件當會感到比較滿意。也許真的是如此。不過，「分配公平」這句標語所代表的理念——每個人必須得到根據他的德行努力應該得到的，在延遠的人類合作秩序(或交換秩序)裏，這是毫無意義的。因為在該秩序裏，各種產出(數量之多寡或甚至其有無)取決於一個(就某一意義而言)與道德無關的產出分派方式。根據我們在別處已經探討過的理由，德行的大小是無法客觀地確定的，而且不管怎樣，包含我們在內的那個系統，必須順應種種目前尚未被發現的事實而有所調適，而這種調適迫使我們不得不接受「調適成敗繫於結果，而非動機」(Alchian, 1950: 213)。任何延遠的合作系統都必須不斷地因應其自然環境(包括其成員的生命週期、健康和氣力等等的變化)而自動調整；要求任何改變的效果都應該是公平的，未免太過荒唐。它荒唐的程度幾乎不下於相信針對那些變化而着意安排的反應可以是公平的。如果沒有既非取決於，也不見容於任何着意的道德判斷的不平等，人類是既不可能達到，也不可能維持目前這樣的人數的。努力進德修業當然可以增加個人的機會，但努力無法單方面地確保成功。一樣努力卻遭致不幸的那些人，心懷猜忌憤憤不平，雖然是完全可以理解的，然而，這種猜忌卻不利於大家共同的利益。因此，如果我們**真的**在乎大家共同的利益，我們就不該遷就人類這種本能的猜忌心理特性，而該放手讓市場過程來決定由誰獲得獎賞。除了透過市場，沒有人有能力去評定任何人對於全部產出的貢獻有多大；而且如果不是透過市場，也沒有人有能力確定，為了誘使某人選擇從事對一般供交換的產出最有貢獻的工作，應該給他多少酬勞。當然，萬一大家認為從事對一般供交換的產出最有貢獻的工作是合乎道德的善行義舉，那麼市場過程帶給我們的，恰好就是道德上至善的結果。

目前，人類因為一些毫無可能實現的希望幻影而分裂成兩個敵對的陣營。此一衝突的種種根源不可能因妥協而消失，因為對於事實誤解的每一次讓步，都只會帶來更多不可能實現的奢望。然而，有為數不少的人，現在還在誤解事實的基礎上繼續發展某種反資本主義的倫理觀，他們對自己賴以生存的財富生產機制大加咒詛。他們自以為是自由的愛好者，然而卻大肆咒詛個別財產、契約、競爭、廣告、利潤，乃至貨幣本身。他們自以為憑他們自己的理智，便可以知道如何安排人類的各種求生行為，取得更為順心滿意的結果，其實他們自己就是人類文明最大的威脅。

（陳元保譯・謝宗林校）

第八章　延遠的秩序與人口成長

在任何地方，攸關繁榮的首要因素在於居民人數是否增加。

——亞當・史密斯

一、馬爾薩斯的恐慌：人口過多的憂慮

我一直試圖解釋延遠的人羣合作秩序究竟是如何發展形成的。儘管在此一發展過程中，人們本能地反抗它；儘管對於種種自化過程固有的不可知性，人們心懷恐懼；儘管人們普遍欠缺經濟認識；而且也儘管這些本能的反抗、恐懼，與無知瀰漫，所鼓舞的運動風潮五花八門，企圖以所謂理性的方法，追求實為復古的目的，終歸擋不住延遠的合作秩序的發展。我也説過，假使這些運動從前真的取代了市場，那麼延遠的秩序必然已經崩潰，而且會有許多人受苦，甚至死亡。不管我們喜歡與否，目前世界上的人口已經是這樣多了。為了達成社會主義者所謂「道德上」或直覺上令人滿意的改變，而摧毀了人們賴以生存的物質基礎，無異是無動於衷地想讓數以十億計的人們死掉，同時也要讓倖存者難逃貧窮的厄運。（參見 Hayek, 1954/67: 208, 和 1983: 25-9。）

人口多寡與某些逐步演變的習俗、制度以及人羣互動的形式之間，存在着密切的關係，早為人們所知，不是甚麼新的發現。早在一七七六年，亞當・史密斯就有着極深刻的洞察：「正如交易的力量使得勞動的分工得以進行，同樣地，分工的範圍也必然受限於這股力量的大小，易言之，即受限於市場的大小」(見1776/1976: 31, 也可在《法理學講稿》〔*Lectures on Jurisprudence*, 1978: 582-6〕中兩篇〈勞動分工殘稿〉〔Fragments on the Division of Labour〕見到)。依循競爭市場運作方式的人羣，終會因人數的增加而取代那些依循其他習慣的人羣，此一事實也早已為人所知。在洛克於《民權再論》(*Second Treatise*, 1690/1887) 中提出類似主張後，美國史學家蘇利文 (James Sullivan) 在一七九五年就觀察到美洲土著如何被歐洲殖民所取代，以及在同一塊土地上，以往只能有一個野蠻人「靠打獵在饑餓中苟活」，現在卻有五百個人在此富裕繁榮。(那些繼續從事打獵的原始美洲部落, 也被來自另一方面的擴張所取代, 亦即被學會農耕技術的部族所取代。)

雖然當一個族羣取代另一個族羣，或一套習慣取代另一套時，常是血淋淋的，但不一定總是如此。無疑的，事態的發展過程因地而異，我們也不可能在此詳述細節，但我們仍可想像有許多不同的事件發展順序。在某些可以說是被延遠秩序「侵入」的地方，那些依循新習慣而能從該地方取得更多收穫的人羣，通常有能力提供給原來的居民更多的財富，以換取後者同意讓他們以新的方式利用後者的土地；「入侵者」不一定非得使用武力不可，而原來的居民則也許甚麼事都不必做，就可以得到和從前辛苦工作一樣多，或甚至更多的財富。另一方面，佔有廣袤的土地，而從前因為採用較為原始的土地利用方式而也確實需要那些土地，但現在已較為文明進步的族羣，由於人口較為稠密，也比較有能力抵抗試圖把他們逐出的外來勢力，雖然他們對於土地的需求已經不像從前那樣迫切了。因此，這些過程也許有許多是在和平的情況下進行的，雖然習於商業組織的人羣擁有較強的軍事力量，有利於這些過程的加速進行。

縱然市場秩序的延伸和人口的成長可用完全和平的手段來達成，一些有知識、擅思考的人，現在卻愈來愈不像從前那樣願意承受人口成長與文明進步之間的關聯。相反地，當他們想到目前世界的人口密度，特別是想到過去三百年來人口累進的速度時，他們感到極為驚慌，乃至把未來人口加速成長的展望當成是惡夢般的災難。即使像哲學家福祿 (1967: 60) 這樣通達事理的人，也稱頌赫胥黎，因為後者「早在像現在為眾人所承認之前」，就已認識到「人類的繁殖速度是對現今及未來人類福祉的最大威脅」。

我向來認為，社會主義對現在及未來人類的福祉而言，**也**是一個威脅，也就是說，社會主義或其他任何替代市場秩序的制度建議，都無法維持現有的世界人口。然而，像剛才所引述的那種排斥人口成長的態度，即使是在不贊同社會主義的一些人身上，也屢見不鮮。這種態度似乎認為，市場秩序這個生成眾多人口、並由眾多人口所生成的制度，對於人類的福祉而言，也是一個嚴重的威脅。我們現在顯然必須釐清這個矛盾。

認為人口成長使全球有貧窮化之虞的現代觀念，不過是個誤解而已。這個錯誤的觀念泰半是因為將馬爾薩斯 (Thomas Malthus) 的人口論過度簡化而造成的。馬爾薩斯的理論，在他的那個時代，算是對人口問題作了一個合理的初探，然而，現代的條件已經使得他的理論不再適用。馬爾薩斯假設，人的勞動大致上可視為是一種同質性的生產因素（亦即，受僱的工人都屬於同一種類，都只在農業部門工作，而且都使用相同的生產工具，以及擁有同樣的機會），在當時存在的經濟秩序內（一個理論上只有兩種生產因素的經濟），這樣的假設與事實相去不遠。對首先發現報酬遞減法則的馬爾薩斯而言，這樣的假設必然表示，每一個勞動人數的增加會導致現今稱為邊際生產力的降低，因此工人的所得也將減少，特別是當最好的土地都按最適規模分區開墾了以後為然。（有關馬爾薩斯兩個定理間的關係，請見 McCleary, 1953: 111）

然而，我們所討論的各種情況和從前不同，因為勞動不再是同質的了，而是多樣化且專業化的，馬爾薩斯的推論就不再合乎事實。隨着交易活動愈來愈頻繁，以及通訊和運輸技術的進步，人口和密度的增加，使勞動分工變得有利，導致了急速的多樣化、差異化及專業化，也使得發展新的生產因素、提高生產力成為可能（參見前面第二及第三章和後文）。各式各樣的技能，不管是天生或學習而來的，於是都變成特殊、稀有的因素，而且在許多方面常常是彼此互補的。因此，對工人而言，就值得去學習新的技能，以便賺取不同的市場價格。自願性的專業化是被預期酬勞的差異所引導的。於是，勞動便可能產生遞增而非遞減的報酬。人口增多了以後，一些原本在人口稀少時一無是處的生產技術和方法便可派上用場；如果這些技術是先在別的地方被發展出來的，也可以迅速地引進採用（如果可以取得所需資本的話）。光是與為數較多的人羣和平共處並有持續的接觸，就有機會較充分地運用現有的資源。

像這樣，當勞動不再是同質的生產因素時，馬爾薩斯的結論就不再適用。更恰當一點地說，由於人口的增加是個體分殊、專業化的主要因素，因此，人口增加現在反而也許是人口**進一步**增加的重要條件，而且**在未來長短不一的時期內**，人口增加可能既是自我加速累增，也是物質與（因為個性化已屬可能）精神文明進步的必要條件。

因此，不光是因為有較多的人，而是因為有較多不同的人，生產力才得以提升。人類因為個個是如此的不同，才變得如此的有力量：新的專業分工機會——此種機會所賴者，與其說是個人才智的提升，不如說是個人間差異化程度的與日俱增——為更成功地運用全球資源奠定了基礎。實現新的分工機會，需要不斷地延伸間接性交互服務的網路，而市場的傳訊機能正可以確保此一形勢。當市場持續不斷地透露出新的分工機會時，馬爾薩斯所採用的兩要素模型，以及他的結論，就愈來愈不適用了。

人口成長既然伴隨，而且也加強了前述那些正面的效果，可見人們之所以普遍擔心人口成長，認為人口成長將導致全面的貧窮和災難，主要是因為對某一特定的統計比較發生誤解所致。

這裏不是要否定人口增加有可能導致平均所得降低。但這種可能性也被錯誤地詮釋了——之所以有此一錯誤的詮釋，原因在於，把現在處於不同所得階層的所有人口的平均所得，和未來人數更多的平均所得，搞混在一起所致。無產階級指的便是一部分**新增的**人口，假使沒有新的工作機會，這部分人口便不會出現在這個世界上。平均所得下降不過是因為當人口大幅成長時，往往是貧窮的階層而非富有的階層人口增加較快。但如果因此斷言，在這個過程中，任何人都會**變**窮就不正確了。在現存的社羣裏，並沒有一個人一定要變得比以前貧窮（雖然部分的富人在這個過程中，可能被部分新富階層所取代而下降至一個較低的階層）。事實上，每一個**既存**的人都可能變得較以前富有，然而，如果有為數眾多的窮人**加入**現有的人口，則平均值可能下降。當高所得人數的增加小於低所得人數的增加時，即使所有所得階層的人口皆增加，平均所得還是會減少，這個道理是顯而易見的。亦即，如果所得金字塔的底部比其高度成長得更快，則人口增加後，平均所得將會變小。

人口增加，平均所得往往會降低，也許沒有錯；但根據以上的分析，成長過程對為數眾多的窮人，比對少數的富人更為有利，這樣的結論或許更加正確。因為資本主義創造了就業機會；它創造了一些條件，使得那些無法自其父母承繼土地和工具，以維持自己和子孫生活的人，在別人的幫忙下，也有那些如此的生產配備好使用，當然別人的幫忙是基於互利考慮的。由於有這個過程，人們雖然貧窮卻可以活下去，也有能力生兒育女；如果沒有有利的工作機會，這些子女將很難有長大成人的可能，遑論繼續繁衍下一代：它使得這些原本無法生存，或即使一時生存也無法繁殖後代的人得以生存，並養活了千百萬人。窮人因此比富人獲益更多。所以馬克思說得對：**「資本主義」創造了無產階級：它給了他們生命，不論是過去或現在皆然**。

因此，認為富人運用暴力手段，將原本屬於或至少可能屬於窮人的東西奪走，實在是一個荒唐無稽的說法。

一個族羣的資本存量，以及其在萃取和傳播資訊方面所累積的傳統和習慣，決定了這個族羣能否維持眾多的人口。人們之所以會被僱用，以及各種材料和工具之所以會被生產出來，供應某些陌生人士的未來需要，純然是因為有能力出資融通此一支出在先，而收入在後的事業的投資者，認為投資此項事業所得到的淨利，至少會像任何其他使用資本的方式一樣大。

因此，若沒有富人，亦即，若沒有累積資本的人，那些即使還能活着的窮人，實際上將會更貧窮——他們將只有在一些非常貧瘠的土地上苟活的命，而每一次乾旱都不免使他們費力養育的子女當中的大多數喪生。資本的累積則改變了這種狀況，其影響力為任何其他因素所不能及。當資本家逐漸有能力為本身的目的而僱用他人時，他養活受僱者的能力，對自己和別人都有好處。當某些人有能力，不只為了滿足本身的需要，而且也為了與無數的人交易物品和勞務而僱用別人時，這種養活他人的能力更進一步地增強了。所以財產、契約、交易和資本的使用，並不是只有利於少數人而已。

嫉妒和無知使人們認為，任何人擁有多於本身眼前消費所需的財貨，都應當加以譴責而非予以讚揚。然而，以為資本必須「以犧牲他人為代價」才能累積的觀念，其實是一種經濟觀念的倒退，不管這種倒退的想法對部分人士而言，是多麼的有道理，它們實際上是毫無根據的，而且它們也使得對經濟發展的正確了解變得絕無可能。

二、區域性的問題

誤解的另一個根源是，將人口成長當作純粹是全球性的問題。人口問題必須以地區性的角度來看待，在不同的地區有不同的問題面。真正的問題在於，某地區的居住人口，不管原因何在，是否會比該地區的資源(包括他們可以用來交易的資源)增加得更快。

任何地區人口的增加，只要是基於該地區人口生產力的提高，或更有效的運用他們自己的資源，而不是仰賴外界刻意的、人為的支持，那麼這樣的成長就沒有甚麼理由可以擔心。道德上，我們沒有甚麼權利去防止，也沒有甚麼義務去協助世界上其他地方人口的成長。另一方面，某些地區，例如中非的薩赫勒(Sahel)區，在可以預見的未來，若單靠他們自己的努力，即使是要維持現存的人口，都沒有多大的機會，遑論更多的人口；對這樣的地區，如果物質上較先進的國家還繼續協助，甚至補貼其人口的成長，則將來一定會產生道德上的衝突。企圖將人口提高到目前已累積的資本可以被「再生產」出來的水準之上，反而只會使可以維持的人口減少。除非我們加以干預，否則那些持續增加人口的地區必然能夠養活自己。因為提供了協助，使得像薩赫勒這樣的地區人口增加，先進國家規在已激起了某些期待，創造了某些涉及義務的條件，也因此正負起沉重的責任，然而，他們遲早很有可能無法繼續承擔這個責任。在自然衝動的引導之下，人們往往想去減輕那些遙遠地方的人的苦難，但不幸的是，他們卻不大能幫得上忙。人不是萬能的，認清自己的能力限制，會比依循自然的衝動，可以讓人更加逼近所希望達到的目的。

無論如何，在我們關心得到，也預見得到的未來，整個世界人口成長大過原材料資源成長的危險性，根本不存在；相反地，我們有充分的理由，可以相信，早在這種情況發生前，一些內在的力量便會發生作用，遏制這種過程。（參見 Julian L. Simon, 1977, 1981a 及 1981b; Esther Boserup, 1981; Douglas North, 1973, 1981; Peter Bauer, 1981; 及 Hayek, 1954: 15, 和 1967: 208。）

在除了歐洲之外的所有大陸溫帶地區，還有廣大的區域不僅可以容納更多的人口，而且也只有藉着增加人口密度和強化資源的利用，這些地區的居民才可望步向西方世界已經達到的財富、舒適與文明水準。如果這些地區想達到其努力以求的標準，他們的人口必須增加。人口增加是符合其利益的，反之，光是建議他們減少人口，就已經顯得有點冒失，在道德上也站不住，更何況是強制他們去控制人口。假使我們莽撞地想要保存所有地方的人類生命，固然可能引起嚴重的問題，然而，對於可以自立維持其人口的社羣，他人並無正當的理由可以反對其增加人口。那些已經富裕的國家，沒有權利要求別人「停止成長」(例如羅馬俱樂部〔Club of Rome〕或後來的《全球二〇〇〇年》(*Global 2000*〕的主張)，或阻礙那些對這種政策正當地表示憤怒的國家。

限制人口的政策所夾帶的一些想法——例如，先進國家應該將未開發國家的一部分土地劃為自然公園——實在是粗暴可惡的。只有經濟發展才可以讓大多數的原始部落享受到文明的利益。想像中，處於原始部落的人們，甘願放棄經濟發展，快樂地活在風景如畫的窮鄉僻壤，其實是幻想中的景像。為了獲得經濟發展的效益，誠如我們所見的，需要犧牲人們直覺所嚮往的，以及其他的一些東西。但是，物質的舒適和先進的文明是否值得付出犧牲，必須由這些較不進步的民族自行決定。他們當然不應該被強迫現代化，但也不應該因為他人的孤立政策，而被奪走了追求現代化的機會。

除了因為窮人增多，竟然促使政府採取對窮人有利的所得重新分配政策以外，歷史上，從未發生因為人口增加而使得個人的生活水準降低的案例，不管這個人他原來是貧還是富。誠如西門（Julian L. Simon）所說的，「現在沒有，以前也從來沒有任何的實際資料，顯示人口成長，或數量，或密度，對生活水準有負面的效果。」（1981a: 18, 亦請見其在這方面的主要著作, 1977 及 1981b。）

三、多樣及分殊

個體分殊是了解人口成長的關鍵，故我們應該暫時打住，以便詳論此一決定性因素。人類獨一無二的成就——也因此而衍生出其他許多人類的特色，即在於其個體的差異性和多樣性。除了因為人類刻意干預了自然選擇的過程而呈現出相當多樣性的一些物種外，人類本身的多樣性是無與倫比的。其發生的原因在於，在自然選擇的過程中，人類發展出了一種非常有效率的同類學習器官。這使得歷史上人類數目的增加，不像其他物種是自我抑制的，反而是自我激發的。人類的數目像是連鎖反應一樣地成長，較大的人口密度產生許多專業化的機會，導致個人生產力的提高，進而再度提高人口的數目。人口眾多的族羣，不僅發展出許多天生不同的個體，也發展出各式各樣、為數驚人的人文傳統，而他們了不起的聰明才智則使得他們有能力從中去選擇學習——尤其是在其成長的青春期中。目前大部分人類之所以能維持其本身的人口，就是因為其組成分子是如此的具有可塑性，就是因為它有這麼多擁有不同稟賦的個人，可以吸收各式各樣、數不清的人文傳統組合，而進一步加大了他們之間的差異。

逐漸提高的人口密度提供的新的多樣化契機，主要是在勞動和技能、資訊和知識、財產和所得這幾方面。此一多樣化的過程既不單純，也沒有一定的因果關係，而且也不可預測，因為在每個步驟，漸增的人口密度創造了一些未實現的機會；這些機會或許會，也或許不會被很快地發覺並加以實現。學習是透過許多管道來進行的，而且其前提是，在許多羣體和個人當中，有種種不同的個別處境與聯繫，其中自然會有許多合作的機會。

一旦人類學到了如何善用人口密度提高所提供的全新機會（不只是因為勞動、知識以及財產方面的分工，也因為某些新的資本累積方式，會帶來更進一步的專業化），便為人口更進一步的增加奠下了基礎。由於人口增加、差異化、溝通與互動的距離愈來愈遠，以及文化傳承代代不斷，人類已經變成了一個獨特的實體，保有一定的結構特徵，可以不斷地產生一些有利於人口增加的效果。

就我們所知，延遠秩序大概是宇宙中最複雜的結構——在這個結構之中，原本已是高度複雜的生物有機體，現在又取得了學習和同化種種超乎個人之傳統的能力，使得他們能夠隨時調適自己，結成一個變動不居的結構，展現一種更為複雜的秩序。一步一步地，那些構成人口進一步增加的暫時性障礙被突破了，人口增加便為更進一步的增加提供了基礎，如此這般一直發展下去，形成了一個累進而且累積的過程；在地球上所有肥沃或天然條件優厚的地區，都有相似的人口密度之前，這個過程大概是會停止的。

四、中心與邊陲

這個過程可能將在前述的情況下停止：所以我不認為眾所擔心的人口爆炸 —— 導致人類「只有足夠站的空間」—— 將會發生。人口成長的整個故事現在可能已接近尾聲了，或至少已接近一個新的高原期。因為最高的人口成長從未發生在已開發的市場經濟，而總是發生在已開發經濟的邊陲，發生在那些沒有肥沃土地和工具足以養活自己的窮人身上，但對這些人而言，「資本家」卻可以提供新的生存機會。

然而，這些邊陲地帶正在消失。而且，目前幾乎沒有甚麼國家還未進入這種邊陲地帶，因為大致在上個世代，人口膨脹的爆炸性過程已幾乎到達世界最後的一些角落了。

因此，我們有堅強的理由去質疑，將過去幾個世紀的趨勢 —— 即人口無止盡地加速成長 —— 一直往前推演的正確性。我們希望，而且也相信，一旦現在正源源流到延遠秩序的人口來源枯竭了，那令人頗為苦惱的邊陲人口成長就會逐漸消退，畢竟，現在並沒有相當富裕的社羣還呈現如此成長的趨勢。雖然我們並未有足夠的知識可以斷言，這個轉折點何時會到達，不過，我們相當篤定，要達到幻想中人類因命定永無休止地繁殖而產生的恐怖境界，的確還要一段非常長的時間。

我猜想，人口的問題已正在逐漸消失，因為人口成長現在正接近，或已經達到最高點，未來將不會再增加多少，而且將會下降。我們固然無法肯定斷言，然而目前看來——即使現在尚未發生——似乎在本世紀最後十年的某個時候，人口成長會達到極致，此後便會下降，除非有刻意的干擾去刺激它。

早在一九六〇年代中期，開發中地區的人口年成長率就已達到 2.4% 的最高點，並開始下降到目前約 2.1% 的水準。同一時期，已開發地區的人口成長率也已在下降。在六〇年代中期，人口似乎已經達到其年成長率的歷史高峯，然後開始從該高峯退下來（United Nations, 1980, 以及 J. E. Cohen, 1984: 50-1），誠如寇含（J. E. Cohen）所述，「人類已經開始採行或體驗到那個支配所有其他物種的束縛了」。

如果我們仔細觀察開發中國家裏的邊陲地區人口，這些正在發生作用的過程就更容易理解。最好的例子就是開發中國家裏快速成長的城市，如墨西哥市（Mexico City）、開羅（Cairo）、加爾各答（Calcutta）、聖保羅（Sao Paulo）、雅加達（Jakarta）、加拉卡斯（Caracas）、拉哥斯（Lagos）、孟買（Bombay），這些地方最近在很短的時間內人口加倍，甚至增加得更多，而且舊的市中心逐漸被大批臨時搭蓋的房屋或「貧民窟」所包圍。

這些城市的人口之所以迅速增加，主要是因為居住在市場經濟邊陲的人，雖然有機會享有較好的醫療設施、接受各種資訊，以及參與較先進的經濟制度、組織和慣例（因此他們才被吸引到城市外圍），但他們尚未完全適應市場經濟的倫理、傳統和習慣。舉例來說，他們對於養育下一代的觀念仍沿襲着市場經濟以外地區的習俗，窮人一旦增加了些許的財富，在養兒防老的觀念下，馬上想要多生育子女，以為年老後能有足夠的依靠。但這些舊有的觀念習俗現已逐漸改變，甚至在某些地區已迅速地消失。反之，那些有助於抑制人口繁殖的都市傳統，已被邊陲族羣、特別是最靠近核心的一羣所接受。畢竟，這些新興的商業中心之所以吸引人們前來相聚，有一部分是因為它們提供了許多模範，告訴人們如何經由模仿，實現許多人夢寐以求的理想。

這些臨時搭建的市區，除了本身就是個有趣的現象外，也有助於我們了解先前提出的一些論點。例如，位於城市周邊的鄉村人口，並未枯竭而使貧民區受到傷害，通常反而是隨着城市的興起而獲利。若非這些城市提供生計給那些移入的人(或其父母)，這些人恐怕早已死亡，或根本不會被生下來。而人們之所以從鄉間遷徙到城市，並不是因為城裏的人善意地提供了工作機會或設備，也不是因為故鄉裏的富鄰好心相勸，而是因為有一些傳聞，說有某位已經瀕臨絕境的不知名仁兄(也許原來住在某一遙遠的山谷)，聽到成長中的城市有工作可做，而摸到城裏終於得救，於是他們就有樣學樣一路聞聲而至。保全這些生命的不是別人的善心，而是自己追求更好生活的企圖心，乃至野心，然而企圖心與野心卻遠比善心更有力量，也做得更好。從農村來的這些人，雖然幾乎是不可能以這般抽象的術語來理解這樣的事實，但他們從市場訊息那兒知道的，無非是城裏的富人沒有消費掉的所得，正被用來提供工具或可以養家活口的工作，給那些沒有可資耕作的土地與工具好繼承的人。

雖然很難令人相信，那些居住在貧民區內的人，當會願意離開鄉村（一個使人有浪漫情懷的地方）而選擇這些地方作為謀生之處。但正如恩格斯（Friedrich Engels）當時在移入曼徹斯特（Manchester）貧民區的愛爾蘭和英格蘭鄉下人身上所看到的那樣，事實就是如此。

這些城市邊陲地區的髒亂，主要是因為對於經濟邊緣人來說，苟活的條件，鄉村地區確實不如城市的貧民區。再者，第三世界國家的政府任意操縱經濟，以及對既得利益的勞工組織或糊塗的社會改革者讓步，而剝奪了邊陲地區的工作機會，這些政策所帶來的惡性「循環」效果，也是一個不容忽視的原因。

最後——人們在這裏有時候也許可以相當直接地，甚至是赤裸裸地看到自然選擇過程的運作——對於已經學會如何收放自如地實踐與運用商業道德的人來說，他們不會覺得商業道德對自己有甚麼影響，反倒是那些新來乍到的鄉下人，因為尚未學到如何適應商業道德，所以商業道德對他們的影響最為明顯，而且也最為冷酷無情。那些住在邊陲地區的人，由於尚未完全遵守這些新的習慣，幾乎總是「不受歡迎的」，甚至時常被當作是罪犯邊緣的人。這些人仍然以鄉村和部落的道德意識來思考，所以他們免不了會親身遭受一些先進文明慣例的直接衝擊。不管這個過程對他們來說有多痛苦，他們卻也（或許該說，他們特別）因商業階層的習慣所形成的勞動分工而實際獲益。其中多數人逐漸地改變自己的想法與行為方式，也從這時開始，其生活品質才得以改善。為了使他們自己能夠被較大的先進社羣所接納、包容，並從全部的財富產出中取得較大的份額，這些人的行為至少要有一些改變。

在不同的行為規範體系中，哪一套終將佔優勢，是決定於哪一套體系養活了更多的人口。佔優勢的體系不見得是目前廣大的羣眾所完全接受的那個（貧民區的羣衆所接受的行為規範不佔優勢，只是一個較鮮明的例子），佔優勢的反而是被核心所遵循的那一套行為規範，因為有愈來愈多的人聚集在其周圍，以便分享愈來愈多的財富產出。那些至少部分地接受延遠秩序的習慣，並蒙受其利的人，通常並不知道這樣的改變遲早會導致一些犧牲。但，也不是只有那些天真純樸的鄉下人，非得等到吃過苦頭才學得到教訓；那些耀武揚威、君臨屬國，甚至將屬國中的菁英消滅殆盡的征服者，通常也是後來才會懊悔地發覺到，如果要享受當地的利益，就必須採循當地的習慣。

五、資本主義創造無產階級

剩下來的幾節裏，我們或許可以把前面提出的幾個重要論點加以整理，並申明其意涵。

假如我們問，對於那些所謂資本家的道德習慣，人們最該感到虧欠的是甚麼，其答案必然是：他們自己的生命。社會主義說，無產階級之所以存在，乃是因為許多原本可以自給自足的社羣，被另一些人剝削所造成的結果，這樣的說法全然是無稽之談。現今大部分的無產階級成員，在別人沒有提供他們生活的憑藉之前，根本不可能生存。雖然這些無產階級可能**感覺**被剝削，而政客們也或許會撩撥，並玩弄這種情緒以利其攫取權力，但大部分西方的無產階級，乃至數以百萬計的開發中國家無產階級的興起，實在該歸功於先進國家為他們創造了機會。這一切也不是只對西方國家或開發中的世界而言。即使共產主義國家如蘇俄，如果不是西方世界的支援，其人民今日已面臨饑餓。只因為西方國家成功地維持，並且改進了延遠秩序的根基 —— 私有財產制度，我們才能夠維持當今世界的人口，包括共產國家的人口。不過，要那些共產國家的領導人公開承認這個事實，將是很困難的事。

資本主義也引進了一種新的工作賺錢方式，這種新方式**解放**了人們，亦即，使人們及其子孫得以不再受到家庭或種族背景的束縛。儘管有時候因為「工會」作梗，壟斷了種種的工作權利，阻撓他人以較低的工資謀取會員的工作，刻意壓制了許多工作機會，使得資本主義無法充分發揮它的「解放」力量，但，即使如此，沒有人能夠否定資本主義仍舊是「解放」人類的力量。

像下面這些情形，最能清楚地呈現，以抽象的規範去取代具體、特定的目標，一般而言會有甚麼好處。從來沒有人預期得到，未來會發生甚麼事。實際造成人口迅速增長事實的，既不是如此刻意的期許，也不是對某些特定生命的關懷。首先倡導新行為習慣(例如, 儲蓄, 個別財產, 等等)的人，其後代骨肉不一定會因其祖先的先進作為而比別人有較佳的生存機會。因為這些習慣無力保全**特定**的生命，它們的作用在於提高了**整個社羣**快速繁衍的**機會**(或可能性、機率)。這樣的結果固然無人預知，也不見得受歡迎。有些新的習慣，甚至隱含某些個別的生命將不再像以往那樣受尊重，例如，必要時允許殺嬰、遺棄老弱殘疾，或者將危險人物處死，以便增進機會，維持及擴充其餘的成員。

我們很難斷言說，人口的增加絕對是件好事。我們只是說，有某一特定社羣，因為依循某些特定的行為規範，繁衍了更多的人口；這個效果導致其他人也逐漸採納同一套行為規範，而使得該套行為規範取得了主導優勢，於是又繁衍了更多的人口。（另外, 正如我們在第一章所說的, 那些發展出來的道德規範, 固然約束和壓制了一些人類天生本能的情感；但, 這並不表示道德規範應該完全取代本能的情感。畢竟, 我們一些與生俱來的本能, 對於維持我們與親朋好友的關係, 以及在一些其他的場合, 仍然很重要。）然而，假使市場經濟之所以壓倒其他形態的秩序，確實是因為它讓那些接受其基本規範的社羣繁衍得更快，那麼計較市場價值，實際上就是計較生命：依循這種計較的那些個體所採取的，實際上都是最有助於同類繁衍的行為，即使這完全可能不是他們的初衷。

六、成本較量即是生命的較量

「生命較量」(calculus of lives) 這個概念雖然不能照字面來理解，但它可也不是一個暗喻而已。個人的經濟行為和同類生命的保全，其間也許沒有簡單的數量關係存在；但，市場行為最後所造成的各種效果，對於人口數量有重要的影響，則是一個很難被過分高估的事實。當然，我們也須承認，在這方面會有一些保留條件。一般而言，當問題是要犧牲多少性命，以便拯救其他更多的性命時，只有對於我們現在一無所識或未知的生命，我們才會將他們的生命當作是單純的數字來看待。

即使我們不喜歡面對這種事實，我們卻必須不斷地去做這樣的決定。不管是公眾或私人的決定，未知的個別生命都不會被看作是絕對的價值；例如，公路、醫院或電氣用品的建造者，絕對不會將預防致命事故的措施採行到極點，因為，在這裏節省成本，就表示在別的地方減少犧牲，如此生命的總風險反而可以大為降低。在一次慘烈的戰役後，當軍醫進行所謂「分類救治」(triage) 時，亦即，當他任由一個可以被救活的傷兵死亡，因為同樣的時間可以救活其他三個人 (見 Hardin, 1980: 59; 他將 "triage" 定義為「解救最多生命的程序」)，他就是依據「生命較量」的概念原則在做事。許多像軍醫這樣的例子，顯示拯救多少生命的考量，會影響我們本身的看法，即使此處所謂的影響只是模模糊糊地讓我們感覺到應該怎樣做才好。要讓為數最多的生命得到保全，不一定要將所有個人的生命視為同等重要。在以上的例子中，救一個醫生的命，可能比救某個病人的生命更重要，不然的話可能沒有人可以存活下來。某些人的生命顯然比較重要，因為他們可以創造或保護其他的生命。族羣中優秀的獵人或衛士、有生殖能力的母親、甚至有智慧的老者，可能比大多數的嬰兒或大部分的老人更重要。部落裏大多數成員的生命，可能有賴於一個好酋長的生存。高生產力的人，可能要比其他成人對其社羣更有價值。**演化過程極大化的，通常不是現有的生命數，而是繼起的生命未來能夠源源不絕**。在一個族羣中，如果所有在生殖年齡的男人或女人，加上防衛及養活這些人所需要的人口，都被保存下來了，則未來成長的前景就不會受到甚麼影響。反之，若所有四十五歲以下的女性無一倖存，則延續生命的可能性就全然破滅。

如果說基於這樣的理由，在延遠的秩序裏一切未知的生命都必須等量齊觀——就政府的行動而論，照我們自己的構想，我們已經非常接近這個目標了；然而，在小羣體裏或在我們本能的反應中，這樣的目標卻從未主導過我們行為。於是，人們便會質疑，這個原則是否善良或合乎道德。

不過，正如其他各種有機體一樣，人類的身體結構及其傳統調適的主要「目的」，乃在繁殖其他的人類。在這方面，人類已有令人驚訝的成果，而且不管人類自己知道與否，種種自覺的努力，只有在其對於達成這樣的結果有所貢獻時，才會有最持久的效果。去質問哪些有助於該結果的行為是否真是「好的」，並沒有真正的意義，尤其是當質問的目的是在追究我們是否**喜歡**這些結果時為然。因為誠如我們所見，我們從來就無法選擇自己的道德。雖然目前流行以功利主義的觀點來詮釋「好的」，認為凡是能促成我們想要的結果的事物都是「好的」，但這種見解既不正確也沒有用。即使我們接受一般的語用習慣，我們也將很快地發現，所謂「好的」，無非是傳統告訴我們應該做的，而我們自己卻不知道目的何在的 —— 這樣說並不否認人們總是會發明一些理由，為特定的傳統進行辯護。然而，我們卻可以好好地問，在傳統視為「好的」、卻又相互衝突的許多種規範當中，在特定的情況下，究竟哪些可以使遵循它們的人羣，得以生存並且繁衍更多。

七、生命除了延續自身之外，其他別無目的

除非生命自己準備自我延續的基礎，否則生命不可能存在。不管人類為甚麼而活，今天，大多數的人只有仰賴市場秩序才得以生存。我們人類因人口增加而步入文明，而同時人口也因文明而有增加的機會：我們可以既稀少又野蠻，或為數眾多卻又文明

開化。如果減少到一萬年前的人口數目，人類就無法保有文明。實際上，如果沒有足夠的人手承擔目前的專業分工局面所要求的工作，縱使將目前人類已得到的知識完美無缺地保存在圖書館裏，人類也無法善用這些知識。在核子浩劫後，即使有個地方可以讓一萬人倖免於難，所有書本上的知識也無法使這批人免於退回到原始狩獵的生活，雖然這些知識也許會縮短他們處於那種生存狀態的時間。

當人們開始將具體的共同目標擺在次要的地位，而優先遵守抽象的道德規範，以便參與一種有秩序，但無人能全盤觀照或全盤安排，也無人能預測的協作過程時，人們的成就便開始勝過他們自己已有的認識，同時，他們也一併作成了許多想不到，也不想要的結果。我們現在的道德規範所以如此這般，主要是因為它適合我們同類數目的增長；我們也許不喜歡這個事實，但，對於應該有甚麼道德規範，我們現在已經沒有甚麼選擇的餘地了（即使我們過去有），因為我們現在必須應付的是，一個既有道德規範已經發生作用〔譯者按：木已成舟〕、人口眾多的局面。現在有這麼多的人已經存在；只有市場經濟才可以維持大多數人生存。因為資訊的快速流通，所有地區的人現在都知道何種高的生活水準是可能達到的。目前人口密度較低的地方，人們多半必須增加他們的人口密度，才有希望達到較高的生活水準——於是使得市場經濟可以養活的人口更進一步地增加。

即使我們只想維持目前的人類數目，並保障他們的生活，我們也只能堅持同一套普遍的行為準則；因此，除非我們想讓數以百萬人陷入饑餓的絕境，否則我們就責無旁貸，必須抗拒那些將會摧毀類如個別財產制度這種基本道德原則的教條主張。

無論如何，不管主觀上我們怎麼希望或怎麼渴求，都將無補事實於萬一。不管我們是否喜歡看到人口與財富生產進一步增加，光是為了維持現有的人類生命與財產，並儘量保護他們免於災難，我們就必須像過河卒子那樣奮力向前，而在碰上有利的條件時，我們這樣的努力必然會繼續導致，至少在某段時間內，許多地方人口的進一步增加。

如果人類真有選擇的話，他們是否願意選擇文明呢？對於這個問題，我一直無意加以評估；不過，由於探討人口問題，卻也引出了兩個相關的見解。第一，人口爆炸這個妖魔將使大部分人的生活悲慘無比的說法，誠如我們所見的，是毫無根據的。既然沒有這樣的危險，那麼如果我們考量的是「中產階級」的現實生活而不是烏托邦地要求享受毫無衝突、痛苦、人生缺憾，甚至毫無道德束縛的世界 —— 人們也許會認為文明的快樂和刺激，對那些還未曾享受到的人而言，是個不錯的買賣。但我們在文明中是否比在不文明中生活更好這個問題，僅賴如此的揣測，大概終究無法回答。第二點是，對這個議題唯一堪稱客觀性的衡量，乃是去觀察和我們不一樣的人們，當他們有選擇時會做甚麼選擇。在第三世界裏，一般人民不顧西方世界教育出來的知識分子的反對，欣然地接受延遠的秩序所賦予的機會，即使這表示他們必須在城市周邊的貧民區居住一段時間。此一事實和從前的歐洲鄉下人，對於都會區資本主義興起的反應，都例證人們如果有選擇，他們通常會選擇文明。

（陳元保譯 • 謝宗林校）

第九章　宗教與傳統的諸守護者

在理智昌明以前的漫長人類歷史上，宗教，不管它本身是如何的原始粗糙，對於種種道德規範都有保全之功。

—— 亞當・史密斯

而那些斥責它，説它一點兒理性也沒有的人們，等於是在斥責他們自己所鍾愛的事物。

—— 孟德維爾

傳統諸守護者當中的自然淘汰

本書末了，我想就宗教信仰和本書主旨的關係，不拘形式地表示一些意見 —— 一些只該視為閒聊的意見。對於某些知識分子來説，它們也許不好消受，因為它們暗示，他們長期反對宗教的立場並不完全正確，而且他們對於宗教的作用所知極為有限。

本書指出，人類現在正徘徊於兩種存在的狀態中間。一方面，人類曾經以小社羣的方式存在了數十萬年，因此仍然擁抱着種種適於小社羣生活行為的態度與情感。在那種生存方式下，相互熟悉的伙伴知道怎樣互相照顧，以及怎樣追求共同的目標。令人納悶的是，那些古老的、比較原始的行為態度與情感，現在居然得到大部分理性主義以及經驗主義、享樂主義和相關的社會主義的理論擁護。另一方面，由於文明演化，晚近人類有了一種新的生存方式。在這種新的生存方式下，我們的行為不再是以照顧熟悉的伙伴為主要目的，也不再以追求共同的目標為主；可是，晚近演化形成的那些制度、道德體系以及各種傳統，所產生出來並且養活的人類，其數目卻比文明肇始之前存在的人類多上好幾倍；這許多以大致和平、但競爭的方式，和千萬個他們永遠也不認識的人互力協作，去追求千百種自己選定的目標。

這樣的一回事怎麼真的發生了呢？有許多傳統，人們不見得喜歡，也不了解；他們通常不知道，也沒有能力掌握或預見那些傳統有甚麼作用，而且甚至還不斷地、激烈地撻伐它們。然則人們所不喜歡，也不了解的這些傳統，怎麼可能還被代代相傳而延續不斷呢？

部分答案當然是我們開頭就說過的，亦即，道德體系的演化是透過社羣競存的方式在進行的：遵循某些道德傳統的社羣自然可以存活下來並且得到擴張。但社羣競存不可能是全部的答案。如果種種的行為規範，不是因為人們事先理解到它們有助於形成一個事先想像不到的延遠的合作秩序而被採納；亦即，如果行為規範不是來自於事先的理解，然則又是從何而來呢？更重要的問題是，在人類本能的強烈抵制以及晚近人類理智的打擊下，它們如何還能夠屹立不墜呢？這裏也許和宗教有些關係。

習俗與道德傳統，兩者都不是社羣理性地適應生存環境而產生的結果。因此，倘若得到社羣之圖騰或禁忌的支持，亦即，若能得到某些神秘或宗教信仰的支持補強，它們也許便較有可能左右社羣競存的結果。必須注意，那些信仰本身並不是理性的產物，而是因為人們傾向以泛靈論的觀點去解釋一切秩序現象而衍生出來的。個體行為遵守社羣圖騰所設定的種種限制，起初主要的作用也許只是提供某種標籤，方便社羣內部的成員互相辨識。後來，人們開始相信干犯禁忌會受到某些神靈的懲罰，於是種種禁忌就被保存了下來。「各種神靈一般都被視為傳統的守護者。……我們的祖先現在是活在另外一個世界的神靈。……如果我們不遵守習俗，他們就會生氣使我們諸事不順遂」(Malinowski, 1936: 25)。

但各種禁忌只是這樣被保存下來還不足以充分說明社羣競存的真正過程。那些信仰和相關的習慣，必須在另外的一個層面上發生作用，才會真正地對社羣競存產生影響。共同的習慣必須有一個機會，對社羣的發展產生累進有利或不利的影響，之後才會有演化選擇的結果出現。〔譯者附加：這樣的機會需要一些時日。〕在那當兒，共同的行為習慣是怎樣由一代傳遞至下一代的呢？文化特徵不像生物遺傳的特徵那樣會自動傳遞。任何一個行為習慣是否被傳遞至下一代，對形成整個傳統的貢獻或減損，和任何個別成員的創新對傳統的貢獻或減損，效果是一樣的。因此，任何特定的傳統，也許都必須歷經好幾代的光陰才會確定形成，乃至終於被社羣的成員普遍奉行。這樣的結果也許需要藉助某些神話一般的信仰才可能發生，特別是在行為規範和本能相互矛盾時，宗教信仰的力量就更為重要。也就是說，單憑功利或功能主義是不足以充分解釋種種例行習慣的根源的，而且有時候甚至是難以置信的。

我認為部分是由於宗教信仰，特別是幾個主要的一神教信仰的緣故，有益於人類的一些傳統才得以保存與流傳下來，而且歷時之久，至少讓遵循它們的社羣在自然或文化的競存過程中，有機會獲得成長和擴張。也就是說，不管你喜不喜歡承認，某些行為習慣之所以歷久不衰，以及人類之所以因此而有文明，有一部分確是因為那些習慣得到某些宗教信仰的支持與呵護；以科學報告的標準來說，那些信仰不是真實的，不是可以證實或檢驗的；另它們也不是理性論證的結果。它們雖然缺乏理性根據，但信奉它們的社羣確實因而得以「生養眾多、遍滿地面、治理這地」(〈創世紀〉, 1 章 28 節)；因此，我有時候覺得稱它們當中的某些信仰為「象徵性的真理」(symbolic truths) 並無不妥，至少可以表達我們充分認識到它們的作用。即使是像我本人這樣，無意接受人身神這種人神同性論概念的人們，也不得不承認，倘若我們視為毫無事實根據的那些信仰被過早拋棄了，則在長期缺乏其有力呵護的情況下，人類是否會演化出我們現在受用的這個延遠的秩序，便大有疑問；即使是現在，那些不管是真抑是假的信仰的淪喪，也給我們自己帶來了許多嚴重的困難。

無論如何，認為人類道德是由一些我們自己無法理解的過程所決定的宗教觀，比諸唯理主義的觀點也許更接近事實(雖然其接近的方式不完全符合宗教家的說法)。唯理主義者妄想人類運用本身的智慧創造了道德，而此道德反過來又賦予人類額外的力量，讓人類獲得大於自身所能預見的種種成就。傳說有些傳教士對自己所講的道理已經有些懷疑，可是因為擔心一旦失去宗教信仰，人類道德勢將淪喪，所以仍然繼續講道。我們如果將前面所說的那些話銘記在心，一定更能了解與體會他們的心情。他們的想法是正確的；即便是不信神的人也該承認，我們的道德以及那個不僅造就了我們的文明，而且也保障了我們的生命的傳統，乃源於我們竟然接受了一些在科學上無法被接受的事實主張所致。

形成並且促進文明發展的那些倫理價值，諸如家庭與個別財產制度，無疑和宗教有着歷史的關聯。這當然不是說那些價值和宗教之間在本質上有必然的關聯。過去二千年間，有許多宗教的創始者反對家庭和財產制度。**但，唯有那些支持財產和家庭制度的宗教目前仍然存在。**因此，反對財產和家庭（而且也反對宗教）的共產主義，前途並不樂觀。我相信它本身也是一種宗教，其黃金歲月已經過去，而現在正迅速地走向末路。在共產和社會主義國家的身上，我們正目睹自然選擇的過程如何淘汰那些不適生存的宗教信仰。

這裏所說的共產主義之衰落，主要發生在已經實施共產主義的地方。只有在那種地方才有機會讓種種不切實際的希望幻滅。在尚未體驗過其實際效果的人們的心目中——對西方世界的知識分予以及處於延遠秩序之邊緣（亦即第三世界）的窮人而言——它依舊顯得生氣盎然。在西方知識分子這方面，他們也許愈來愈覺得此處所駁斥的那種理性主義畢竟不是值得崇拜的真神；但他們依舊需要有個神來倚靠。於是他們轉而崇拜某種詭異的黑格爾式的辯證哲學，因為這樣他們就可以一面沉醉於理性的幻覺，一面宣揚以獻身「人道主義的人類全體」(humanist totality) 為名而不容任何批評的那一套信仰(事實上，那個辯證哲學本身就是一種極端唯理主義的哲學；也正是我所駁斥的理性營造主義)。例如馬庫色(Herbert Marcuse) 就有這樣的說法，「就個體而言，只有在特別構成的**政體** (polis) 裏，亦即，只有在『理性』組成的社會裏，才有可能獲得真正的自由(而這自由不只是自由主義者所說的那種自由)」。(引自 Jay, 1973: 119, 若想知道馬庫色所謂的「理性」是甚麼意思，請見該書及所附書目之第 49 、57 、60 、64 、81 、125 頁及各處。)在第三世界這面，「解放神學」(liberation theology) 也許會和國家主義合流而形成一種力量強大的新宗教觀，給已經嚴重陷入經濟困境的窮人帶來更多的災難(見O'Brien, 1986)。

宗教力量如何延續了有利於社羣發展的那些習俗呢？由於人們往往不知道習俗有甚麼寶貴之處，因此只有在其他一些信仰的堅定呵護下，習俗才有可能被保全下來，並且經過一段時間而逐漸茁壯到耐得住自然選擇的淘汰；此外，從前也有些現成的迷信，有足夠的力量扮演這種呵護習俗的角色。習俗所促成的人類互動秩序延伸得愈廣，就愈顯得不利於人類一些本能的主張；因此，也許有一段時間，該秩序是否能夠繼續茁壯，就端看呵護習俗的那些宗教信仰，是否能夠繼續發揮它們的影響力，亦即，端看是否有一些不成理由的理由的影響，使人們的所作所為恰好是為了維持一個讓愈來愈多的人們得以養活自己的結構秩序所必需的（見附錄七）。

正如從來沒有任何人有過促成延遠秩序的意思，同樣地，我們也沒有任何理由相信來自宗教的呵護是某些人經心安排的傑作，或時常有些「陰謀」的成分牽涉在內。只有心靈幼稚的人——特別是從我們無法觀測到我們所奉行的道德，會給自己帶來甚麼樣的影響這個觀點來看——才會異想天開地以為有某些聰明的菁英分子，冷靜地評量過各種道德系統的影響，從中精挑細選，並且暗中合謀利用柏拉圖式的「高尚謊言」(noble lies)，說服羣眾吞食了某種「人民的鴉片」(opium of the people)，從而誘使羣眾服從有利於統治階層的種種道德規範。我們無庸置疑，歷史上世俗的統治者往往基於個人方便的考量，而選擇了某些特定的基本宗教信仰；也無需懷疑，世俗的統治者時常有計劃地，有時甚至可說是狡獪地，尋求宗教力量的支持。然而，統治者的這些動作大多是針對一時的爭權奪利而發，而一時的爭執對於長期的演化過程則是無足輕重的。在那個過程當中，道德規範是否有助於社羣的擴張，較之特定的統治集團是否曾經在某些特定期間擁抱或關愛過它，更具決定性。

在描述和評估這方面的發展時，我們也許會在語言上遇到一些困難。我們日常所用的語言，不足以將一些必要的概念精確地區別開來，特別是在論及知識的場合。例如，假設某人有某種行為習慣，而且假設他自己不知道那種習慣確實不僅使他和他的家庭，而且也使許多他不認識的人得以存活的可能性增大了；在這種場合——特別是他不是為了大家的存活才保持那種習慣，而是為了其他完全不相干的理由時——我們能說他有**知識**嗎？很顯然的，引導他獲得成功的，不是一般所謂的理性知識。另一方面，我們也不該將那些學來的行為習慣歸屬於感性，因為它們顯然並非完全受制於那些適合稱之為感情的因素，雖然也許間常有些感情因素，像是害怕(他人或神明的)責備或懲罰，支持或保全了某些特定的習慣。在即使不是大多數，也是非常多的例子裏，最後贏得勝利的人是，那些保持「盲目的習慣」，或是那些從宗教的訓誨中學得諸如「誠實為最佳策略」這類信仰的人；憑着那些習慣和信仰，他們終於擊敗了自以為較聰明，而有其他「思維推論」的同伴。在生物演化的過程中，僵固不變和保持彈性，都是重要的生存策略；有時候，堅定不移的道德原則比一些較具彈性的法則更為有效。奉行彈性法則的人，每每企圖根據一些特定的事實和可以預見的後果——亦即，根據較容易稱之為知識的東西——來駕馭自己的行為和努力的方向。

就我這個人來講，我最好聲明，對於別人口中的上帝，我覺得沒有任何理由說祂存在，一如我沒有任何理由說祂不存在，因為我必須承認我真的不知道「上帝」一詞究竟是甚麼意思。有許多人透過人神同形同性論、人身化或泛靈論的解釋而成功地賦予「上帝」一詞某種意義，而我則拒絕每一個這樣的解釋。對我而言，想像有一個像人或人心的主宰存在，幾乎無異於自大高估了人心這類東西的能耐。在我的思想結構中，或者在我的世界觀裏，凡是找不到地方賦予意義的字眼，我都無法理解。因此，倘使我裝作為了表達自己的一些信仰，而使用了那些字眼，我就不能算是一個誠實的人了。

對於是否在此插入這個有關我個人的聲明，我曾經猶豫了很久。最後決定這麼做，是因為我覺得任何一位公認為不可知論者所給予的支持，也許都可以使篤信宗教的人士更有勇往直前的氣魄，堅持大家殊途同歸所獲得的共同結論。許多人口中的上帝，指的也許就是使他們自己的社羣得以生存的那個道德或倫理價值傳統，只不過他們將傳統擬人化了。宗教將秩序的來源——那個昭示成員如何在整個秩序當中行動，才會有所成就的地圖或指南——歸功於一個人形模樣的神明。我們現在則已知道，秩序的來源不在這個世界之外，而是這個世界的特徵之一，一個非常複雜的特徵，複雜到世界上沒有任何成員有能力想像得到它的「形態」或「外觀」。因此，有些宗教禁止崇拜或繪製偶像，頗有幾分道理。但，也許大多數人的抽象理解能力有限，頂多只能將抽象的傳統想成是某一個人身上的意志。果真如此，則在種種較公開的超自然主義已被當作迷信而掃地出門的這個時代裏，人們會不會轉而在所謂「社會」的身上去尋找那個意志呢？

這個問題也許關係到我們人類文明的絕續。

（謝宗林譯）

附錄

一、「自然的」與「人造的」

在科學與哲學方面，目前慣用的術語仍然深受古希臘哲人亞里士多德的影響。由於亞里士多德對於演化過程一無所悉，以致許多現行的對照分類概念，不僅通常無法用來正確地描述我們在第一章所討論的那些問題與衝突的發生過程，而且實際上它們本身就是阻撓了解這些問題與衝突的障礙。在這裏，我要討論一些分類上的困難，希望讀者熟悉了一些概念上的障礙之後，對於我們所討論的問題會有更深入的理解。

且讓我們從「自然的」(natural) 一詞開始。它是許多誤解與爭論的根源。英文裏 " natural " 有一同義字 " physical "。" natural " 的拉丁文字根是 " nascor "，而 " physical " 的希臘文字根則是 "phyo "。不管是 " nascor " 或是 " phyo "，原來都是用來描述某種成長過程的動詞（見 Kerferd, 1981: 111-50）。因此，我們如果利用 "natural" 來描述任何非由人心刻意設計，而是自化長成的東西，應該算是頗為恰當的。就這個意義來說，自動演化〔譯者按：或自化〕出來的道德，完全可以說是自然的，而不是人為創造的，而且將這種傳統的規範稱作「自然的法則」(natural law)，也頗為恰當。

但，目前的語用習慣卻不方便我們依剛才那個意義去理解自然的法則。更正確地說，目前的語用習慣似乎將「自然的」一詞嚴格限定，只用來描述種種天生的行為傾向或本能，而(就像我們在第一章裏說過的)這些傾向或本能，往往和演化形成的行為規範發生衝突。如果只有天生本能的反應才有資格被稱為「自然的」，而且——好像情況還不夠糟，應該加把勁似的——如果只有為了維持某種存在的事物狀態，特別是為了保全小社羣或部落近親的生活秩序所必需的，才有資格被稱為「好的」(good)，那麼我們就必須以「不自然的」(unnatural)而且「不好的」(bad)來形容一切文明的行為——亦即，一切遵守抽象的規則，以及在這些規則之下進行調適以因應變局的行為，甚至開始向文明過渡的那些步驟，也統統應該被稱作「既不自然且不好的」。

稍微換個角度來說，如果「自然的」一定要用來表示天生或本能的，而「人造的」(artificial)一定要用來表示人為設計的東西，那麼文化發展形成的東西(諸如種種傳統的行為規範)，顯然既不是天生的，也不是人為設計的，所以文化發展的產物不僅是「介於本能和理智之間」，而且當然也介於「自然的」(亦即,「本能的」)和「人造的」(亦即,理智設計的東西)之間。換句話說，非「自然的」即為「人造的」的截然二分法，以及與它類似而且相關的非「激情」(passion)即為「理智」(reason)的截然二分法——因為它們是一刀兩斷的，不容許有任何中間地帶存在它們之間——是致使人們忽略，並且誤解文化發展過程的一個重要原因。文化發展是一種發生於生物體外的(exosomatic)過程，它關係重大，因為決定文明成長的種種傳統就是來自於它。然而，實際上，前述的那些二分法只是大筆一揮，就把這個中間地帶，以及這些體外發展的過程，全部抹殺掉了。

然而，如果我們越過這些粗糙的二分法，我們馬上就可以看到，真正和激情相對立的，不是理智而是傳統的道德。行為規範傳統的演化，是一種**介於**本能演化與理智演化的過程；將此一分明不同的過程視為理智設計的產物，是一個相當離譜的錯誤。傳統的種種行為規範確實是在演化的過程中自然地長成的（grown）。

成長（growth）不是生物有機體獨有的特性。從老生常談的滾雪球到風積沙堆或各種結晶現象——以及泥沙淤積、山脈隆起和複雜的分子形成——在自然界裏，體積或結構增長變大的例子，可以說是不勝枚舉。至於有機體之間的種種關係結構，如果仔細地思考它們是怎樣出現的，我們就會發現，不管是從語源或是從邏輯的觀點來說，以「長成的」一詞來描述關係結構的出現，也是十分恰當的。而我就是用「成長」這個字來表達這樣的意思，亦即，用它來指謂在自生自列的（self-maintaining）結構當中所進行的種種過程。

因此，如果我們仍舊將文化發展擺在自然演化的對立面，我們就會再度掉進剛才說過的那個陷阱——掉進截然二分法的陷阱，而誤以為除了着意設計與引導的「人造的」發展之外，就只剩下一些展現一成不變之本能特性而被稱為「自然的」東西了。這個關於「自然的」的註解，輕輕鬆鬆地就把一般學者推向了營造理性主義的陣營。儘管營造理性的觀點優於有機論的「解釋」（後者只是以某種未經解釋的過程，取代另一個同樣未經解釋的過程，亦即，它雖名為「解釋」，其實甚麼也沒說，因此，目前已被普遍揚棄了）；但，我們應該認清，分明有兩種不同的演化過程，而它們都是完全自然的過程。雖然文化發展確實是一種獨特的過程，但，在許多重要的層面，它還是比較像遺傳或生物演化，而不像由理智引導（或以先見之明為依據）的發展過程。

雖然人們在很早以前就已時常注意到，人羣互動所形成的秩序，和生物有機體所呈現的秩序有些類似。但，過去因為我們無法解釋自然界的生物是怎樣形成的，亦即，我們對於演化選擇的過程一點兒也不明白，所以將人羣互動秩序比作生物有機體，對於理解前者沒有多大的用處。然而，現在我們已經知道演化選擇是怎樣的過程了，便無需藉助似是而非的比喻，因為演化選擇就是通盤了解生命、心靈以及人際關係等等秩序現象生成的鎖鑰。

值得順便在此說明的是，有些生命的秩序，例如心靈（mind）秩序，也許有能力作成一些層次較低的秩序，但它們本身卻不是由某些較高層次的秩序所作成的。這個事實告訴我們，必須認清我們自己解釋或設計低層次秩序的能力是有限的，而且我們也沒有能力去解釋或設計層次高過我們心智的秩序。

在交待過讓這些習慣用語的意義發生混淆的一般性問題之後，我想我們應該舉休姆為例，簡略地指出，即使思想和我們同一淵源的哲學巨擘，也曾因這些錯誤的截然二分法，而在思想上被一些誤解所困擾。就此處的目的而言，休姆實在是個很好的例子，因為對於我會堅持以「自然的」來形容的傳統道德，他卻很不幸地選擇了「人造的」作為形容詞（這個形容詞也許是從習慣法〔common-law〕學者的術語「人造的理由」〔artificial reason〕借用過來的）。

頗為反諷的是，休姆就因為這個不幸的選擇，而被一些人誤認為是功利主義的開山祖師，儘管他一再強調「公道的行為規範雖然是**人造的**，但並不是任意武斷的」，並且也曾說過，基於前述的理由，甚至「把那些規範稱作**自然**法則，並無不妥」(1739/1886: 第二卷, 258)。為了撇清自己沒有營造主義的想法，他還特別辯解地說，「說人們即刻就有這些仔細的考慮，只不過是一個（讓行文較為方便的）假定而已；其實人們幾乎是在不知不覺中經過日積月累才會想到它們的」(見同一出處, 274)。（在這裏, 休姆採用了十八世紀人生哲學家稱作「理論性歷史」的分析方法〔參見 Stewart, 1829: 第七卷, 90, 以及 Medick, 1973: 134-76〕。這個方法後來經常被稱為「理性的重構」〔rational reconstruction〕。但, 休姆運用這個方法的方式卻容易引起誤會。後來, 和他同一時代但年紀比他小的佛格森雖也使用同一分析方法, 卻已經知道怎樣避免引起誤會。）這些段落令人覺得，休姆的思想其實和自然演化的觀點相當接近，他甚至想到了「任何形體除非擁有維持其生存所必須的那些能力與器官，否則就不可能存在這世界上：任何形體都必須不斷地嘗試一些新的結構秩序或系統安排等等，一直到撞上了某種能夠自立更生的結構形式為止」；而且也想到了人類不可能「會有異於一切生物的命運，〔因為〕在所有生物之間的永恆戰爭」一定會延續下去(1779/1886: 第二卷, 429, 436)。正如某些人所說的那樣正確，休姆實質上已經看出「在自然的和人造的中間，有另一種類型存在，而這種類型的特徵，分別和前面那兩種有部分重疊」(Haakonssen, 1981: 24)。

然而，對於某些人來說，當他們想要解釋種種自行組織的事物運作時，他們總是禁不住某一特定思考方式的誘惑，亦即，他們總是禁不住要設法去證明那些事物也許是某一偉大心靈的精心傑作；因此，我們不難理解在休姆的門人當中，會有一些人便以這樣的方式去理解他所使用的「人造的」一詞的意義，並且根據這樣的理解建構了一種功利主義的倫理觀，認為人類是在考慮過各種道德系統的效用之後，才刻意地選擇了他們所信守的道德的。這樣的見解，如果安置在一個曾經強調「道德規範並非得自於吾人之論理」(1779/1886: 第二卷, 235) 的人的身上，未免過於奇怪；但是，對於相信笛卡兒的唯理主義者，例如，對於赫爾維許 (C. V. Helvetius) 而言，有這樣的誤解毋寧是極其自然的事。赫爾維許一般公認就是邊沁功利主義理論的源頭 (參見 Everett, 1931: 110)。

雖然在休姆與孟德維爾兩人身上，我們可以看到自化秩序和演化選擇這兩個孿生概念逐漸成形 (參見 Hayek, 1967/78: 250, 1963/67; 106-21, 以及 1967/78a: 249-66)，然而首開風氣、有系統地採用這種自然演化方法進行分析的，卻是亞當・史密斯和佛格森。在亞當・史密斯之前，自然演化的觀點雖然逐漸取代了亞里士多德的靜態 (stationary) 觀點，但一直要到亞當・史密斯的著作問世，自然演化的觀點才獲得突破性的發展。十九世紀有一位亞當・史密斯迷，因為曾經宣稱《原富論》的重要性僅次於《聖經》，至今還時常被人嘲笑。但，平心而論，那位亞當・史密斯迷許不算誇張到該惹人如此對待的地步。甚至亞里士多德的門徒阿奎那也不得不暗地裏承認，如果基督教所稱的罪惡一件也不可以犯的話，那麼許多有用的事物便不可能出現在這個世界上 (《神學大全》〔*Summa Theologica*〕, 第二卷, 第二章, q. 78 i)。

亞當・史密斯早就被許多學者公推為人工智慧學 (cybernetics)

的創始者（見 Emmet, 1958: 90, 和 Hardin, 1961: 54），最近他的榮耀又多了一項。不久之前，有人研究達爾文的筆記，發現達爾文在極具關鍵性的一八三八年，曾經詳讀亞當・史密斯的著作，此一因緣也許和他後來的重大突破有密切的關係（見 Vorzimmer, 1977; Gruber, 1974）。

因此，我們可以相當篤定地說，主要是由於受到十八世紀若干蘇格蘭人生哲學家的鼓舞與刺激，西方思想界才開出了演化理論的花朵，而屬於同一源流的，還有我們稱為人工智慧學、一般系統理論（general systems theory）、結構能量學（synergetics）、自動形成學（autopoiesis）等等的現代學科，而我們之所以能夠更為深入地認識市場系統確實具有優越的自動調整力量，以及了解語言、道德和法律等等的演化發展，也都要歸功於同一思想見解（請參見 Ullman-Margalit, 1978, 以及 Keller, 1982）。

儘管如此，亞當・史密斯至今仍是許多人嘲笑的對象，甚至在經濟學界，還有人拿他當笑柄。目前仍然有許多所謂的經濟學家尚未發現，研究市場秩序的科學一定是以分析種種自動調整的過程為其主要工作。在亞當・史密斯之後，過了一百餘年，有另一位偉大的經濟學家 —— 孟格，很清楚地認識到「此一起源的因素（genetic element），和理論科學（theoretical science）的孕育發展密不可分」（參見 Menger, 1883/1933; 第二卷, 183; 另外, 比較此處和他稍早如何使用「起源的」〔genetic〕一詞有何異同, 請參見 Menger, 1871/1934: 第一卷, 250）。演化和自發形成秩序的觀點，最先是被一些人用來理解人羣互動結構的起源與作用的。主要是受益於這些人的啟發，演化與秩序自發形成的觀點後來才變成研究某些複雜現象的主要工具，而這些複雜的現象確實也不是「機械化的」單向因果「定律」

能夠給予充分解釋的（參見附綠二）。

近幾年來，深受演化觀點影響的研究範圍愈來愈廣，以致一九八〇年德國自然科學協會（Gesellschaft Deutscher Naturforscher und Ärzte）的年度會議報告裏，有一句話說，「對於現代的自然科學來說，一個原本是包含各種東西現象的世界，已經變成了由各種結構與秩序組成的世界了。」

近來這些自然科學方面的發展，證明巴頓（Simon N. Patten）的見解相當正確。這位美國學者在九十幾年前曾說，「如果說亞當・史密斯是從道德學進入經濟學的第一人，那麼達爾文便是從經濟學進入生物學的第一人」（1899: 第二十三章）。其實，我們現在看來，亞當・史密斯的貢獻比巴頓所說還要多：他所提供的分析典範，現在已是許多科學研究部門的一個分析利器。

要證明生物學的演化概念來自於人文科學，最佳辦法莫過於舉例說明，生物學的一些關鍵詞彙乃是從人文科學那邊借用過來的。例如，"genetic"（德語作"genetisch"）〔譯者按：意即「起源的或遺傳的」〕一詞現在也許已變成生物演化理論當中至為關鍵的術語了，然而，最早使用"genetisch"這個字眼的，顯然是赫德（1767）、席勒（1793）和魏蘭（1800）這三位德國的人文學者（參見 Schulze, 1913: 第一卷, 242），後來卡萊爾才把它化為"genetic"，形成一個新的英文單字。一七八七年瓊斯勛爵發現印歐語系有一共同的來源之後，"genetic"一詞變成了語言學的一個專門術語。到了一八一六年當波柏（Franz Bopp）深入研究印歐語系問題時，文化發展的概念已成老生常談了。我們也可以在洪堡德（1977: 第三卷, 389, 418）一八三六年的著作中，找到"genetisch"的蹤跡；在那裏，他還說「一般人會很自然地把語言的形成過程，想成是連綿不斷的，然而，一旦我們這樣想，我們就必須將語言，連同自然界的一切起源，歸因於某一演化系統」(在此感謝德國杜塞道夫〔Düsseldorf〕的基勒〔Rudolf E. Keller〕教授讓我知道有這個參考資料)。洪堡德之所以是一個鼓吹個人自由的大思想家，是否純屬意外呢？而在達爾文發表了他的曠世名著之後，我們看到了許多法律學者和語言學者(當時這些法律和語言學者顯然知道, 他們之間的親戚關係可以追溯到古羅馬時代〔參見 Stein, 1966: 第三章〕)，聲明他們自己是「達爾文之前的達爾文主義者」(見 Hayek, 1973: 153)。直到貝蒂生(William Bateson)的《遺傳學的若干問題》(*Problems of Genetics*, 1913)問世之後，"genetics" 才很快地變成專門代表生物演化的一個名詞。在這裏，對於 "genetic" 一詞，我們將遵守由貝蒂生建立起來的現代用法，亦即，用它來表示憑藉「基因」(genes) 而進行的生物遺傳〔譯者附加：或繼承〕，好讓生物遺傳〔譯者附加：或繼承〕和憑藉學習而進行的文化遺傳〔譯者附加：或繼承〕，在名詞上有個區分——但，這個名詞上的區分並不表示實質上也會有截然而且徹底的區分。這兩種遺傳方式經常相互影響，特別是因為基因遺傳決定了學習能力，所以它對於甚麼可能或不可能獲得繼承而成為「文化」的一部分，有決定性的影響。

(謝宗林譯)

二、人類互動問題的複雜性

雖然自然科學家們有時候似乎不願意承認，人類互動的問題要比他們所研究的對象來得更為複雜，但是，其實在一百多年前，自然科學界的一位巨擘麥斯威爾（James Clerk Maxwell）便已經將這個事實看清楚了。他在一八七七年寫道：「自然科學一詞」通常「多少有點狹隘地」用來指謂「那些只以最簡單、最抽象的現象為研究對象的科學部門，完全排除諸如在一些生物身上觀察得到的那種較為複雜的現象」。另外，近來有一位諾貝爾物理學獎得主阿爾華瑞茲（Louis W. Alvarez）也強調，「物理學其實是所有科學當中最簡單的……。然而就遠遠較為複雜的系統來說，譬如像印度這種發展中國家的人口現象，目前則還沒有人能夠確定甚麼是改變種種既有條件的最佳辦法」（1968）。

當我們越往複雜的現象挺進，機械式的方法或簡單的因果解釋模型便越來越派不上用場。尤其是那些對於形成許多非常複雜的人類互動結構有決定性影響的現象，譬如經濟價值或價格，就不能用簡單的因果關係或「一般定律式的」（nomothetic）理論來加以解釋，而必須以永遠比我們所能個別觀察或操縱的因素還要多的各種不同因素，所形成的種種聯合效果來加以解釋。

很久以前被亞當・史密斯以「看不見的手」來比喻、描述的種種市場過程，一直要等到一八七〇年代發生了「邊際效用革命」（marginal revolution），才有一個較令人滿意的解釋。關於這種自動形成秩序的過程，亞當・史密斯的說明雖然只是個比喻而且也不完整，但畢竟是第一個科學性的描述。相對比照之下，詹姆士・穆勒（James Mill）和約翰・穆勒父子倆的能力便差了一大截；他們只會套用簡單的因果關係，把市場價值想成是由若干發生於前的事實來確定的，此外，便再也想不出其他的好方法了。於是，他們父子便和許多現代的「仿物理學家」（physicalists）一樣，無緣了解種種自動調整的市場過程。後來由於李嘉圖承受了詹姆士・穆勒的誘導，以及馬克思自創的理念作梗，使得藏在邊際效用理論裏的那些事實真理仍舊得不到世人的認識。即使是現在，也還有人企圖以單向的因果模式在這些領域裏進行解釋的工作（在英國，由於馬夏爾和其門徒的影響深遠，這種情形延續得更久）。

在這方面，約翰・穆勒也許是最具關鍵性的人物。他很早就將自己置於社會主義者的影響之下；由於有這樣的傾向，所以他很受「進步的」知識分子的歡迎，而贏得了自由主義先鋒和「理性主義之聖」的名聲。但是，他也許卻比其他任何人獨自接引了更多的知識分子去相信社會主義：費邊主義（Fabianism）運動，基本上是由一羣他的門徒醞釀促成的。

穆勒之所以自絕於步上理解價格具有引導功能的門徑，乃是因為他篤信自創的教條，偏執地認為「在價值定律的領域裏，不會再有新的問題等待這一代或將來的任何作者來澄清了」（1848/1965，《作品集》，第三卷：456）；這個自以為是的信念讓他以為「價值的考量只和〔財富的分配〕有關」，而跟財富的生產則扯不上邊（見同一出處，455）。穆勒所以無視於價格的引導功能，是因為他假定：只有遵照自然科學的標準方法，以少數幾個發生於前並且可以觀察到的事件為基礎，來描述某種機械式的因果過程，才有資格稱得上解釋。由於穆勒的這個假定影響實在太久了，所以當二十五年後

「邊際效用革命」一旦來臨，便宛如一顆炸彈爆炸那樣具有驚人的效果。

> 在此值得一提的是，在穆勒的教科書剛發行了六年後，便有一位現在幾乎已完全被遺忘的思想家高笙(H. H. Gossen)，先人一著地想到了一部分邊際效用理論，當時，高笙就已經清楚地認識到，延遠的生產活動有賴於各種價格的引導，而且他也強調「只有透過個別財產權的建立，才可以找到那一把用來決定各種情況下各種商品的最適生產規模的尺度……。給予個別財產權最大可能的保護，絕對是延續人類社會最迫切需要的條件」(1854/1983: 254-5)。

儘管穆勒的著作造成了極大的傷害，我們可能還是要原諒他的大部分罪愆，因為他當時正迷戀着一位後來成為他太太的女性。當這位女性過世時，他曾經說「這個國家損失了它的一顆最偉大的心靈」，而且他還公開地褒揚她，說「在公共事務方面，她的高貴情操……從不放棄追求完全的所得分配正義這個終極目的，也就是說，她渴望一個在精神上和實際上都是徹底共產的社會狀態」(1965,《作品集》, 第十五卷 : 601; 並請參閱 Hayek, 1951)。

不管現在穆勒是否還有些甚麼影響，對於種種非常複雜的互動秩序，馬克思經濟學到今天都還把它們當作是一種機械現象，企圖用單向的因果關係來加以解釋，而不把它們當作是，那種讓我們可以用來解釋更多複雜現象(秩序)自發形成過程當中的原型。然而，值得在此一提的是，正如瑞格（Joachim Reig）曾經指出的那樣，在讀過傑逢斯和孟格的著作之後，馬克思自己便好像完全放棄了資本論的後續研究（參見瑞格在龐－巴衛克所寫有關馬克思之剝削理論的論著的西班牙譯本中所作的譯者序〔1976〕）。如果真是這樣，那麼追隨馬克思的人顯然就不像他本人那樣的聰明。

（黃耀輝譯・謝宗林校）

三、時間因素和各種結構的出現與複製

有些結構能夠形成並且繁衍更多的結構，只因為其他已經存在的類似結構，能夠將它們的特質傳染給其他的結構（這些特質偶爾會產生變化）；於是，種種抽象的秩序便能夠呈現某種演化的過程；在此過程中，它們從一種具體的物質形態轉化成其他許多種具體的形態，而後者之所以生成，則完全是因為那個抽象的形態已經事先存在；這些事實，給我們的世界多了一個新的次元：那就是時間的箭頭（time's arrow; 見 Blum, 1951）。在時間的過往中，出現了許多前所未有的新形態：許多自我延續卻又不斷演化的結構，它們在任何一個時點雖然僅以某種特定的具體形態呈現，然而它們本身卻永遠是個別存在的、抽象的東西，只是以各種不同的面貌一再地呈現出來。

能夠藉由某種複製的過程而形成結構，將讓那些具有這種複製能力的分子有更好的機會繁衍開來。那些有能力形成較為複雜的結構分子，因為獲得演化的青睞而繁衍更多，進一步形成更多這種複雜的結構。這種結構的模型一旦出現，就跟任何具體的東西一樣，是構成這個世界秩序的一個明確的成分。在種種互動的結構裏，羣體活動的形態乃是取決於個別分子共同的一些代代相傳的行為成規；而這些活動秩序必須不斷地變化（調適），才能保全它們的一般特質。

（黃耀輝譯 • 謝宗林校）

四、疏離感，退出者，與寄生者的權利主張

這一節將記下我對標題裏那些事物的一些想法。

1. 我們已經看到，個人本身的情感和延遠的秩序所要求於個人應有的作為，兩者之間事實上一定會有衝突：個人本能的反應，老想突破個人學來的那一套維繫文明於不墜的行為成規。過去一般有教養的人，一向是把這種本能的反應看成粗鄙無文而避之唯恐不及，只有盧梭才會在文學上美化歌詠它們，在科學上主張擁抱它們。在他的著作裏，所謂自然的（此處應解為「本能的」）便是好的或者值得追求的，其實是在表達一種妄想的情懷——妄想回歸簡單的、原始的，甚至野蠻的狀態的復古情懷。他深信，人應該去滿足他或她自己的慾望，而不是應該遵守道德成規；他說，那些道德成規，都是被自私成性的既得利益團體發明出來，並且強套在他人身上的枷鎖。

近來有「小就是美」的懷古想法，以及對「沒有樂趣的經濟」(The Joyless Economy) 的種種抱怨，雖然不像盧梭那樣激烈，但同樣都是在表達對於我們的傳統道德無法製造出更多的快樂而感到失望（Schumacher, 1973; Scitovsky, 1976; 以及許多關於「疏離感」的文獻）。

2. 光只是本身存在，並不能賦予任何人對他人有正當的權利主張或道義要求。在特定的情況下，個人或團體對一些特定的人士也許必須承擔某些責任；然而在一個遵守共同的行為規範、讓人類得以成長與繁衍的系統裏，並不是每一個存在的生命都有道德上的權利要求得到保全。有些愛斯基摩族 (Eskimo tribe) 在每季遷徙時，將衰老的族人留下來等死，這樣的成規對我們來說也許

殘酷得無法接受，但也許卻是讓他們的後代得以保全到下一個季節所必需的作法。再說，對於那些無法治癒的病患，我們在道義上是否必須竭盡現代醫學的能力去延長他們痛苦的生命，都還是個見仁見智的問題。甚至在我們問這種權利主張應該向誰提出才算正當之前，這些問題便梗在那裏了。

權利來自於種種的系統關係；每個人都是因為協助維持這些系統，成為它們的一部分，才得到權利的。如果他不再這樣做，或者從未這樣做過（或者從來沒有別人代他這樣做過），那麼他就沒有甚麼可以主張任何權利的根據。個人之間的關係，只有在互相情願維持的情況下，才會存在；光憑個人一己的主張，對於他人來說，是構成不了甚麼責任的。只有一些長期存在的例行成規所造成的那些預期，對於奉行這些例行成規的社羣當中的成員，才會產生責任的約束；這也是為甚麼我們在與別人交往的過程中，必須謹慎的一個理由，我們必須小心避免讓別人對我們產生一些我們自己無法滿足的責任預期。

3. 社會主義一向教誨許多人，說不管他們自己有甚麼貢獻，也不管他們自己是否參與努力，他們都有主張得到照顧的權利。從產生延遠的文明秩序的那種道德觀點來看，社會主義實際上就是在煽動人們犯法。

那些聲稱已經對他們自己顯然大多從來沒有學會認識的事物「感到疏離」的人，以及那些寧願像寄生蟲那樣頹廢過活的人——這些不僅拒絕對生產過程作出貢獻而又耗損產出的人，其實都是在追隨盧梭的呼籲，訴求重返野蠻的大自然；在他們看來，那些讓人類合作秩序得以形成的制度成規，便是主要的邪惡所在。

我不是在質疑個人是否有自願脫離文明生活的權利。但是，這種人究竟還有些甚麼其他「應得的權利」(entitlements) 呢？我們是否應該補貼他們的隱士生活呢？免於受到文明賴以維繫的那些規範的約束，絕不可能是任何人應得的權利。我們也許能夠幫助殘弱，也許能夠幫助很幼小和很老的人，但是，那也需要頭腦清醒的成年人，遵守了超乎人情的紀律，讓我們得以有這樣提供幫助的能力才行。

如果把這些錯誤的想法說成是年輕人自己杜撰出來的，那就大錯特錯了。他們只不過是把別人教給他們的想法反映出來而已；他們只是反映父母的教誨——反映心理學系、社會教育學系和這些學系所培養出來的典型知識分子所播送的理念；而這些理念都是仿盧梭、仿馬克思、仿佛洛伊德、仿凱因斯等人的次級再製品，經由一些本能情慾超過理解能力的知識分子之口而傳播開來的。

(黃耀輝譯・謝宗林校)

五、遊戲——學習行為規範的道場

讓自發秩序得以形成的許多例行成規，和遊戲當中所遵守的那些規則，有許多共通之處。若要追究遊戲當中的競爭成分的起源，也許會把我們帶離正題太遠；不過，歷史學家惠真雅（Johan Huizinga）對於遊戲在文化發展過程中所發揮的作用，有相當精湛且富啟發性的分析，值得我們好好學習；可惜的是，到目前為止，研究人類秩序的學者們對他的作品，還沒有足夠的認識（見 Huizinga, 1949: 特別是 5, 11, 24, 47, 51, 59 和 100；亦見 Knight, 1923/36: 46, 50, 60-6; 以及 Hayek, 1976: 71, 和註 10）。

惠真雅寫道：「文明生活所憑藉的那些巨大的本能力量，皆起源於神話與儀式：法律與秩序、商業與利潤、手工藝和藝術、詩詞、智慧與科學等等都是。這些都是根植於遠古的遊戲園地裏」（1949: 5）；遊戲「創造秩序，本身就是秩序」（1949: 10）。「它依照固定的規則，在其特定的時空範圍內，有秩序地進行」（1949: 15, 51）。

賽局，確實是遵守共同規則的過程可以導致秩序的一個清楚的例證。每個參賽的分子追求不同，甚至相互衝突的目的，但因為他們遵守同一套規範，結果卻形成整體的秩序。另外，現代的賽局理論也已經證明，在某些賽局當中，某方的獲益會完全被另一方的損失所抵消，但也有些賽局會產生全面的淨益。延遠的互動結構所以能夠成長茁壯，乃是因為個人參與了後一種賽局的結果，這種賽局導致整體生產力的提升。

（黃耀輝譯・謝宗林校）

六、對人口經濟學與人口人類學的看法

第八章所討論的那些問題，是經濟學一開始便關心的問題。經濟學的真正起源，可以說是在一六八一年開始的。那時候，培帝（Sir William Petty，一位比牛頓稍微年長的同事，也是皇家協會〔Royal Society〕的創始人之一）對倫敦何以快速成長甚感興趣。他發現倫敦已經成長得比巴黎和羅馬加起來還要大，讓大家大吃一驚。在他的〈人類的成長、增加與繁衍〉（The Growth, Increase and Multiplication of Mankind）一文裏，解釋為何較高的人口密度使得更細膩的勞動分工成為可能：

> 每樣產品都將儘可能地細分成若干個部分。在製造手錶的過程中，如果一個人製造齒輪，另一個人製造彈簧，而又另一個人則雕刻錶面，那麼這只手錶就會比同樣的工作完全由一個人來承擔，要來得更好而且也更便宜。
>
> 我們也看到，在居民大多從事同一行業的那些城鎮或大城鎮的街上，那裏的特產商品比其他地方製造出來的更好，也更便宜些。此外，當各式各樣的商品都在一個地方製造時，那麼每一艘船在那裏便可以一下子就裝滿其欲往卸貨的港口所需的各種商品與補給了。（1681/1899: 第二卷，453, 473）

培帝也認識到，「人口的稀少才是真正貧窮；一個有八百萬

人口的國家，要比土地同樣大小而人口卻只有四百萬的國家來得富有兩倍以上；因為不管人數多寡，都需要維持一個糜費不貲的政府，而所得到的服務卻幾乎沒有甚麼兩樣」(1681/1899: 第二卷, 454-5, 和 1927 : 第二卷, 48)。可惜，他特別就「人類的繁衍」所寫的論文似乎遺失了 (1681/1899: 第一卷, 454-5, 和 1927: 第一卷, 43)，但他的一般概念卻顯然經由孟德維爾 (1715/1924: 第一卷, 356) 而傳給了亞當・史密斯。正如第八章所說的，亞當・史密斯注意到，勞動分工受限於市場的規模，而人口的增加則對國家的繁榮有關鍵性的正面影響。

如果說自從很早以來，經濟學家便一直全神貫注於這些問題，那麼相對地，人類學家近來對於道德演化的問題，便沒有給予足夠的注意 (道德演化當然幾乎是不可能被「觀察到的」)；不僅是由於社會達爾文主義那些粗疏的理念，而且也是由於社會主義者的那些偏見，使得演化觀點的研究裹足不前。儘管如此，我們卻還可以看到一位帶有社會主義色彩的傑出人類學者，在其關於「都市革命」(Urban Revolution) 的研究中，將「革命」定義為「人羣活動的經濟結構與社會組織累進改變的那個頂點，這種改變促使，或者伴隨，受其影響的人羣發生戲劇性的人口增加」(Childe, 1950: 3)。我們也可以在赫斯柯維茨 (M. J. Herskovits) 的著作中，找到一些重要的卓見：

> 人口規模，一方面和環境與技術有互動關係，另一方面則和人均生產量有互動關係；這個錯綜的關係，是我們研究甚麼樣的組合才有助於人羣產生經濟剩餘時，

> 所遇到的最大挑戰……。
>
> 大體上來說，社會愈小，如何維持生存愈是個逼人的難題。相反地，在那些較大的社會裏，由於出現了專業化這個必需的條件，提供了比足夠養活全體社會成員還要多的財貨，反而有機會享受社會性的休閒活動（1960: 398）。

那個通常被生物學家（例如, Carr-Saunders, 1922; Wynne-Edwards, 1962; Thorpe, 1976）當作主要是限制人口的機制，也許可以同樣正確地說是增加人口，或者更好說是調整人口數目，使其順應自然環境的承載能力，達到一個長期均衡規模的機制；這個機制會把維持較多人口的新可能性納入考慮，一如它也會考慮到暫時過多的人口對環境可能造成的傷害。不管是在增加人口方面，或是在減少人口方面，大自然都同樣有令人難以逆料的許多辦法；而人類的頭腦大概是自然界最成功的結構，因為它使某一物種得以在力量和數量的成長方面上都超過其他所有物種。

（黃耀輝譯・謝宗林校）

七、迷信與傳統的保全

本書快要付梓的時候，我進行了一個演講，獲得瑞斯（D. A. Rees）博士友善的批評，讓我注意到佛雷澤勛爵（Sir James G. Frazer）著有一本令人激賞的小書《賽琪小姐的任務》（*Psyche's Task*），此處就是以它的副標題作為附錄的題目（Superstition and the Preservation of Tradition）。就像佛雷澤本人的說明那樣，那本小書的宗旨就是要「將善的種子和惡的種子分得一清二楚」。它所討論的問題，正是我所關心的中心議題，而且在許多方面觀點類似；但是，由於作者是一位著名的人類學家，它因此含有更為豐富的實際證據，特別是早期人類在財產和家庭方面的發展經驗，令人愛不釋手；如果可能的話，我真的會把它整本八十四頁一字不改地拿來，當作本書的附錄說明。此處只能從他的許多結論當中，挑幾個和本書有關的，給予扼要說明。他認為，人們由於迷信而對婚姻更加尊重，從而更加嚴守規範已婚者和未婚者之間有關性交行為的道德。在討論私人財產的那一章裏（第 17 頁），佛雷澤指出「讓某一件物品成為禁忌（taboo）的作用，就是賦予該物品某種超自然或神奇的能力，好讓除了主人之外，任何人都不敢去碰它。禁忌於是就變成一種強化私人財產關係的有力工具，而相信社會主義的人則也許會說，禁忌用鉚釘牢牢地把人類束縛在私人財產的鎖鏈上。」隔沒幾頁（第 19 頁），他引述更早的一位作者，說在紐西蘭（New Zealand）「某種形式的禁忌（tapu）是一個了不起的財產保全者」，還有比這更早的一份報告（第 20 頁），說在馬關德羣島（Marquand Islands）「毫無疑問的，禁忌的第一項任務，就是要建立凡是社會都必須具備的基礎 —— 財產。」

佛雷澤也認為（第 82 頁）「迷信讓人類獲益良多。它讓許多人有了正確行為的動機，雖然這個動機本身是錯的；對這個世界來說，人們動機雖然錯而行為卻正確，比起人們徒有最好的用意而行為卻錯誤，要好太多了。對於社會來說，真正重要的是行為，而不是想法：只要我們的行為是公道而且善良的，則不管我們的想法錯得多麼離譜，對於別人來說，可是一點兒影響也沒有。」

（謝宗林譯）

編者致謝辭

編者特別要感謝的是，海耶克教授的協助，和古比特小姐的費心幫忙處理原稿以便於出版。編者也要謝謝自己在史丹福大學的研究助理：Timothy Brien, Timothy Groseclose, Kenneth Rock, Kristin Moynihan 以及 Leif Wenar；他們校勘了原稿文句。此外，還要感激下列諸位同事：胡佛研究所的 Mikhail Bernstam 博士，加州大學柏克萊分校（University of California, Berkeley）的 Jeffrey Friedman 先生，冰島大學（University of Iceland）的 Hannes Gissurarson 博士，胡佛研究所的 Robert Hessen 博士，加州大學柏克萊分校的 Gene Opton 女士，特利爾大學（University of Trier）的 Gerard Radnitzky 教授，馬里蘭大學（University of Maryland）的西門教授，以及胡佛研究所的 Robert G. Wesson 教授；他們細心閱讀了原稿，提出有用的建議。本書如果還有甚麼錯誤的話，責任當然不在上述諸位身上。

巴特利三世

史丹福，加州

1987 年 5 月

參考文獻

Alchian, Armen(1950),'Uncertainty, Evolution and Economic Theory', *Journal of Political Economy 58,* reprinted in revised form in Alchian (1977). Alchian, Armen (1977), *Economic Forces at Work* (Indianapolis: Liberty Press).

Alland, A., Jr. (1967), *Evolution and Human Behavior* (New York: Natural History Press).

Alvarez, Louis W. (1968), 'Address to Students', in *Les Prix Nobel.*

Babbage, Charles (1832), *On the Economy of Machinery and Manufacture.* (London: C. Knight).

Baechler, Jean (1975), *The Origin of Capitalism*(Oxford: Blackwell).

Bailey, S. (1840), *A Defence of Joint-Stock Banks and Country Issues* (London: James Ridgeway).

Barker, Ernest (1948), *Traditions of Civility* (Cambridge: Cambridge University Press).

Barry, Brian M. (1961), 'Justice and the Common Good', *Analysis 19.*

Bartley, W. W., III (1962/84), *The Retreat to Commitment* (New York: Alfred A. Knopf, Inc., 1962), 2nd, revised and enlarged edition (La Salle: Open Court, 1984).

Bartley, W. W., III (1964), 'Rationality versus the Theory of Rationality', in Mario Bunge, ed.: *The Critical Approach to Science and Philosophy* (New York: The Free Press).

Bartley, W. W., III (1978), 'Consciousness and Physics: Quantum Mechanics, Probability, Indeterminism, the Body-Mind Problem', in *Philosophia*, 1978, pp. 675-716.

Bartley, W. W., III (1982), 'Rationality, Criticism and Logic', *Philosophia,* 1982, pp. 121-221.

Bartley, W. W., III (1985/87), 'Knowledge Is Not a Product Fully Known to Its Producer', in Kurt R. Leube and Albert Zlabinger, eds., *The Political*

Economy of Freedom (Munich: Philosophia Verlag, 1985); and in revised and expanded form as 'Alienated Alienated: The Economics of Knowledge versus the Psychology and Sociology of Knowledge', in Radnitzky and Bartley (1987).

Bateson, William (1913), *Problems of Genetics* (New Haven: Yale University Press).

Bauer, Peter (1957), *Economic Analysis and Policy in Underdeveloped Countries* (London: Cambridge University Press).

Bauer, Peter (1971), 'Economic History as a Theory', *Economica N. S. 38,* pp. 163-179.

Bauer, Peter (1972), *Dissent on Development* (Cambridge, Mass.: Harvard University Press).

Bauer, Peter (1981), *Equality. The Third World and Economic Delusions* (Cambridge, Mass.: Harvard University Press).

Bauer, Peter and Basil S. Yamey (1957), *The Economics of Underdeveloped Countries* (Chicago: University of Chicago Press).

Baumgardt, D. (1952), *Bentham and the Ethics of Today* (Princeton: Princeton University Press).

Bell, Daniel and Irving Kristol, eds. (1971), *Capitalism Today* (New York: Basic Books, Inc.).

Bentham, Jeremy (1789/1887), *Works,* ed. John Bowring (Edinburgh: W. Tait).

Bloch, Ernst (1954-59), *Das Prinzip Hoffnung* (Berlin: Aufbau Verlag; English translation, *The Principle of Hope* (Cambridge, Mass.: MIT Press, 1986)).

Blum, H. F. (1951), *Time's Arrow and Evolution* (Princeton: Princeton University Press).

Bonner, John Tyler (1980), *The Evolution of Culture in Animals* (Princeton: Princeton University Press).

Bopp, F. (1927), *Geschichte der indogermanischen Sprachwissenschaft* (Berlin: Grundriβ der indogermanischen Sprach-und Altertumskunde).

Born, Max (1968), *My Life and My Views* (New York: C. Scribner).

Boserup, Esther (1965), *The Conditions of Agricultural Growth* (London: George Allen & Unwin).

Boserup, Esther (1981), *Population and Technological Change. A Study of Long Term Trends* (Chicago: University of Chicago Press).

Braudel, Fernand (1981), *Civilization and Capitalism: 15th-18th Century,* Vol. I, *The Structures of Everyday Life: The Limits of the Possible* (New

York: Harper & Row).

Braudel, Fernand (1982a), *Civilization and Capitalism: 15th-18th Century*, Vol, II, *The Wheels of Commerce* (New York: Harper & Row).

Braudel, Fernand (1982b), In *Le Monde,* March 16.

Braudel, F. (1984), *Civilization and Capitalism: 15th-18th Century,* Vol.III, *The Perspective of the World* (New York: Harper & Row).

Bullock, Allan and Oliver Stallybrass, eds. (1977), *The Harper Dictionary of Modern Thought* (New York: Harper & Row). Published in Britain as *The Fontana Dictionary of Modern Thought.*

Burke, E. P. (1816), 'Letter to a Member of the National Assembly', in *Works* (London: F. C. & J. Rivington).

Butler, Samuel (1663-1678), *Hudibras,* Part I (London: J. G. for Richard Marriot under Saint Dunstan's Church in Fleet Street, 1663); Part II (London: T. R. for John Martyn and James Allestry at the Bell in St. Paul's Church Yard, 1664); Part III (London: Simon Miller at the Sign of the Star at the West End of St. Paul's, 1678).

Campbell, B. G., ed. (1972) *Sexual Selection and the Descent of Man, 1871-1971* (Chicago: Aldine Publishing Co.).

Campbell, Donald T. (1974), 'Evolutionary Epistemology', in P. A. Schilpp, ed.: *The Philosophy of Karl Popper* (La Salle: Open Court, 1974), pp. 413-463, reprinted in Radnitzky and Bartley (1987).

Campbell, Donald T. (1977), 'Descriptive Epistemology', William James Lectures, Harvard University, mimeographed.

Carlyle, Thomas (1909), *Past and Present* (Oxford: Oxford University Press).

Carr-Saunders, A. M. (1992), *The Population Problem: A Study in Human Evolution* (Oxford: Clarendon Press).

Chagnon, Napoleon A. and William Irons, eds. (1979), *Evolutionary Biology and Human Social Behaviour* (North Scituate, Mass.: Duxbury Press).

Chapman, J. W. (1964), 'Justice and Fairness', *Nomos 6, Justice* (New York: New York University Press).

Childe, V. Gordon (1936), *Man Makes Himself* (New York: Oxford University Press).

Childe, V. Gordon (1936/81), *Man Makes Himself*, Introduction by Sally Green (Bradford-on-Avon, Wiltshire: Moonraker, 1981).

Childe, V. Gordon (1950), 'The Urban Revolution', *The Town Planning Report.*

Clark, Grahame (1965), 'Traffic in Stone Axe and Adze Blades', *Economic History Review 18*, 1965, pp. 1-28.

Clark, R. W. (1971), *Einstein: The Life and Times* (New York: World Publishing Company).
Clifford, W. K. (1879), 'On the Scientific Basis of Morals' (1875) and 'Right and Wrong: the Scientific Ground of their Distinction' (1876), in *Lectures and Essays*, Vol. 2 (London: Macmillan & Co.).
Coase, R. H. (1937), 'The Nature of the Firm', *Economica 4*.
Coase, R. H. (1960), 'The Problem of Social Cost', *Journal of Law and Economics 3*.
Coase, R. H. (1976), 'Adam Smith's View of Man', *Journal of Law and Economics*.
Cohen, J. E. (1984), 'Demographic Doomsday Deferred', *Harvard Magazine*.
Cohen, Morris R. (1931), Rea*son and Nature* (New York: Harcourt, Brace and Co.).
Cohn, Norman (1970), *The Pursuit of the Millennium*, revised and expanded edition (New York: Oxford University Press).
Comte, A. (1854), 'La superiorité neçessaire de la morale demontrée sur la morale revelée', in *Système de la politique positive, I* (Paris: L. Mathias), p. 356.
Confucius, *Analects*, trans. A. Waley (London: George Allen & Unwin, Ltd., 1938).
Curran, Charles (1958), *The Spectator*, July 6, p. 8.
Dairaines, Serge (1934), *Un Socialisme d'Etat quinze Siècles avant JesusChrist* (Paris: Libraire Orientaliste P. Geuthner).
Demandt, Alexander (1978), *Metaphern für Geschichte* (Munich: Beck).
Durham, William (1979), 'Towards a Co-evolutionary Theory of Human Biology and Culture', in N. Chagnon and W. Irons, eds., *Evolutionary Biology and Human Social Behaviour* (North Scituate, Mass.: Duxbury Press).
Edelman, Gerald M. (1987), *Neural Darwinism: The Theory of Neuronal Group Selection* (New York: Basic Books).
Edmonds, J. M. (1959), *The Fragments of Attic Comedy*, Vol. II (Leiden: E. J. Brill), in three volumes 1957-61.
Einaudi, Luigi (1948), 'Greatness and Decline of Planned Economy in the Hellenistic World', *Kyklos II*, pp. 193-210, 289-316.
Einstein, A. (1949/56), 'Why Socialism?' , in *Out of My Later Years* (New York: Philosophical Library); see also *Monthly Review*, May 1949.
Emmet, Dorothy M. (1958), Function, Purpose and Powers: Some Concepts in the Study of Individuals and Societies (London: Macmillan).

Evans-Pritchard, E. (1965), *Theories of Primitive Religion* (Oxford: Clarendon Press).
Everett, C. W. (1931), *The Education of Jeremy Bentham* (New York: Columbia University Press).
Farb, Peter (1968), Man's Rise to Civilization (New York: Dutton).
Farb, Peter (1978), *Humankind* (Boston: Houghton Mifflin).
Ferguson, Adam (1767/1773), *An Essay on the History of Civil Society,* third edition (London: A. Millar and T. Caddel).
Ferguson, Adam (1792), *Principles of Moral and Political Science*, Vol. II (Edinburgh: A. Strahan and T. Caddel).
Ferri, Enrico (1895), *Annales de l'Institut Internationale de Sociologie I.*
Finley, Moses I. (1973), *An Ancient Economy* (London: Chatto and Windus, Ltd.).
Flew, A. G. N. (1967), *Evolutionary Ethics* (London: Macmillan).
Fontana/Harper Dictionary of Modern Thought (1977), see Bullock and Stallybrass.
Frazer, J. G. (1909), *Psyche's Task* (London: Macmillan).
Freud, Sigmund (1930), *Civilization and Its Discontents* (London: Hogarth Press)
Ghiselin, Michael T. (1969), *The Triumph of the Darwinian Method* (Berkeley: University of California Press).
Gossen, H. H. (1854/1889/1927/1983), *Entwicklung der Gesetze des menschlichen Verkehrs und der daraus fließenden Regeln für menschliches Handeln* (Braunschweig: Vieweg, 1854; Berlin: R. L. Prager, 1889; third edition, with introduction by F. A. Hayek (Berlin: R. L. Prager, 1927); English translation: *The Laws of Human Relations and the Rules of Human Action Derived Therefrom*, trans. Rudolph C. Blitz (Cambridge: MIT Press, 1983)).
Gruber, Howard E. (1974), *Darwin on Man: A Psychological Study of Scientific Creativity, together with Darwin's Early and Unpublished Notebooks*, transcribed and annotated by Paul H. Barrett (New York: E. P. Dutton & Co., Inc.).
Haakonssen, Knud (1981), *The Science of a Legislator: the Natural Jurisprudence of David Hume and Adam Smith* (Cambridge: Cambridge University Press).
Hardin, Garrett James (1961), *Nature and Man's Fate* (New York: The New American Library).
Hardin, Garrett James (1980), *Promethean Ethics: Living with Death,*

Competition and Triage (St. Louis: Washington University Press).

Hardy Alister (1965), *The Living Stream: Evolution and Man* (New York: Harper & Row).

Hayek, F. A. (1935), ed., *Collectivist Economic Planning: Critical Studies on the Possibilities of Socialism* (London: George Routledge & Sons).

Hayek, F. A. (1936/48), 'Economics and Knowledge', reprinted in Hayek (1948).

Hayek, F. A. (1941), *The Pure Theory of Capital* (London: Routledge & Kegan Paul, Ltd.).

Hayek, F. A. (1945/48), 'The Use of Knowledge in Society', reprinted in Hayek (1948).

Hayek, F. A. (1948), *Individualism and Economic Order* (London: Routledge & Kegan Paul, Ltd.).

Hayek, F. A. (1949/67), 'The Intellectuals and Socialism?', *University of Chicago Law Review 16*, Spring 1949; reprinted in Hayek (1967).

Hayek, F. A. (1951), *John Stuart Mill and Harriet Taylor: Their Friendship and Subsequent Marriage* (London: Routledge & Kegan Paul).

Hayek, F. A. (1952), *The Sensory Order* (Chicago: University of Chicago Press).

Hayek, F. A. (1952/79), *The Counter-Revolution of Science: Studies on the Abuse of Reason* (Indianapolis: Liberty Press, 1979).

Hayek, F. A. (1954/67), 'History and Politics', in F. A. Hayek, ed., *Capitalism and the Historians* (London: Routledge & Kegan Paul, Ltd., 1954), reprinted in Hayek (1967).

Hayek, F. A. (1960), *The Constitution of Liberty* (London: Routledge & Kegan Paul, Ltd.).

Hayek, F. A. (1963/67), 'The Legal and Political Philosophy of David Hume', IL Politico, XXVIII/4, *reprinted* Hayek (1967).

Hayek, F. A. (1964), The 'Theory of Complex Phenomena', in Mario A. Bunge, ed., *The Critical Approach to Science and Philosophy: Essays in Honor of Karl R. Popper* (New York: Free Press, 1964), reprinted in Hayek (1967).

Hayek, F. A. (1967), *Studies in Philosophy, Politics and Economics* (London: Routledge & Kegan Paul, Ltd.).

Hayek, F. A. (1967/78a), 'Dr. Bernard Mandeville', in *Proceedings of the British Academy, 52,* reprinted in Hayek (1978).

Hayek, F. A. (1967/78b), 'The Confusion of Language in Political Thought', address delivered in German to the Walter Eucken Institute in Freiburg im

Breisgau and published in 1968 as an Occasional Paper by the Institute of Economic Affairs, London; reprinted in Hayek (1978).

Hayek, F. A. (1970/78), *Die Irrtümer des Konstruktivismus und die Grundlagen legitimer Kritik gesellschaftlicher Gebilde* (Munich and Salzburg: Fink Verlag, 1970), reprinted (Tübingen: J. C. B. Mohr (Paul Siebeck) Verlag, 1975), published in English translation in Hayek (1978).

Hayek, F. A. (1972/78), *A Tiger by the Tail* (London: Institute of Economic Affairs).

Hayek, F. A. (1973), *Law, Legislation and Liberty,* Vol. I, *Rules and Order* (London: Routledge & Kegan Paul, Ltd.).

Hayek F. A. (1976), *Law Legislation and Liberty,* Vol. II, *The Mirage of Social Justice* (London: Routledge & Kegan Paul, Ltd.).

Hayek, F. A. (1976/78), *Denationalisation of Money* (London: The Institute of Economic Affairs, second edition, revised and expanded, 1978).

Hayek, F. A. (1978), *New Studies in Philosophy, Politics, Economics and the History of Ideas* (London: Routledge & Kegan Paul, Ltd.).

Hayek, F. A. (1979), *Law, Legislation and Liberty,* Vol. III, *The Political Order of a Free People* (London: Routledge & Kegan Paul, Ltd.).

Hayek, F. A. (1983), 'The Weasel Word "Social"', *Salisbury Review*, Autumn 1983.

Hayek, F. A. (1986), 'Market Standards for Money', *Economic Affairs,* April/May, pp. 8-10.

Heilbroner, Robert (1970), *Between Capitalism and Socialism: Essays in Political Economics* (New York: Random House).

Herder, J. G. (1784/1821), *Ideen zur Philosophic der Geschichte der Menschheit* (Leipzig: J. F. Hartknoch, second ed., 1821), See also *Abhandlung über den Ursprung der Sprache*, 1772.

Herskovits, M. J. (1948), *Man and His Works* (New York: Alfred A. Knopf, Inc.).

Herskovits, M. J. (1960), *Economic Anthropology, A Study in Comparative Economics* (New York: Alfred A. Knopf, Inc.).

Hirschmann, Albert O. (1977), *The Passions and the Interests: Political Arguments for Capitalism Before Its Triumph* (Princeton: Princeton University Press).

Hobhouse, L. T. (1911), *Liberalism* (New York: Henry Holt & Co.).

Hobhouse, L. T. (1922), *The Elements of Social Justice* (New York: Henry Holt & Co.).

Holdsworth, W. S. (1924), *A History of English Law* (London: Methuen).

Howard, J. H. (1982), *Darwin* (Oxford: Oxford University Press).

Huizinga, Johan (1949), *Homo Ludens. A Study of the Play Element in Culture* (London: Routledge & Kegan Paul).

Humboldt, Wilhelm von (1836/1903), *Über die Verschiedenheit des menschlichen Sprachbaues und ihren Einfluss auf die geis-tige Entwicklung des Menschengeschlechtes* (Berlin: Druckerei der Königlichen Akademie der Wissenschaften), reprinted in *Gesammelte Schriften*, VII/1 (Berlin: B. Behr, 1903-36).

Humboldt, Wilhelm von (1903-36), *Gesammelte Schriften* (Berlin: B. Behr); also (Darmstadt, 1977), eds. A. Flitner and K. Giel.

Hume, David (g1757/1779/1886), *Dialogues concerning Natural Religion,* in David Hume, *Philosophical Works,* Vol. II., ed. T. H. Green and T. H. Grose (London: Longmans, Green).

Hume, David (1777/1886), *Enquiry Concerning Human Understanding,* in David Hume, *Philosophical Works,* Vol. III, ed, T. H. Green and T. H. Grose (London: Longmans, Green).

Hume, David (1741, 1742, 1758, 1777/1886), *Essays, Moral, Political and Literary,* in David Hume, *Philosophical Works,* Vols. III and IV, ed. T. H. Green and T. H. Grose (London: Longmans, Green).

Hume, David (1762), *History of England from the Invasion of Julius Caesar to the Revolution of 1688*, in six volumes (London: Printed for A. Millar in the Strand).

Hume, David (1882), *The Philosophical Works of David Hume,* eds. T. H. Green & T. H. Grose (London: Longmans, Green).

Hume, David (1739/1886), *A Treatise of Human Nature*, in David Hume, *Philosophical Works,* Vols. I and II, ed. T. H. Green and T. H. Grose (London: Longmans, Green).

Huxley, Julian S. and Thomas Henry Huxley (1947), *Touchstone for Ethics, 1893-1943* (New York: Harper).

Jay, Martin (1973), *The Dialectical Imagination* (Boston: Little, Brown).

Jones, E. L. (1981), *The European Miracle* (Cambridge: Cambridge University Press).

Jouvenel, Bertrand de (1957), *Sovereignty: An Inquiry into the Political Good,* translated by J. F. Huntington (Chicago: University of Chicago Press).

Kant, Immanuel (1798), *Der Streit der Fakultäten.*

Keller, R. (1982), 'Zur Theorie sprachlichen Wandels', *Zeitschrift filr Germanistische Linguistik 10,* 1982, pp. 1-27.

Kerferd, G. B.(1981), *The Sophistic Movement* (Cambridge: Cambridge University Press), esp. Chapter 10: 'The nomos-physis Controversy'.

Keynes, J. M. (1923/71), *A Tract on Monetary Reform,* reprinted in *Collected Works* (London: Macmillan, 1971), IV.

Keynes, J. M. (1938/49/72), 'My Early Beliefs', written in 1938, printed in *Two Memoirs* (London: Rupert Hart-David, 1949), and reprinted in *Collected Works,* Vol. X (London: Macmillan, 1972).

Kirsch, G. (1981), 'Ordnungspolitik mir graut vor dir', *Frank furter* Allgemeine Zeitung, 18 July 1981.

Knight, Frank H. (1923/36), *The Ethics of Competition and Other Essays* (London: G. Allen & Unwin, Ltd., 1936); Quarterly Journal of Economics, 1923.

Leakey, R. E. (1981), *The Making of Mankind* (New York: Dutton).

Liddell, H. G. and R. Scott (1940), *A Greek-English Lexicon,* 9th edition (London: Clarendon Press).

Locke, John (1676/1954), *Essays on the Laws of Nature,* ed. W. Leyden (Oxford: Clarendon Press).

Locke, John (1690/1887), *Two Treatises on Civil Government,* 2nd edition (London: Routledge).

Locke, John (1690/1924), *Essay Concerning Human Understanding,* ed. A. S. Pringle-Pattison (Oxford: Clarendon Press).

Machlup, Fritz (1962), *The Production and Distribution of Knowledge* (Princeton: Princeton University Press).

Maier, H. (1972), 'Können Begriffe die Gesellschaft verändern?,> in *Sprache und Politik, Bergedorfer Gesprdchkreis 41, Tagung,* May 1972 Protokoll.

Maine. H. S. (1875), *Lectures on the Early History of Institutions* (London: John Murray).

Malinowski, B. (1936), *Foundations of Faith and Morals* (London: Oxford University Press).

Mandeville, B. (1715/1924), *The Fable of the Bees,* ed. F. B. Kaye (Oxford: Clarendon Press).

Mayr, E. (1970), *Populations, Species, and Evolution* (Cambridge, Mass.: Harvard University Press).

Mayr, E. (1982), *The Growth of Biological Thought* (Cambridge, Mass.: Harvard University Press).

McCleary, G. F. (1953), *The Malthusian Population Theory* (London: Faber & Faber).

McNeill, William H. (1981),'A Defence of World History', *Royal Society*

Lecture.

Medawar, P. B. and J. S. (1983), *Aristotle to Zoos: A Philosophical Dictionary of Biology* (Cambridge, Mass.: Harvard University Press).

Medick, Hans (1973), *Naturzustand und Naturgeschichte der bürgerlichen Gesellschaft; Die Ursprünge der bürgerlichen Sozialtheorie als Geschichtsphilosophie und Sozialwissenschaft bei Samuel Pufendorf, John Locke und Adam Smith* (Göttingen: Vandenhoeck & Ruprecht).

Menger, Carl (1871/1934/1981), *Principles of Economics* (New York and London: New York University Press). Reprinted in German by the London School of Economics in 1934, Vol. I: see below.

Menger, Carl (1883/1933/1985), *Problems of Economics and Sociology,* trans. Francis J. Nock, ed. Louis Schneider (Urbana: University of Illinois Press, 1963); republished as *Investigations into the Method of the Social Sciences with Special Reference to Economics,* with new introduction by Lawrence White (New York: New York University Press). Reprinted in German by the London School of Economics in 1933, Vol. II: see below.

Menger, Carl (1933-36), *The Collected Works of Carl Menger,* reprint in four volumes, in German (London: London School of Economics and Political Science (Series of Reprints of Scarce Tracts in Economic and Political Science, no 17-20)).

Menger, Carl(1968-70), *Gesammelte Werke* (Tübingen: J. C. B.Mohr (Paul Siebeck) Verlag).

Mill, John Stuart (1848/1965), *Principles of Political Economy*, Vols, 2 and 3 of *Collected Works of John Stuart Mill,* ed. J. M. Robson (London: Routledge & Kegan Paul, Ltd.).

Miller, David (1976), *Social Justice (Oxford:* Oxford University Press).

Mises, Ludwig von (1949), *Human Action: A Treatise on Economics* (New Haven: Yale University Press).

Mises, Ludwig von (1957), *Theory and History* (New Haven: Yale University Press).

Mises, Ludwig von (1922/81), *Socialism* (Indianapolis: Liberty *Classics,* 1981).

Monod, Jacques (1970/77), *Chance and Necessity* (Glasgow: Col-lins/Fount paperback, 1977); first published as *Le hazard ou la necessité* (Paris: Editions du Seuil, 1970).

Monod, Jacques (1970), in A. Tiseliu and S. Nilsson, eds.: *The Place of Values in a World of Facts* (Stockholm: Nobel Symposium 14).

Montesquieu, Charles Louis de Secondat de (1748), *De l'Esprit des loix,* I

(Geneva: Barrillot & Fils).
Moore, G. E. (1903), *Principia Ethica* (Cambridge: Cambridge University Press).
Myrdal, Gunnar (1960), *Beyond the Welfare State* (New Haven: Yale University Press).
Needham, Joseph (1943), *Time the Refreshing River* (London: Allen & Unwin).
Needham, Joseph (1954), *Science and Civilisation in China* (Cambridge: Cambridge University Press, 1954-85), in 6 volumes and numerous parts.
North, D. C. and R. P. Thomas (1973), *The Rise of the Western World* (Cambridge: Cambridge University Press).
North, D. C. (1981), *Structure and Change in Economic History* (New York: W. W. Norton & Co.).
O'Brien, C. C. (1986), 'God and Man in Nicaragua,, *The Atlantic 258,* August 1986.
Orwell, George (1937), *The Road to Wigan Pier* (London: V. Gollancz).
Patten, Simon N. (1899), *The Development of English Thought: A Study in the Economic Interpretation of History* (New York: The Macmillan Company; London: Macmillan and Co., Ltd.).
Pei, Mario (1978), *Weasel Words: The Art of Saying What You Don't Mea*n (New York: Harper & Row).
Petty, William (1681/1899), 'The Growth, Increase and Multiplication of Mankind', (1681), in *The Economic Writings of Sir William Petty,* ed. C. H. Hull, vol. 2 (Cambridge: Cambridge University Press, 1899).
Petty, William (1927), *The Petty Papers: Some Unpublished Writings of Sir William Petty,* ed. Marquis of Lansdowne (London: Constable & Co.).
Piaget, Jean (1929), *The Child's Conception of the World* (London: K. Paul, Trench, Trubner & Co., Ltd.).
Pierson, N. G. (1902/1912), *Principles of Economics,* translated from the Dutch by A. A. Wotzel (London, New York: Macmillan and Co., Ltd.).
Piggott, Stuart (1965), *Ancient Europe from the Beginning of Agriculture to Classical Antiquity* (Edinburgh: Edinburgh University Press).
Pirenne, J. (1934), *Histoire des institutions et du droit privé de l'ancienne Egypte* (Brussels: Edition de la Fondation Egyptologique Reine Elisabeth).
Polanyi, Karl (1945), *Origin of Our Time: The Great Transformation* (London: V. Gollancz. Ltd.).
Polanyi, Karl (1977), *The Livelihood of Man, ed.* H. W. Pearson (New York: Academic Press).

Popper, K. R. (1934/59), *The Logic of Scientific Discovery* (Lon-don: Hutchinson, 1959).

Popper, K. P. (1945/66), *The Open Society and Its Enemies* (London: Routledge and Kegan Paul, Ltd., sixth edition, 1966).

Popper, K. R. (1948/63), *'Towards a Rational Theory of Tradition',* lecture given in 1948, published in *The Rationalist Annual,* 1949; reprinted in Popper (1963).

Popper, K. R.(1957), *The Poverty of Historicism* (London: Routledge & Kegan Paul, Ltd.).

Popper, K. R.(1963), *Conjectures and Refutations* (London: Rout-ledge & Kegan Paul, Ltd.).

Popper, K. R.(1972), *Objective Knowledge: An Evolutionary Approach* (London: Oxford University Press).

Popper, K. R. (1974/76), 'Autobiography', in P. A. Schilpp, ed.: *The Philosophy of Karl Popper* (La Salle: Open Court, 1974), pp. 3-181, republished, revised, as *Unended Quest* (London: Fontana/Collins, 1976).

Popper, K. R. (1977/84) and J. C. Eccles, *The Self and Its Brain* (London: Routledge & Kegan Paul, Ltd., 1984).

Popper, K. R.(1982a), *The Open Universe: An Argument for Indeterminism*, Vol. II of the *Postscript to the Logic of Scientific Discovery*, ed. W. W. Bartley, III (London: Hutchinson).

Popper, K. R. (1982b), *Quantum Theory and the Schism in Physics*, Vol. III of the *Postscript to the Logic of Scientific Discovery,* ed . W. W. Bartley, III (London: Hutchinson)

Popper, K. R. (1983), *Realism and the Aim of Science,* Vol. I of the *Postscript to the Logic of Scientific Discovery,* ed. W. W. Bartley, III (London: Hutchinson).

Pribram, K. (1983), *A History of Economic Reasoning* (Baltimore: Johns Hopkins University Press).

Prigogine, Ilya (1980), *From Being to Becoming: Time and Complexity in the Physical Sciences* (San Francisco: : W. H. Freeman).

Quinton, A. (1977), 'Positivism', in *Harper/ Fontana Dictionary of Modern Thought* (New York: Harper & Row).

Radnitzky, Gerard and W. W. Bartley, III, eds. (1987): *Evolutionary Epistemology, Rationality, and the Sociology of Knowledge* (La Salle: Open Court).

Rawls, John (1971), *A Theory of Justice* (Cambridge, Mass.: Harvard University Press).

Renfrew, Colin (1972), *Emergence of Civilisation* (London: Methuen).

Renfrew, Colin (1973), *The Explanation of Culture Change: Models in Prehistory* (London: Duckworth).

Roberts, P. C. (1971), *Alienation in the Soviet Economy* (Albuquerque: University of New Mexico Press).

Rostovtzeff, M. (1930), *'The Decline of the Ancient World and its Economic Explanation'*, *Economic History Review,* II; *A History of the Ancient World* (Oxford: Clarendon Press); *L'empereur Tibère et le culte impérial* (Paris: F. Alcan), and *Gesellschaft und Wirtschaft im Römischen Kaiserreich* (Leipzig: Quelle & Meyer).

Rostovtzeff, M. (1933), Review of J. Hasebrock, *Griechische Wirtschaftsund Handelsgeschichte*, in *Zeitschrift für die gesamte Staatswirtschaft 92*, pp. 333-39.

Rousseau, Jean-Jacques (1762), *Social Contract.*

Ruse, Michael (1982), *Darwinism Defended: A Guide to the Evolution Controversies* (Reading, Mass.: Addison-Wesley).

Russell, Bertrand (1931), *The Scientific Outlook* (New York: W. W. Norton & Company, Inc.).

Russell, Bertrand (1940), 'Freedom and Governmenrt', in R. N. Anshen, ed., *Freedom, Its Meaning* (New York: Harcourt, Brace & Co.).

Russell, Bertrand (1910/1966), *Philosophical Essays,* revised edition (London: Allen & Unwin).

Rutland, Peter (1985), *The Myth of the Plan: Lessons of Soviet Planning Experience* (London: Hutchinson).

Ryle, Gilbert (1945-46), 'Knowing How and Knowing That', *Proceedings of the Aristotelian Society 46.*

Ryle, Gilbert (1949), *The Concept of Mind* (London: Hutchinson's University Library).

Savigny, F. C. (1814/31), *Vom Beruf unserer Zeit für Gesetzgebung und Rechtswissenschaft* (Heidelberg: Mohr und Zimmer, 1814), trans. Abraham Hayward, as *Of the Vocation of Our Age for Legislation and Jurisprudence* (London: Littlewood & Co., 1831).

Savigny, F. C. (1840), *System des keutigen Römischen Rechts* (Berlin: Veit, 1840-49).

Schelsky, H. (1975), *Die Arbeit tun die Anderen* (Opladen: West-deutscher Verlag).

Schiller, J. C. F. (1793), *Über die ästhetische Erziehung des Men-schen*, in *Sämtliche Werke* (Stuttgart und Tübingen: J. G. Cotta, 1812-15), Vol. 8;

republished as *Über die ästhetische Erziehung des Menschen in einer Reihe von Briefen*, Kurt Hoffmann, ed. (Bielefeld: Velhagen & Klasing, 1934).

Schoeck, Helmut (1973), 'Die Sprache des Trojanischen Pferd', in *Die Lust am schlechten Gewissen* (Freiburg: Herder).

Schoeck, Helmut (1966/69), *Envy* (London: Seeker & Warburg).

Schrödinger, Erwin (1944), *What Is Life? The Physical Aspect of the Living Cell* (Cambridge, The University Press).

Schulze, H. (1913), Deutsches Fremdwörterbuch.

Schumacher, E. F. (1973), *Small Is Beautiful* (New York: Harper & Row).

Schumpeter, J. (1954), *History of Economy Analysis* (New York: Oxford University Press).

Scitovsky, Tibor (1976), *The Joyless Economy: an Inquiry into Human Satisfaction and Consumer Dissatisfaction* (New York: Oxford University Press).

Segerstedt, Torgny (1969), 'Wandel der Gesellschaft, in *Bild der Wissenschaft 6.*

Seton-Watson, H. (1983), *Times Literary Supplement,* 18 November, p. 1270.

Shafarevich, Igor Rostislavovich (1975/1980), *The Socialist Phenomenon* (New York: Harper & Row).

Simon, Julian L. (1977), *The Economics of Population Growth* (Princeton: Princeton University Press).

Simon, Julian L. (1978), ed., *Research in Population Economics* (Greenwich, Conn.: JAI Press).

Simon, Julian L. (1981a), 'Global Confusion, 1980: A Hard Look at the Global 2000 Report5, in *The Public Interest 62.*

Simon, Julian L. (1981b), *The Ultimate Resource* (Princeton: Princeton University Press).

Simon, Julian L. and Hermann Kahn, eds. (1984), *The Resourceful Earth* (Oxford: Basil Blackwell).

Simpson, G. G. (1972), 'The Evolutionary Concept of Man', in B. G. Campbell, ed., *Sexual Selection and the Descent of Man, 1871-1971* (Chicago: Aldine Publishing Co.).

Skinner, B. F. (1955-56), 'Freedom and the Control of Man', *American Scholar 25,* pp. 47~65.

Smith, Adam (1759), *Theory of Moral Sentiments* (London: A. Millar).

Smith, Adam (1759/1911), *Theory of Moral Sentiments* (London: G. Bell and Sons).

Smith, Adam (1776/1976), *An Inquiry into the Nature and Causes of the Wealth of Nations* (Oxford: Oxford University Press, 1976).

Smith, Adam (1978), *Lectures on Jurisprudence,* ed. R. L. Meek, D. D. Raphael, P. G. Stein (Oxford: Clarendon Press).

Sombart, Werner (1902), *Der moderne Kapitalismus* (Leipzig: Duncker & Humblot).

Stein, Peter (1966), *Regulae Iuris* (Edinburgh: University Press).

Stewart, Dugald (1828/1854-60), *Works,* ed. W. Hamilton (Edinburgh: T. Constable).

Strabo, *The Geography of Strabo,* trans. Horace L. Jones (London: Heinemann, 1917).

Sullivan, James (1795), *The Altar of Baal thrown down; or, the French Nation defended against the pulpit slander of David Osgood* (Philadelphia: Aurora Printing Office).

Teilhard de Chardin, P. (1959), *The Phenomenon of Man* (New York: Harper).

Thorpe, W. H. (1963), *Learning and Instinct in Animals* (London: Methuen).

Thorpe, W. H. (1966/76), *Science, Man, and Morals* (Ithaca: Cornell University Press); republished (Westport, Conn.: Greenwood Press, 1976).

Thorpe, W. H. (1969), *Der Mensch in der Evolution,* with an introduction by Konrad Lorenz (München: Nymphenburger Verlagshandlung). Translation of *Science, Man and Morals* (Ithaca: Cornell University Press, 1966).

Thorpe, W. H. (1978), *Purpose in a World of Chance* (Oxford: Oxford University Press).

Trotter, Wilfred (1916), *Instincts of the Herd m Peace and War* (London: T. F. Unwin, Ltd.).

Tylor, Edward B. (1871), *Primitive Culture* (London: J. Murray).

Ullmann-Margalit, Edna (1977), *The Emergence of Norms* (Oxford: Clarendon Press).

Ullmann-Margalit, Edna (1978), 'Invisible Hand Explanations', *Synthese 39,* 1978.

United Nations (1980), 'Concise Report of the World Population Situation in 1979: Conditions, Trends, Prospects and Policies', *United Nations Population Studies 72.*

Vico, G. (1854), *Opere,* 2nd ed., ed. G. Ferrari (Milan).

Vorzimmer, Peter J. (1977), *Charles Darwin: the Years of Controversy;* The Origin of Species *and Its Critics, 1859-1882* (Philadelphia: Temple University Press).

Wells, H. G. (1984), *Experience in Autobiography* (London: Faber & Faber).

Westermarck, E. A. (1906-08), *The Origin and Development of the Moral Ideas* (London: Macmillan and Co.).

Wieland, C. M. (1800), *Aristipp und einige seiner Zeitgenossen* (Leipzig: B. G. J. Göschen).

Wiese, Leopold von (1917), *Der Liberalismus in Vergangenheit und Zukunft* (Berlin: S. Fischer).

Williams, George C., ed. (1966), *Adaptation and Natural Selection* (Princeton: Princeton University Press).

Williams, George C. (1971), *Group Selection* (Chicago: Aldine-Atherton).

Williams, George C. (1975), *Sex and Evolution* (Princeton: Princeton University Press).

Williams, Raymond (1976), *Key Words: A Vocabulary of Culture and Society* (London: Fontana).

Wynne-Edwards, V. C. (1962), *Animal Dispersion in Relation to Social Behaviour* (Edinburgh: Oliver & Boyd)